Natur und Technik

Physik
Chemie

Differenzierende Ausgabe
Ausgabe N

5|6

Cornelsen

Natur und Technik
Physik | Chemie

Herausgegeben von: Heinz Muckenfuß, Ravensburg; Volkhard Nordmeier, Berlin

Autoren: Siegfried Bresler, Bielefeld; Bernd Heepmann, Herford; Carsten Kuck, Rheinfelden;
Jochim Lichtenberger, Fahren; Heinz Obst, Delitzsch; Marlies Ramien, Oldenburg; Wilhelm Schröder, Herford

Unter beratender Mitarbeit von: Jürgen Kirstein, Berlin

Redaktion: Thomas Gattermann, Simone Lambert, Stephan Möhrle, Christian Wudel

Grafik: Ulrike Braun, Rainer Götze, Gabriele Heinisch, Yvonne Koglin, Matthias Pflügner

Umschlaggestaltung: SOFAROBOTNIK GbR, Augsburg & München

Layoutkonzept: Miriam Bussmann, Berlin

Layout und technische Umsetzung: Miriam Bussmann, Berlin; Marina Goldberg, Berlin

www.cornelsen.de

1. Auflage, 3. Druck 2019

Alle Drucke dieser Auflage sind inhaltlich unverändert
und können im Unterricht nebeneinander verwendet werden.

Druck und Bindung: Livonia Print, Riga

ISBN 978-3-06-014834-9

PEFC zertifiziert
Dieses Produkt stammt aus nachhaltig
bewirtschafteten Wäldern und kontrollierten
Quellen.

PEFC™
PEFC/12-31-006

www.pefc.de

Methoden

helfen dir, naturwissenschaftlich zu arbeiten oder besser zu lernen. Auch das Finden und Aufbereiten von Informationen steht immer wieder im Blickpunkt.

Grundlagen

führen neue Begriffe ein und erklären Zusammenhänge.

Merksätze

heben wichtige Aussagen blau hervor.

Erweiterungen

ergänzen und vertiefen. Sie können von einzelnen Schülerinnen und Schülern oder von der ganzen Klasse genutzt werden.
Angebot zur Differenzierung

Aus Umwelt und Technik

Wenn du in diesen Texten schmökerst, erkennst du „die Physik" im Alltag wieder. Aber auch Wissenswertes aus der Geschichte, Natur …
Angebot zur Differenzierung

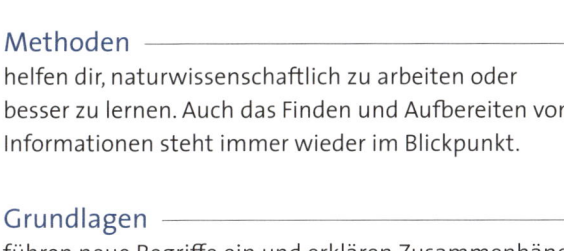

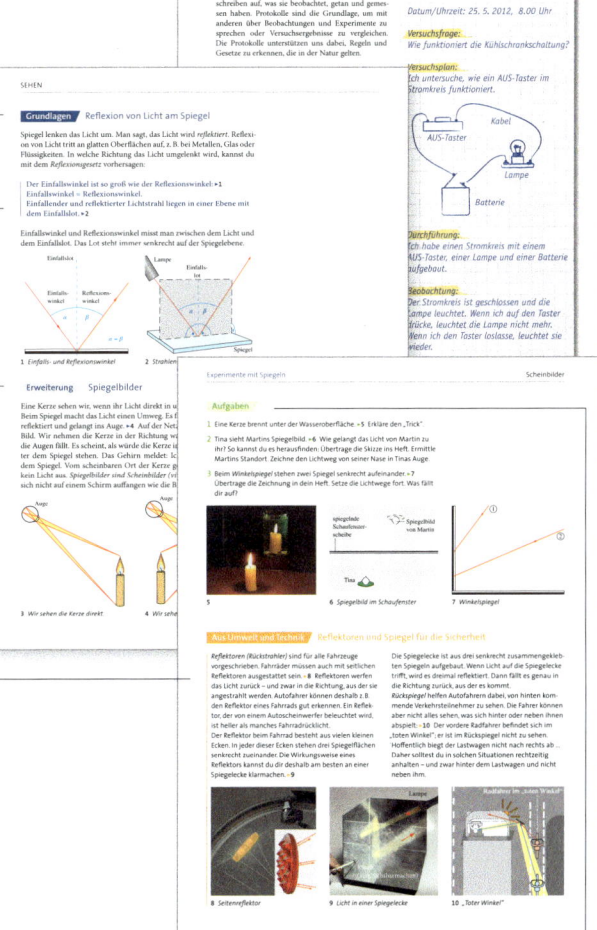

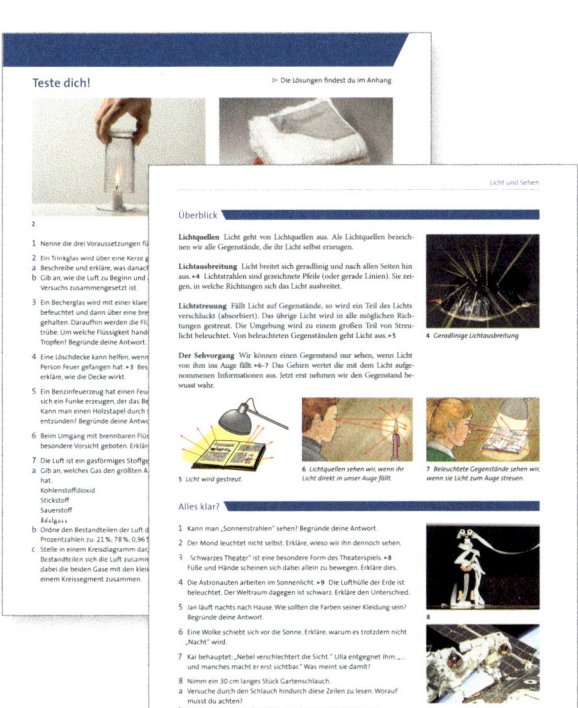

Aufgaben

helfen dir, deine Kenntnisse zu festigen und zu erweitern.
Manche Aufgaben gehen über das Normale hinaus. Sie sind mit einem * gekennzeichnet.
Angebot zur Differenzierung

Überblick

heißt die Zusammenfassung am Ende eines Kapitels. Abschließende Aufgaben zum Kapitel gibt es bei „Alles klar?".

Teste dich!

Hast du den Inhalt eines größeren Abschnitts verstanden? Kannst du dein Wissen anwenden? Die Aufgaben auf dieser Seite helfen dir, dich selbst einzuschätzen. Die Lösungen kannst du im Anhang nachlesen.

Inhalt

STROMKREISE UND MAGNETISMUS 6

Elektrische Geräte im Alltag 8
Geräte erleichtern unseren Alltag 8
Elektrische Geräte 10
Methode Schaltzeichen und Schaltpläne 12
Geräte mit mehreren Schaltern und Tastern ... 14
Funktioniert die Fahrradbeleuchtung? 16
Elektrizität „geht nicht überall hindurch" .. 18
Methode Wie schreibe ich ein
    Versuchsprotokoll? 20
Wir bauen einen Haartrockner nach 22
Sicherungen schützen 24
Elektrische Geräte benötigen Energie 26
Überblick 30

Magnete im Alltag 32
Steckbriefe von Magneten 32
Ein Modell hilft verstehen 36
Methode Wie wir uns den Aufbau von
    Magneten vorstellen 37
Mit dem Kompass die Richtung finden 38
Ein besonderer Magnet – der Elektromagnet .. 42
Überblick 44
Teste dich! 45

SEHEN 46

Licht und Sehen 48
Was brauchen wir zum Sehen? 48
Krumm oder gerade? 50
Überblick 57

Schatten und Finsternisse 58
Wie Schatten entstehen 58
Farbige Schattenbilder 61
Neumond – Halbmond – Vollmond 63
Tag und Nacht 65
Mondfinsternis und Sonnenfinsternis 67
Überblick 70

Wie Bilder entstehen 72
Mit einem Loch Bilder erzeugen? 72
Die Lochkamera wird zum Fotoapparat 78
Überblick 83

Auge und Wahrnehmung 84
Wie Bilder im Auge entstehen 84

Das Gehirn bestimmt, was wir sehen 88
Sehen – mit beiden Augen 90
Überblick 93

Scheinbilder 94
Experimente mit Spiegeln 94
Scheinbilder durch Brechung 98
Erweiterung: Die Totalreflexion 100
Überblick 102

Farben 104
Sonnenlicht steckt voller Farben 104
Wie entstehen die Farben beim Bildschirm? . 106
Teste dich! 109

STOFFE IM ALLTAG 110

Methode Sicheres Experimentieren 112
Methode Bedienungsanleitung Gasbrenner ... 114
Methode Bedienungsanleitung Tauchsieder .. 115
Lernen an Stationen:
    Sicherheit beim Experimentieren 116

Stoffe und ihre Eigenschaften 118
Stoffe im Alltag 118
Den Stoffen auf der Spur 120
Lernen an Stationen: Stoffeigenschaften ... 122
Metalle und andere Werkstoffe 124
Glas – ein besonderer Werkstoff 126
Kunststoffe – Eigenschaften nach Wunsch ... 128
Überblick 130

Aggregatzustände 132
Wasser ist nicht immer flüssig 132
Vom inneren Aufbau der Stoffe 136
Erweiterung:
    Wie das Thermometer zu einer Skala kommt ... 138

Auf die Mischung kommt's an 140
In der Küche wird gemischt 140
Trinkwasser aus Meerwasser? 142
„Was ist da drin?" 144
Aus Rohsalz wird Kochsalz 146
Mischen und Trennen im Teilchenmodell 147
Wohin mit dem Müll? 148
Müll vermeiden oder verwerten 150
Überblick 152
Teste dich! 153

FEUER UND VERBRENNUNG 154

Die Verbrennung 156
Wir machen Feuer 156
Methode Fragen erwünscht 158
Feuer und Luft 160
Was wird aus dem Brennstoff? 164
Was tun, wenn's brennt? 170
Methode Wie führt man ein Interview? 171
Methode Eine Wandzeitung erstellen 176
Überblick 177
Teste dich! 179

ANHANG 180
Naturwissenschaften verstehen
    mit Basiskonzepten 180
Lösungen der Teste-dich-Aufgaben 182
Tabellen und Schaltzeichen 186
Sach- und Namenverzeichnis 190

Quellenverzeichnis

Ägyptisches Museum, München: 127.9 | Agrarfoto.com: 180.3 (Enten) | alimdi.net: 163.5 (Streichhölzer) | Arco Digital Images: NPL: 49.8, Straesser: 146.4 | Astrofoto: 67.4, 68.4, 70.5, 70.6, Dorsch: 67.5, Numazawa: 46.6 (Mondphasen), 63.6, 70.3 | Bayerische Staatsgemäldesammlungen, München: 9.11 | Bayerisches Zentrum für Angewandte Energieforschung e.V.: 110.3 (Entsalzung) | Blickwinkel: Hecker/Sauer: 49.5 | Böhm, W., München: 109.6 | Dargaud Ed. by Morris, 1986: 60.7 | Das Fotoarchiv: Paas, C.: 154.4 | Deutsche Luftbild, Hamburg: 168.2 | Deutsche Verkehrswacht: 46.2 (gesehen werden) | Deutsches Museum, München: 92.2 | Diamant: 130.2, 153.7 | digitalstock.de: K. Gastmann: 180.2 (Jongleur), R. Besserdich: 49.6 | Dr. C. C. Carbon, Wien: 88.7 | eumetsat: 71.9 | F1 Online: Maufront: 172.1, Seifert: 50.1 | Fotolia.com: fotomanja: 82.3, Franz Pfluegl: 106.2, 107.5 (Fernseher), GAP: 103.15, Sebastian Kopp: 106.2, 107.5 (Spiel) | Fotolia.com: sebgross: 59.4, 5 | Frank, Ravensburg: 60.6 | Freiwillige Feuerwehr Großboden: Mundt, A: 173.6 | Gattermann, T., Berlin: 10.4 | Getty Images: Science Faction: 110.3 (Glasbläser), Thornton, A.: 155.6 | Gloria: 175.4 | Greiner & Meyer: 181.3 (Schnee) | Heepmann, B., Herford: 89.11 | Helga Lade Fotoagentur: 98.1, 136.1 (Pinguine, Eisenguss) | Hottinger Baldwin Messtechnik: 136.1 (Schiene) | iStockphoto.com: 132.2, Andy Gehrig: 91.7, Brian Hogan: 141.4, Eric Isselée: 91.6, Graça Victoria: 132.4, Graeme Purdy: 91.8, Jan Van den Brink: 91.9, Jess Wiberg: 126.1, Jonathan Lim Yong Hian: 129.9 (ps), Kreicher: 126.3, Lance Bellers: 55.8, Manfred Steinbach: 54.2, Peter Ingvorsen: 134.1, Phil Morley: 50.2, Rosen Dukov: 181.4 (Nägel), Stephan Zabel: 136.3 | Keystone: Matzerath, F.: 54.3 | Lemke, S., Grevenbroich-Kapellen: 128.7 u. 8 | Lichtenberger, J., Fahren: 52.1, 79.6, 91.4 u. 5, 94.1, 99.7, 104.1 | Liebermann, Hagen-Riegsee: 60.8 | Lothar Kampmann: Ravensberger Kinderwerkstatt,

Otto Maier Verlag Ravensburg: 125.6 | Machmüller, D., Berlin: 172. 2 u.4 | Melitta: 129.9 (pe) | Mirco Hausmann: 76.2 | MPI: Seufert, H. D.: 27.8 | Muckenfuß, H., Ravensburg: 55.1 | Museo di Storia della Scienza, Florenz: 139.6 | NASA: 57.9, 65.4 | Niedersächsische Landesfeuerwehrschule, Celle: 172.3 | Nilsson, Stockholm: 84.1 | Okapia: Nill: 48.2 | Pfeiffer, Kirchentellinsfurt: 68.2 | Philips, Hamburg: 10.2 | PHYWE Systeme GmbH & Co. KG, Göttingen: 12.4 (Austaster), 101.5 | picture-alliance/dpa: 57.8; 101.7; 106.1 (Spiel), 126.2, 132.3, 154.3, 163.7 u. 8, 170.1 u. 2, 172.5, 174.1, Matzerath , F.: 55.7; /kpa: 46. 1; (Auge), /Okapia: 40.2, /Wildlife: 99.9, /ZB: 132.1 | plainpicture: Mark Blasius: 83.11 | Porcelain, Milwaukee: 88.6 | Project Photos: 27.9, 55.9, 124.1 (Brücke, Gold), 180.1 (Baby) | Schapowalow: SIME: 169.4 | Schlichting, Hasbergen: 77.4 u. 5 | schueco international kg: 129.9 (pvc) | Sierra Blakely: 49.7 | Stolz-Laser, Baden-Dättwil: 51.9, 54.6 | Thienemanns Verlag, Stuttgart: 35.8 | Trekstor: 10.3 | TV-yesterday: Weber, W. M.: 106.1 (Fernsehgerät) | vario images: Design Pics: 154.1 | Verein deutsche Salzindustrie: 146.1 | VISUM: Christian O. Bruch: 156.1 | Wagner, S.: 175.5 | Waterframe.de: Dirscherl, R.: 48.1, Ushioda, M.: 40.3 | Werner Bachmeier - www.wernerbachmeier.de: 111.5 (Baumarkt) | Widmann, P., Tutzing: 181.1; (Feuer) | WILDLIFE: Mittermeier, R.: 55.10 | Wilhelm-Foerster-Sternwarte, Berlin: 64.2 | Wolfgang Deuter: 163.5 (Holz) | ZVA, Düsseldorf: 87.8

Titel: iStockphoto.com: karandaev

Alle anderen Fotos: Cornelsen Verlag (Auftragsfotos: Döring, Hohen Neuendorf | Mahler, Berlin)

Gedicht S. 154 aus Krüss, James: Der wohltemperierte Leierkasten: cbj, 1989

Wie findet man die Richtung mit dem Kompass?

Wie kommt warme Luft aus dem Föhn?

Wie funktioniert eine Taschenlampe?

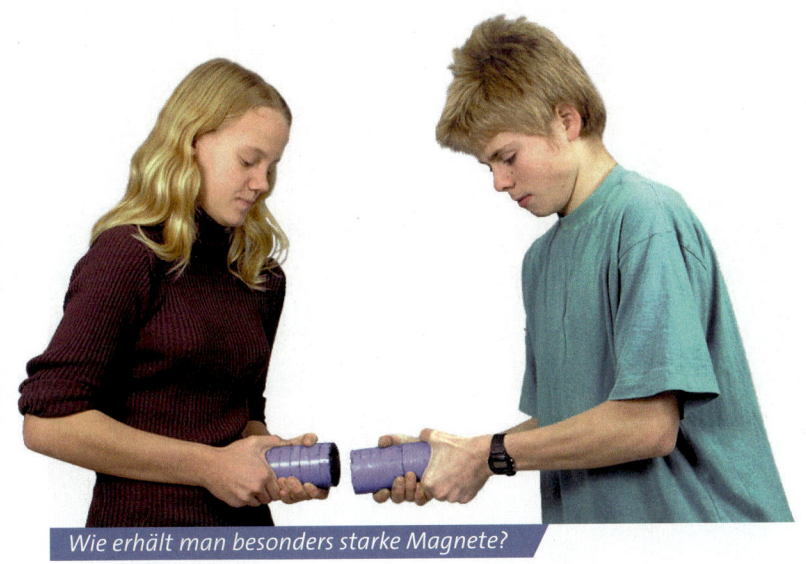

Wie erhält man besonders starke Magnete?

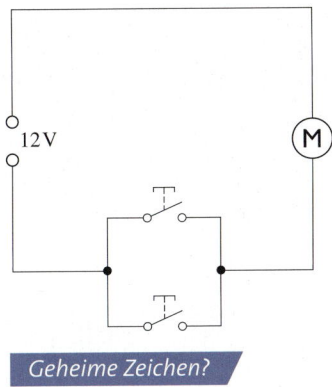

12V   M

Geheime Zeichen?

Stromkreise und Magnetismus

▷ Kannst du dir ein Leben ohne elektrische Geräte vorstellen? Du solltest es einmal probieren. Elektrogeräte machen unseren Alltag bequem. Überall findest du Geräte, die elektrisch betrieben werden. Elektrizität steht fast überall zur Verfügung.

▷ Hast du schon einmal überlegt, wie dein Haartrockner mal warme und mal kalte Luft blasen kann? Bist du sicher, dass das Licht im Kühlschrank aus ist, wenn er geschlossen ist? Du wirst untersuchen, wie Haushaltsgeräte funktionieren. Dabei lernst du, Schaltpläne zu lesen und knifflige Schaltungen aufzubauen. Du erfährst, warum der elektrische Strom gefährlich sein kann.

▷ Magnete sind oft nützliche Helfer im Alltag. Du wirst ein Experte zum Thema Magnetismus. Zieht der Magnet das Stück Eisen an? Oder zieht das Eisenstück den Magneten an? Diese und andere Fragen wirst du untersuchen. Du wirst deinen eigenen Kompass bauen und lernen, mit ihm die Richtung zu finden.

▷ Es gibt besondere Magnete, die man ein- und ausschalten kann. Wie sie funktionieren, wirst du selbst untersuchen.

Geräte erleichtern unseren Alltag

1 *Teppichklopfer – Staubsauger*

2 *Waschbrett – Waschmaschine*

3 *Sense – Rasenmäher*

4 *Bügeleisen*

5 *Bohrmaschinen*

6 *Petroleumlampe – Glühlampe*

Aufgaben

1 Fast täglich benutzen wir einige der abgebildeten Geräte. ▶1–6 Andere sind nicht mehr im Einsatz.
Trage die Geräte in eine Tabelle ein und gib an, wozu sie dienen. ▶7

2 Damit die Geräte ihren Dienst verrichten können, benötigen sie einen Antrieb. Fülle die Tabelle aus. ▶8

3 Geräte wandeln die zugeführte Energie um. *Beispiele:*
– Die Handbohrmaschine wandelt die Energie aus den Muskeln in die Bewegung um.
– Das Bügeleisen wandelt Energie aus der Steckdose in die Wärme der Bügelsohle um.
Formuliere weitere Sätze.

4 Schreibe eine Geschichte für die Schülerzeitung: „Ein Tag ohne elektrische Geräte". Beschreibe deinen Tagesablauf ohne Handy, MP3-Player, elektrische Beleuchtung …
Welche Schwierigkeiten gibt es? Gibt es auch Vorteile?

Gerät	Wozu dient es?
Staubsauger	reinigt die Wohnung
...	...

7

Gerät	Antrieb
Staubsauger: früher heute	Muskeln ...

8

Untersuchen

Viele Geräte werden heute elektrisch betrieben. Noch vor 80 Jahren hatten nur wenige Haushalte einen elektrischen Anschluss. Viele Haushaltsgeräte mussten mit den Muskeln angetrieben werden. Wie das war, könnt ihr in den Versuchen erfahren.

1* **Kaffee mahlen wie früher** Besorgt euch von den (Ur-)Großeltern einige Handkaffeemühlen und bringt elektrische Kaffeemühlen mit in die Schule.
Bildet mehrere Gruppen: Die einen mahlen eine Handvoll Kaffeebohnen zwischen zwei Steinen zu feinem Pulver, die anderen mit einer Hand-mühle. Vergleicht die Qualität des Kaffeepulvers und die benötigte Zeit. ▶9–10
Vergleicht die Ergebnisse auch mit denen der elektrischen Kaffee-mühlen.

2* **Hausarbeit früher** Überlegt euch weitere Versuche, um zu erfahren, wie früher ohne Elektrizität gearbeitet wurde:
– Bringt einen Liter Wasser zum Kochen.
– Wascht T-Shirts mit der Hand.
– Wie wird zerknitterte, trockene Wäsche wieder glatt?

9 *Mahlsteine*

10 *Kaffeemühle für Handbetrieb*

Aus der Geschichte　Vor 100 Jahren war vieles anders

Du drückst auf den Lichtschalter – und schon ist es hell. Die Kaffee-maschine wird mit Wasser und Kaffeepulver gefüllt und angestellt – und bald duftet frischer Kaffee in der Küche. Schmutzige Wäsche legt man in die Waschmaschine – und nach einer Stunde ist sie sauber.
Das war nicht immer so. Noch vor hundert Jahren wurde abends beim Schein einer Petroleumlampe gelesen oder Hausmusik gemacht. ▶11
Radio und Fernsehen waren noch nicht erfunden.
Zum Bügeln wurde glühende Holzkohle in Bügeleisen gefüllt oder eine Eisenplatte mit Handgriff im Herdfeuer erhitzt. Kaffeewasser wurde auf dem Kohlenherd erwärmt, die Kaffeebohnen wurden mit Handmühlen gemahlen.
Die Kleidung wurde mehrmals gelüftet, bevor sie gewaschen wurde. Ein Waschtag war für die Hausfrau sehr anstrengend: Meist heizte sie schon am Tag zuvor einen Bottich mit Wasser in der Waschküche an. Die Wäsche wurde dann in heißer Waschlauge gekocht und anschließend auf dem Waschbrett geschrubbt. Dann spülte die Frau die Wäsche in einem zwei-ten Bottich aus, wrang sie mit der Hand aus und hängte sie zum Schluss auf die Leine. Abends spürte sie die Mühen des Waschtags in den Armen und Schultern.
Elektrische Geräte eroberten den Haushalt erst, als immer mehr Häuser an das elektrische Netz angeschlossen wurden. In deutschen Großstädten gab es 1930 nur in der Hälfte aller Haushalte Steckdosen und elektrisches Licht. Auf dem Land dauerte es noch bis in die 1960er Jahre, ehe alle Häuser angeschlossen waren.

11 *Adolph von Menzel: Wohnzimmer (1847)*

Aufgabe

5 Stelle Tätigkeiten von vor 100 Jahren und Tätigkeiten von heute in einer Tabelle zusammen.

Tätigkeit	früher	heute
bügeln	?	?
Musik hören	?	?

Elektrische Geräte

▷ Nicht alle Geräte haben einen
Stecker. Zwei Kontakte haben sie
aber alle. Weißt du, wo sie bei
den abgebildeten Geräten
sind? ▶1–4

1 *Taschenlampe*

2 *Fernseher*

3 *MP3-Player*

4 *Modelleisenbahn*

Untersuchen

Achtung: Lebensgefahr! Führt keine Versuche an der
Steckdose durch! Bastelt nie an Elektrogeräten herum!
Die folgenden Experimente mit Batterien oder Netz-
geräten sind ungefährlich.

1 **Wie werden elektrische Geräte angeschlossen?**
Versucht eine Lampe mit einer Flachbatterie zum
Leuchten zu bringen. ▶5
In welcher Anordnung leuchtet die Lampe?
Erklärt!

2 **Ein einfacher elektrischer Stromkreis** Ein Stromkreis
besteht aus einer elektrischen Energiequelle (Batterie,
Netzgerät), aus Kabeln und elektrischen Geräten.
a Baut einen Stromkreis mit einer Lampe und einem
Schalter auf. ▶6
b Ersetzt den Schalter durch einen Taster.

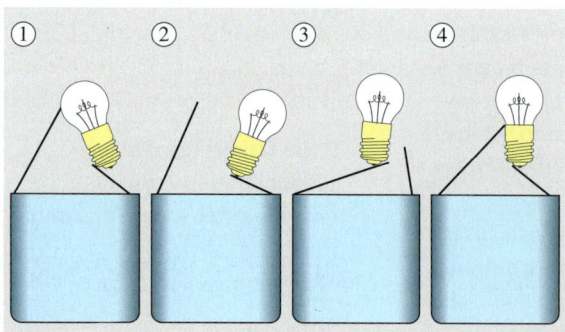

5

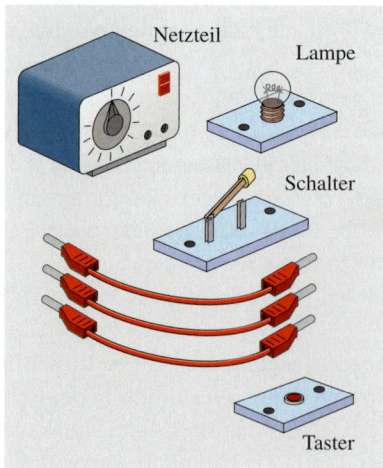

6

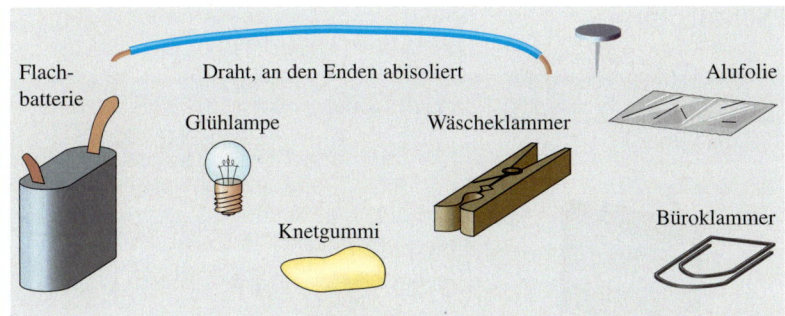

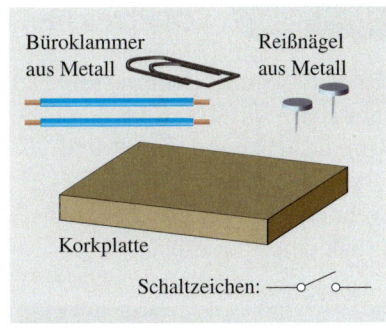

7

8 *Einen Schalter selbst bauen*

3 Leuchtet die Lampe ohne Hilfe? Eine Glühlampe soll in Betrieb genommen werden, ohne dass man sie an die Batterie halten muss. ▶7 Erfindet und testet eine Lampenhalterung.
Ihr könnt zum Beispiel folgende Hilfsmittel verwenden: Draht, Knetgummi, Büroklammern, Wäscheklammern, Alufolie.

4 Taschenlampenschaltung Eine Lampe soll wie eine Taschenlampe ein- und ausgeschaltet werden. Erfindet einen Schalter. Ihr könnt die abgebildeten Gegenstände verwenden. ▶8

a Baut die Schaltung mit einer Batterie und dem Schalter auf. Prüft, ob er funktioniert. Zeichnet die Schaltung auf.

b Versucht Schalter aus anderen Hilfsmitteln herzustellen.

5 Taschenlampe mit Taster Manche Taschenlampen haben einen Taster zum Einschalten. Solange der Taster gedrückt ist, leuchtet die Lampe. Wenn man ihn loslässt, geht die Lampe aus.
Einen EIN-Taster könnt ihr mit zwei Reißnägeln und einer Wäscheklammer aus Holz bauen. ▶9
Mit dem Taster und einer Lampe könnt ihr Blinkzeichen senden.

6*Ein Taster macht das Licht aus Wenn ihr die Kühlschranktür schließt, ist dann das Licht im Kühlschrank wirklich aus?

a Baut eine Schaltung mit einem AUS-Taster ▶10 und einer Lampe auf. Wenn ihr den Taster drückt, ist die Lampe aus.

b Schaut euch den Taster am Kühlschrank an. Beobachtet, was beim Drücken passiert.

7* Bitte nicht stören! Baut mit einem Spezialschalter ein Gerät für euren Schreibtisch. Es soll anzeigen, wenn ihr nicht gestört werden wollt.
Ihr braucht: Flachbatterie (4,5 Volt), 2 Glühlampen (mit einem Folienstift grün und rot eingefärbt), Leitungsdraht und einen Umschalter. ▶11
Wenn der Schalter den Kontakt 1 berührt, soll die grüne Lampe leuchten („Stören erlaubt"). Wird der Kontakt 2 berührt, dann leuchtet die rote Lampe („Bitte nicht stören!").
Tipp: Verbindet einen Batteriepol mit dem mittleren Kontakt. Schließt die Lampen über die Kontakte 1 und 2 an.

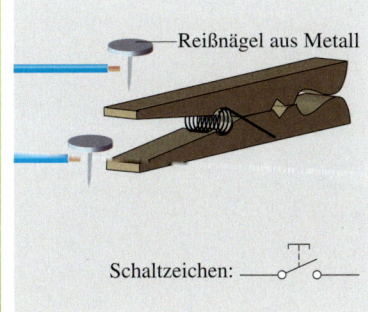

9 *Einen Taster selbst bauen*

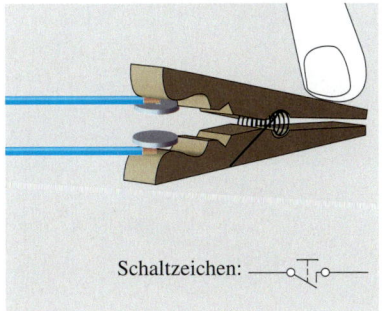

10 *AUS-Taster – selbst gebaut*

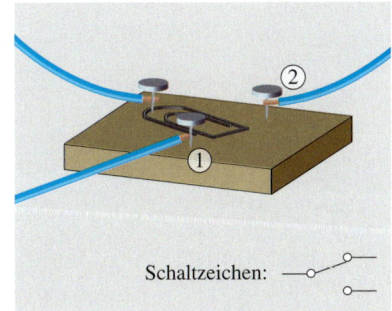

11 *Einen Umschalter selbst bauen*

↻ 11–1 Experiment Ampelschaltung

Methode   Schaltzeichen und Schaltpläne

Du kannst eine Schaltung sauber abmalen – das dauert lange. ▶1–2 Um die Schaltung schnell und übersichtlich darzustellen, verwendet man Schaltzeichen. Man erhält einen Schaltplan. ▶3–4

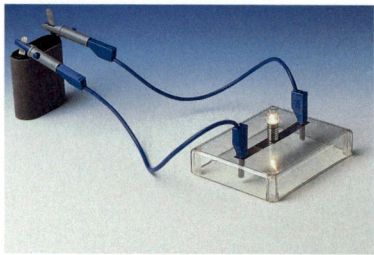

1 *Foto einer Schaltung*

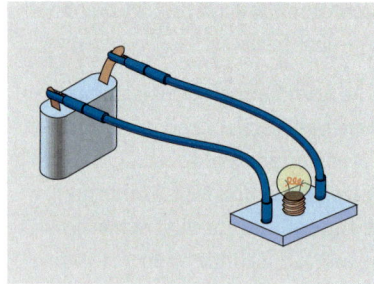

2 *Zeichnung der Schaltung*

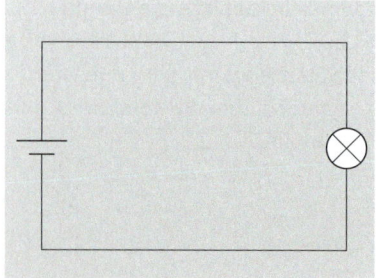

3 *Schaltplan*

Bauteil in der Wirklichkeit	Gezeichnetes Bauteil	Schaltzeichen des Bauteils
Batterie 	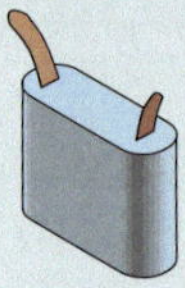	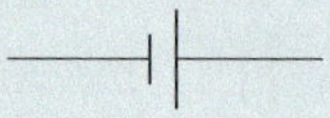
Lampe  Gewinde Fußkontakt		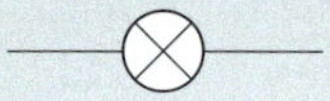
Schalter 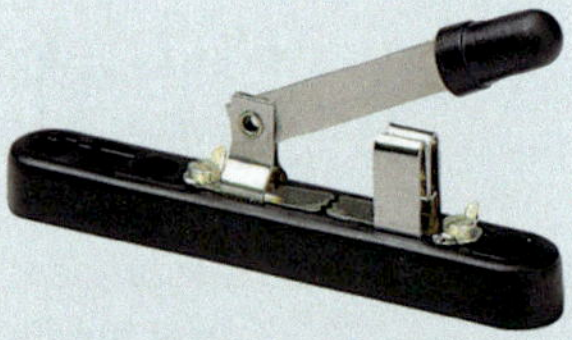		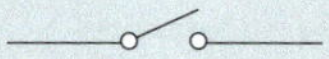
Taster 	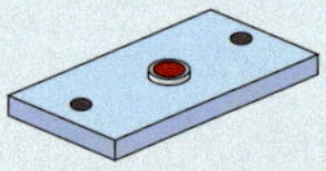	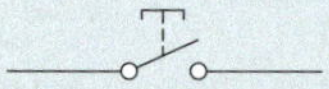
Elektromotor 	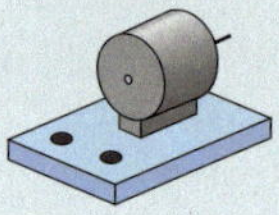	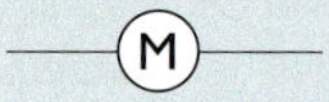
AUS-Taster 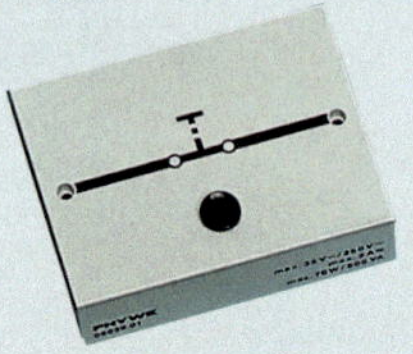	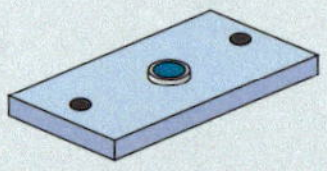	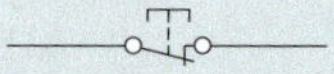

4 *Bauteile und ihre Schaltzeichen*

Grundlagen / Stromkreise

Damit eine Glühlampe leuchtet, muss sie an eine Batterie (oder ein Netzgerät) angeschlossen sein. Wenn du mit dem Finger von der Batterie über das eine Kabel, die Lampe und das andere Kabel entlangfährst, kommst du zum Ausgangspunkt Batterie zurück. Wir sprechen von einem *Stromkreis* – auch wenn die Schaltung nicht wie ein Kreis aussieht.

> **Die Lampe leuchtet nur, wenn jeder ihrer beiden Kontakte über einen Leitungsdraht mit einem Pol der Batterie (oder des Netzgeräts) verbunden ist. Es muss ein geschlossener Stromkreis vorliegen. ▶5**

Wenn in diesem Kreis eine der Verbindungen fehlt, leuchtet die Lampe nicht. Der Stromkreis ist unterbrochen. ▶6
Auch in der Glühlampe ist der Stromkreis geschlossen. Vom Gewinde geht es ohne Unterbrechung durch den Glühdraht zum Fußkontakt der Lampe.

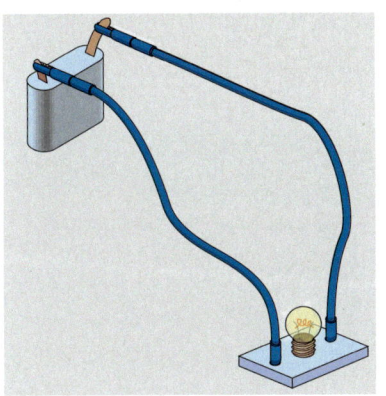

5 *Der Stromkreis ist geschlossen.*

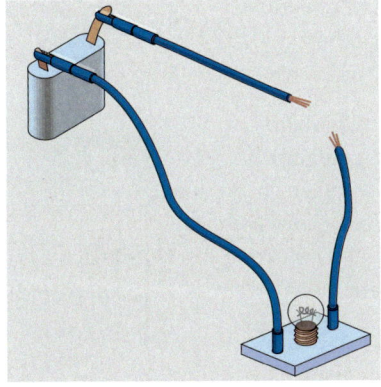

6 *Der Stromkreis ist unterbrochen.*

Was passiert im Stromkreis? Die Vorgänge im Stromkreis können wir nicht sehen. Um sie zu verstehen, vergleichen wir den elektrischen Stromkreis mit einem Kreislauf aus der sichtbaren Welt. ▶7

Elektrischer Stromkreis	Warmwasserheizung
Die Elektrizität fließt im Kreis: von der Batterie durch einen Draht zur Lampe und durch einen zweiten Draht zurück zur Batterie.	Wasser fließt im Kreis: vom Heizkessel und der Pumpe durch ein Rohr zum Heizkörper und durch ein zweites Rohr zurück zum Kessel.
Die Elektrizität wird durch die Batterie in Bewegung gesetzt und betreibt so die Lampe.	Das Wasser in den Rohren wird von der Pumpe bewegt. So transportiert es Wärme in dein Zimmer.

7

1 Zeichne für deine Schaltung mit Schalter einen Schaltplan mit den richtigen Schaltzeichen.

2 Ein Motor wird über einen Schalter an eine Batterie angeschlossen. Zeichne den Schaltplan.

3 Funktioniert die Schaltung? Überprüfe die Schaltpläne. ▶8–10 Entscheide jeweils, ob die Schaltung funktionieren kann. Baue dann die Schaltung(en) auf, die du für richtig hältst. Probiere sie aus.

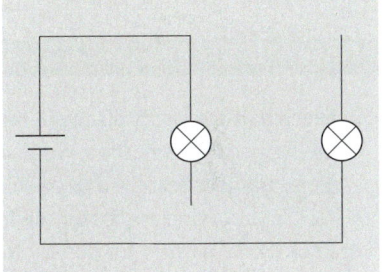

8

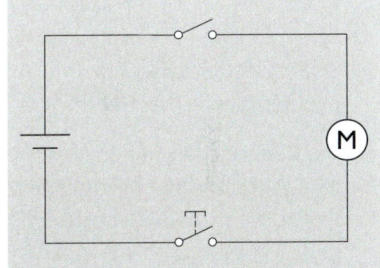

9

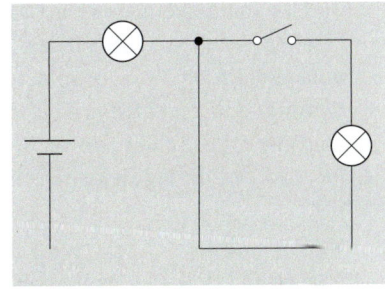

10

Geräte mit mehreren Schaltern und Tastern

▷ Der Mikrowellenherd ist eingeschaltet, aber der Motor ist
noch nicht zu hören …

1

1 Die Schaltung des Mikrowellenherds Der Mikro-
wellenherd ist in Betrieb, wenn der Schalter am
Gerät auf EIN gestellt und die Tür geschlossen ist.
Der Schalter und ein Taster schließen den Stromkreis.

a Baut die Schaltung für den Motor mit einer Batterie,
einem Schalter, einem Taster und einem Motor nach.
Überlegt, wann der Mikrowellenherd in Betrieb ist.
Wann darf der Motor laufen?

b Zeichnet einen Schaltplan für eure Schaltung.

c Überprüft die Schaltung. Protokolliert die Ergebnisse
in einer Tabelle (Muster rechts).

Schalter am Gerät	Taster an der Tür	Motor
offen	nicht gedrückt	aus
offen	gedrückt	?
geschlossen	nicht gedrückt	?
geschlossen	gedrückt	?

2 Die Klingelschaltung In Mehrfamilienhäusern hat
jede Wohnung zwei Klingelknöpfe. ▶2 Die Klingel
läutet, wenn an der Haustür oder der Wohnungstür
gedrückt wird.

a Baut die Schaltung mit zwei Tastern, einer Batterie
und einem Summer nach. Statt des Summers könnt
ihr eine Lampe benutzen, die das Läuten ersetzt.
Überlegt, wann es läuten muss. Überprüft es an
eurer Schaltung. *Tipp:* Jeder Taster bildet mit dem
Summer und der Batterie einen Stromkreis.

b Zeichnet einen Schaltplan der Klingelschaltung.

c Protokolliert die Ergebnisse in einer Tabelle.

Taster an der Haustür	Taster an der Wohnungstür	Klingel Lampe
nicht gedrückt	nicht gedrückt	aus
gedrückt	nicht gedrückt	?
nicht gedrückt	gedrückt	?
gedrückt	gedrückt	?

2 *Klingelschaltung*

3*Haushaltsgeräte, genauer untersucht Lasst euch von euren Eltern an einer Waschmaschine, Spülmaschine oder Brotschneidemaschine zeigen, was zu tun ist, damit sie in Betrieb gesetzt wird. ▶3

a Vergleicht eure Ergebnisse mit denen beim Mikrowellenherd. Nennt Gemeinsamkeiten und Unterschiede.

b Wenn ein Gerät anders als der Mikrowellenherd funktioniert, baut die Schaltung nach.

c Zeichnet zu eurer Schaltung einen Schaltplan.

3 *Waschmaschine*

Grundlagen Reihen- und Parallelschaltung

Für viele Zwecke gehören mehrere Schalter oder Taster zum Stromkreis:
– Die „Sicherheitsschaltung" hilft, Unfälle an gefährlichen Maschinen zu vermeiden (z. B. an Brotschneidemaschinen). Die Maschine arbeitet nur, wenn zwei Taster gleichzeitig gedrückt werden. Die Taster sind *in Reihe geschaltet.* ▶4 Man spricht von einer UND-Schaltung, weil der Stromkreis nur geschlossen ist, wenn Taster 1 *und* Taster 2 gedrückt werden.
– Auch die „Klingelschaltung" für die Klingel an der Haustür und an der Wohnungstür hat zwei Taster. Die Klingel läutet schon, wenn einer der beiden Taster gedrückt wird. Die Taster sind *parallel geschaltet.* ▶5 Man nennt diese Schaltung ODER-Schaltung, weil der Stromkreis schon dann geschlossen ist, wenn Taster 1 *oder* Taster 2 gedrückt ist.

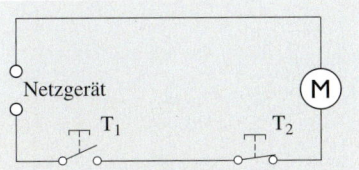

4 *Sicherheitsschaltung*

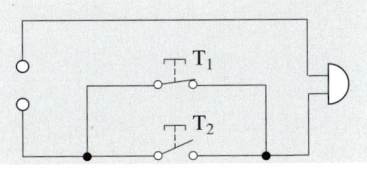

5 *Klingelschaltung*

Nicht nur Schalter und Taster werden in Reihe oder parallel geschaltet:
– Viele Geräte benötigen mehr als eine Batterie. Die Batterien werden dann oft in einer *Reihenschaltung* eingebaut. ▶6
– Bei der Fahrradbeleuchtung sollen Scheinwerfer und Rücklicht unabhängig voneinander funktionieren. Dann leuchtet das Rücklicht auch weiter, wenn das vordere Lämpchen ausfällt (oder umgekehrt). Dazu wird jedes Lämpchen mit einem eigenen Stromkreis an den Dynamo angeschlossen. Man spricht von einer *Parallelschaltung.* ▶7

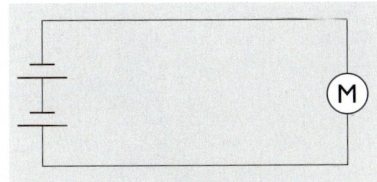

6 *Reihenschaltung von Batterien*

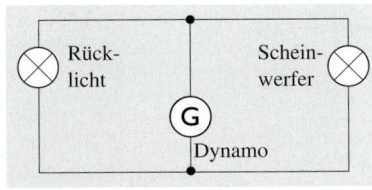

7 *Parallelschaltung von Lampen*

Aufgaben

1 Die Klingelanlage soll erweitert werden. ▶2 Man soll auch noch an der Gartenpforte klingeln können. Zeichne einen Schaltplan und baue die neue Klingelanlage auf. Teste mit einer Tabelle, ob sie richtig funktioniert.

2 Eine gefährliche Blechschneidemaschine ist besonders gesichert. Ihr Motor läuft nur, wenn der Hauptschalter auf EIN steht und der Maschinenbediener mit der linken und rechten Hand jeweils einen Taster drückt. Zeichne einen Schaltplan und baue die Schaltung auf. Teste mit einer Tabelle, ob sie richtig funktioniert.

3 Zeichne eine Schaltskizze für eine Reihenschaltung mit zwei Lämpchen.

4 Ein Motor und eine Lampe sind parallel geschaltet. Zeichne den Schaltplan.

Funktioniert die Fahrradbeleuchtung?

▷ Vor der großen Radtour über- prüfst du dein Fahrrad genau. Sind Bremsen und Beleuch- tung in Ordnung? Der Scheinwerfer leuchtet nicht. Für einen Kenner von Stromkreisen ist das kein Pro- blem.

▷ Wenn dein Fahrrad schon et- was älter ist, kannst du einen eigenartigen Stromkreis ent- decken. Nur ein einziges Kabel führt vom Dynamo zur Scheinwerferlampe … ▸1

Scheinwerfer

zum Rücklicht

1 *Fahrradbeleuchtung*

Untersuchen Experimentieren

1 Wo befindet sich der zweite Pol des Dynamos? Schließt eine Experimentierlampe an einen Fahrrad- dynamo („Seitenläufer") an. ▸2

a Findet verschiedene Möglichkeiten, wie ihr die Lampe zum Leuchten bringt.

b Erklärt, wie der Stromkreis geschlossen wird. Welche Teile des Fahrrads gehören zum elektrischen Stromkreis?

2 Wo ist der zweite Anschluss des Fahrradschein- werfers? Versucht mit einer Flachbatterie den Fahrradscheinwerfer zum Leuchten zu bringen. ▸3

a Der Scheinwerfer hat nur einen Anschluss für ein Kabel. Findet ihr auch hier verschiedene Möglich- keiten, den Scheinwerfer zu betreiben?

b Führt den Versuch auch mit dem Rücklicht durch.

c Beschreibt jeweils die geschlossenen Stromkreise.

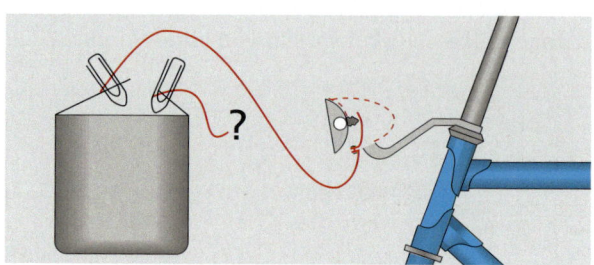

2

3

Grundlagen   Der Fahrradstromkreis

Bei vielen Fahrrädern sind Dynamo und Scheinwerfer nur durch *einen* Draht verbunden. Die Befestigungsschelle des Dynamos stellt dann den zweiten Pol dar. Auch der Scheinwerfer hat seinen zweiten Anschluss an der metallischen Befestigungsschelle. Beide sind fest an den Fahrradrahmen geschraubt. Neben dem einen Kabel zwischen Lampe und Dynamo bildet also der Fahrradrahmen die zweite Verbindung und schließt so den Stromkreis. ▶4

> **Stromkreise müssen nicht über Drähte geschlossen sein. Auch Metallteile, wie z. B. der Fahrradrahmen, können Teil eines Stromkreises sein.**
> ▶4–5

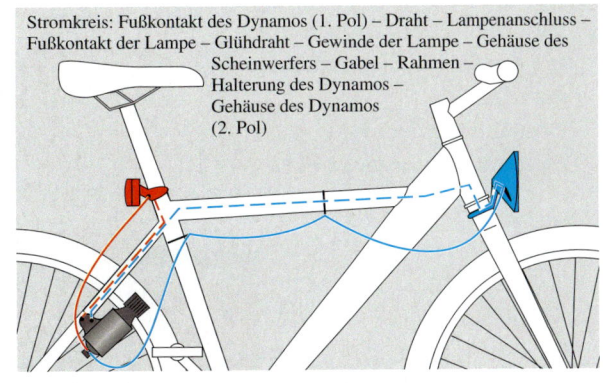

Stromkreis: Fußkontakt des Dynamos (1. Pol) – Draht – Lampenanschluss – Fußkontakt der Lampe – Glühdraht – Gewinde der Lampe – Gehäuse des Scheinwerfers – Gabel – Rahmen – Halterung des Dynamos – Gehäuse des Dynamos (2. Pol)

4 *Stromkreise der Fahrradbeleuchtung*

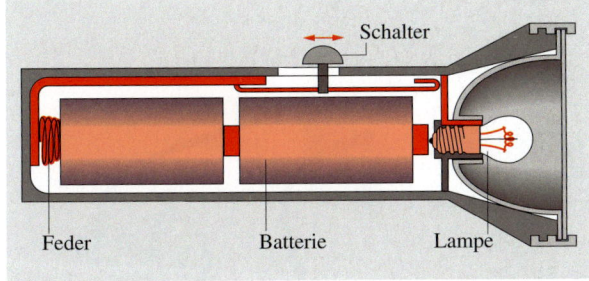

5 *Stromkreis einer Taschenlampe*

(Beschriftungen: Schalter, Feder, Batterie, Lampe)

Aufgaben

1 Beschreibe den Stromkreis des Rücklichts. ▶4

2 Welche Teile bilden den Stromkreis der Taschenlampe? ▶5

3 Zeichne einen Stromkreis mit Lampe und Batterie, der mit vielen Metallteilen (z. B. Schere, Büroklammer, Nägel) geschlossen wird. Probiere aus, ob es funktioniert.

Aus dem Alltag   Der „Check" für die Fahrradbeleuchtung

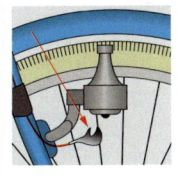  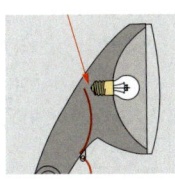  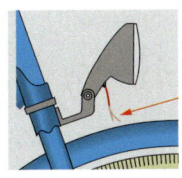 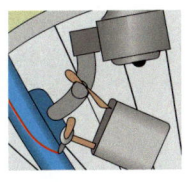

6   **7**   **8**   **9**   **10**   **11**

Die Fahrradbeleuchtung dient vor allem dazu, gesehen zu werden. Sie ist wichtig für deine Sicherheit! Du solltest sie regelmäßig kontrollieren. Wenn eine Lampe nicht leuchtet, hilft dir folgende Checkliste:
Überprüfe, ob der Draht vom Dynamo zur Lampe richtig angeklemmt ist. ▶6 Sind die Kontaktstellen blank und rostfrei? Den Belag kannst du mit einem Schraubendreher abkratzen.
Hat dein Rad Kunststoff-Schutzbleche, in die ein Metallstreifen eingelassen ist? Dann könnte sich der Steckkontakt für den Metallstreifen gelöst haben. Öffne den Scheinwerfer des Fahrrads und schraube die Glühlampe heraus. Sieht der Fußkontakt der Lampe blank aus? Ist der Glühdraht in Ordnung? ▶7

Schraube die Glühlampe ein. Achte darauf, dass sie fest in der Fassung sitzt. Der Fußkontakt muss auf den Blechstreifen im Scheinwerfer drücken. ▶8
Der Seitenkontakt des Rücklichts ist über die Halterung der Lampe mit dem Fahrradrahmen verbunden. Die Stelle, an der die Halterung befestigt ist, muss rostfrei sein. ▶9
Prüfe, ob der Leitungsdraht unterbrochen ist – eventuell sogar unter der Isolierung. ▶10
Leuchten weder der Scheinwerfer noch das Rücklicht, dann könnte der Dynamo defekt sein. Zur Kontrolle schließt du statt des Dynamos eine Batterie an. Vergiss dabei nicht den Anschluss der Batterie an den Rahmen. ▶11

Elektrizität „geht nicht überall hindurch"

▷ Du weißt schon, dass Drähte
aus Kupfer die Elektrizität
gut leiten.
Ob dafür auch andere
Materialien geeignet sind?

Wir haben nicht mehr
genug Leitungsdraht.
Ich probier's
einfach
mit diesem Stück
Schnur!

1 *Eine Schnur als Kabel?*

Untersuchen Experimentieren

1 Welche Materialien sind elektrische Leiter?

a Baut einen Leitungstester. Ihr braucht zwei Drähte. Wickelt jeweils ein
Ende um einen Reißnagel. Stecht die Reißnägel dann in ein Korkstück. ▶2

b Baut euer Testgerät in einen Stromkreis ein. Die „Leitungslücke" über-
brückt ihr mit verschiedenen Gegenständen. Drückt sie fest auf die
beiden Reißnägel. Notiert die Ergebnisse in einer Tabelle.

Gegenstand	Material	Lampe leuchtet?	
		ja	nein
Schlüssel	Eisen (Stahl)	✓	
Knopf	Kunststoff	?	?
Bleistiftmine	Grafit	?	?
...	?	?	?

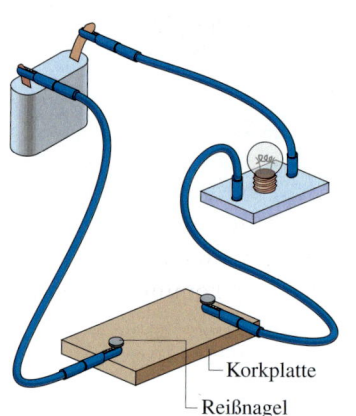

Korkplatte
Reißnagel

2 *Leitungstester für feste Gegenstände*

2 Bauanleitung: Leitungstester für Flüssigkeiten

Mit einer Leuchtdiode statt der Glühlampe könnt ihr ein empfindliches
Prüfgerät bauen. ▶3
Ihr braucht:
5 Abschnitte von Lüsterklemmen (1)
1 Leuchtdiode (2)
1 Widerstand (330 Ohm) (3)
3 flexible und 2 starre Kupferkabel (an den Enden abisoliert) (4)(5)
1 Batterie (4,5 Volt oder 9 Volt) (6)

a Baut das Gerät zusammen. *Achtung: Verbindet das (kürzere)
Minusbeinchen der Leuchtdiode mit dem Minuspol der Batterie!*

b Prüft das fertige Gerät: Wenn sich die blanken Kupferdrähte berühren,
muss die Leuchtdiode leuchten. *Tipps zur Fehlersuche: Ist die Leuchtdiode richtig gepolt? Sind alle Kabel abisoliert? Sind die Anschlüsse fest?*

c Untersucht, ob z. B. Salzwasser, Apfelsaft, Speiseöl oder Seifenwasser
leiten. Notiert die Ergebnisse in der Tabelle.

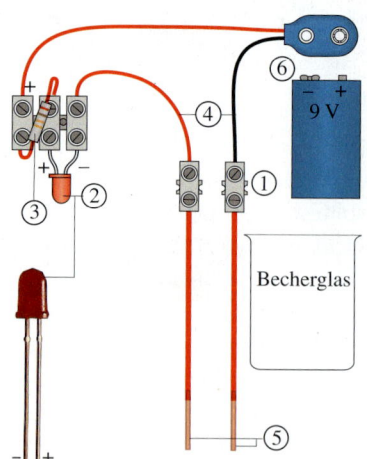

Becherglas

Tipp: Auf die richtige Polung achten!
Das Minusbeinchen ist etwas kürzer.

3 *Leitungstester für Flüssigkeiten*

Grundlagen　Nicht alles leitet

Elektrische Leiter Immer wenn du deinen Prüfstromkreis mit einem Gegenstand aus Metall schließt, leuchtet die Lampe auf. ▶2 Bei einer Bleistiftmine aus Grafit leuchtet die Lampe etwas schwächer. Grafit leitet nämlich schlechter als Metalle.

> Gute elektrische Leiter sind alle Metalle. Silber und Kupfer gehören zu den besten elektrischen Leitern.

Nichtleiter Bei Gegenständen aus Kunststoff, Glas, Holz, Gummi oder Kork bleibt die Lampe dunkel. Diese Materialien leiten praktisch nicht. Man nennt sie *Nichtleiter* oder *Isolatoren*.
Gummi und Kunststoffe als Nichtleiter sind für elektrische Leitungen genauso wichtig wie Metalle als Leiter. Kupferkabel werden mit Kunststoff überzogen, sie sind isoliert. Ohne Isolierung wäre es lebensgefährlich, ein Kabel anzufassen, das an eine Steckdose angeschlossen ist. ▶4

Flüssigkeiten – Leiter und Nichtleiter Auch unter den Flüssigkeiten gibt es Leiter. Beispiele sind Apfelsaft und Essig (beides sind Säuren) sowie Salzwasser. Öl leitet nicht, reines (destilliertes) Wasser sehr schlecht.

Der Mensch als elektrischer Leiter Der menschliche Körper ist ein Leiter, weil er zu zwei Dritteln aus salzhaltigem Wasser besteht. ▶5
Wenn der Mensch Teil eines Stromkreises wird, fließt die Elektrizität z. B. von der Hand durch den Körper in die andere Hand. Bei Unfällen mit dem Stromnetz besteht Lebensgefahr. Die Muskeln verkrampfen sich, das Herz kommt aus dem Takt und Verbrennungen sind möglich.

> Der menschliche Körper ist ein elektrischer Leiter. Zum Elektrounfall kommt es, wenn der Mensch Teil eines Stromkreises wird. Versuche mit Batterien und Netzteilen der Schule sind ungefährlich.

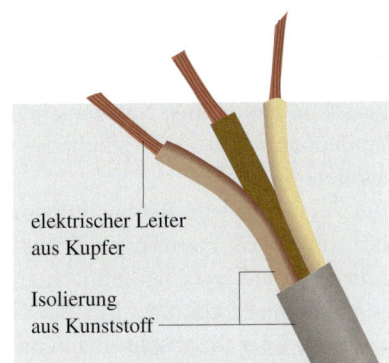

4 *Kabel – Leiter und Isolator*

elektrischer Leiter aus Kupfer

Isolierung aus Kunststoff

Tod im Bad

Frankfurt. Am Montag wurde in einer Frankfurter Wohnung ein 39 Jahre alter Mann tot in der gefüllten Badewanne aufgefunden. Der Haartrockner lag eingeschaltet im Wasser. Die Kriminalpolizei stellte fest, dass das Gerät keinen technischen Mangel aufwies. Der Elektrotechnik-Verband VDE bezeichnet die Gewohnheit, sich in der Badewanne die Haare zu trocknen, als lebensgefährliche Dummheit. Sobald der Haartrockner in die Wanne rutscht, fließt Elektrizität durch den Körper. Haartrockner gehören nicht in die Badewanne!

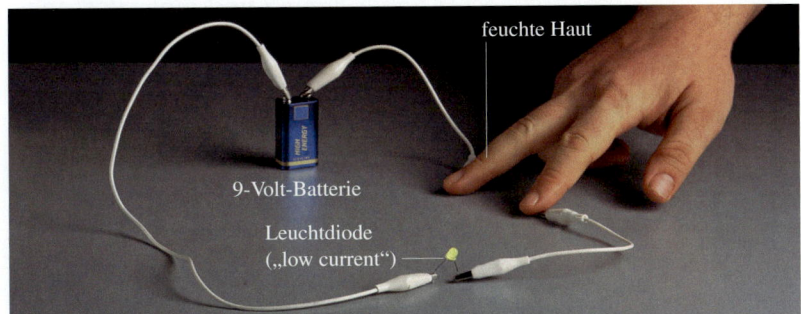

feuchte Haut

9-Volt-Batterie

Leuchtdiode („low current")

5 *Hand als Teil eines Stromkreises*

Aufgaben

1 Fertige ein Plakat über die Gefahren des elektrischen Stroms an.

2 Mit Elektrizität aus der Steckdose muss man vorsichtig sein. ▶6
Schreibe zu den Bildern Verhaltensregeln auf. Erläutere die Gefahren.

6

Methode — Wie schreibe ich ein Versuchsprotokoll?

Versuche helfen uns, Naturerscheinungen planmäßig zu beobachten und physikalische Vorgänge zu untersuchen.

Bei Versuchen und Beobachtungen solltest du immer ein Protokoll anfertigen. Auch Wissenschaftler schreiben auf, was sie beobachtet, getan und gemessen haben. Protokolle sind die Grundlage, um mit anderen über Beobachtungen und Experimente zu sprechen oder Versuchsergebnisse zu vergleichen. Die Protokolle unterstützen uns dabei, Regeln und Gesetze zu erkennen, die in der Natur gelten.

– Schreibe zuerst die Frage auf, die mit dem Versuch beantwortet werden soll.
– Plane den Versuch: Skizziere den Versuchsaufbau und gib die Versuchsgeräte an. Beschreibe, wie du vorgehst.
– Notiere deine Beobachtungen. Messwerte trägst du in eine Tabelle ein.
– Werte den Versuch aus und beantworte die Versuchsfrage.

Oft entstehen durch einen Versuch neue Fragen, die zu weiteren Experimenten führen.

Versuchsprotokoll

Name: Anne Müller

Datum/Uhrzeit: 25. 5. 2012, 8.00 Uhr

Versuchsfrage:
Wie funktioniert die Kühlschrankschaltung?

Versuchsplan:
Ich untersuche, wie ein AUS-Taster im Stromkreis funktioniert.

Kabel

AUS-Taster

Lampe

Batterie

Durchführung:
Ich habe einen Stromkreis mit einem AUS-Taster, einer Lampe und einer Batterie aufgebaut.

Beobachtung:
Der Stromkreis ist geschlossen und die Lampe leuchtet. Wenn ich auf den Taster drücke, leuchtet die Lampe nicht mehr. Wenn ich den Taster loslasse, leuchtet sie wieder.

Auswertung:
Der AUS-Taster unterbricht den Stromkreis beim Drücken.

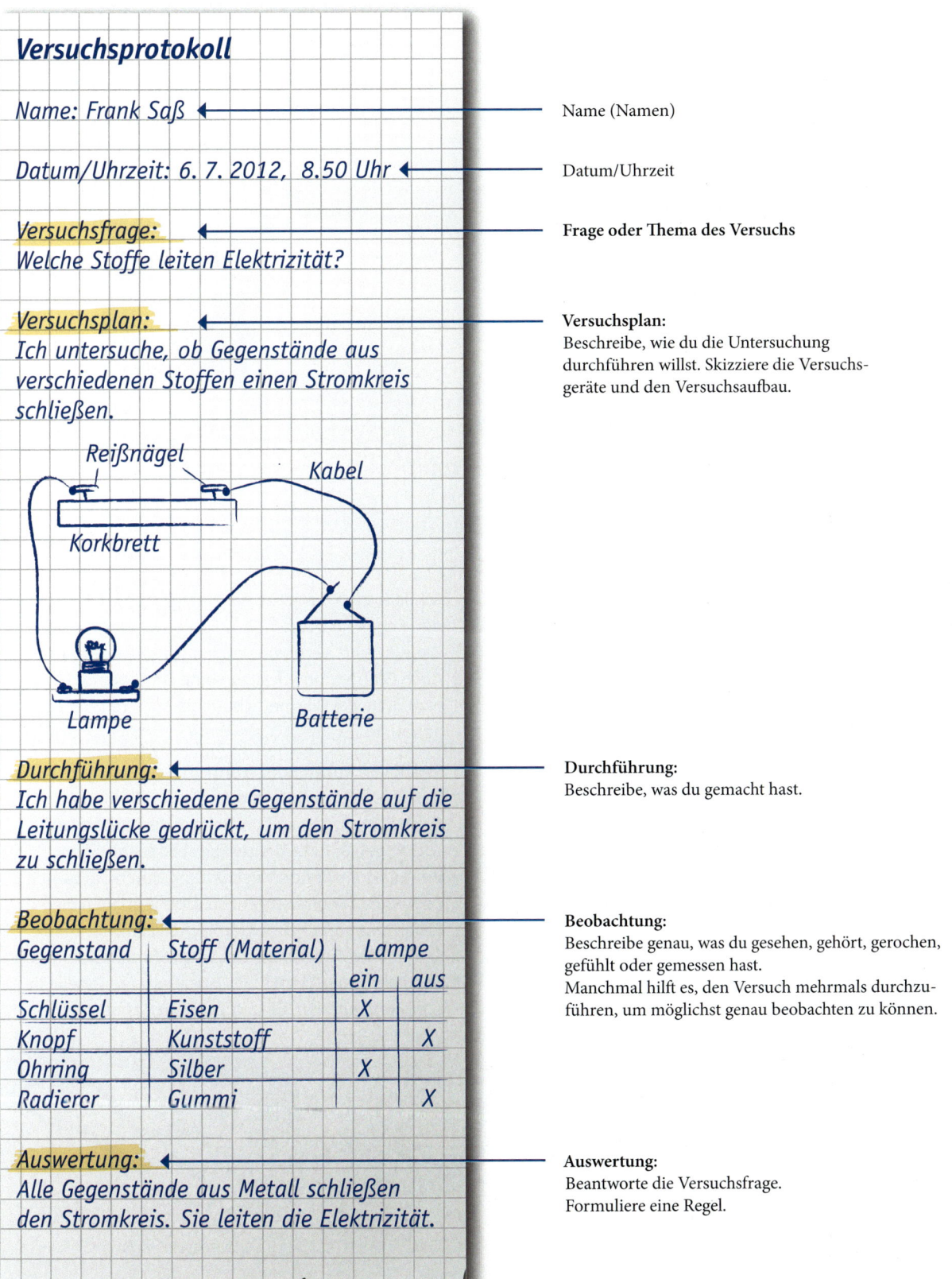

Versuchsprotokoll

Name: Frank Saß ← Name (Namen)

Datum/Uhrzeit: 6. 7. 2012, 8.50 Uhr ← Datum/Uhrzeit

Versuchsfrage: ← **Frage oder Thema des Versuchs**
Welche Stoffe leiten Elektrizität?

Versuchsplan: ← **Versuchsplan:**
Ich untersuche, ob Gegenstände aus
verschiedenen Stoffen einen Stromkreis
schließen.

Beschreibe, wie du die Untersuchung
durchführen willst. Skizziere die Versuchsgeräte und den Versuchsaufbau.

Reißnägel · Kabel · Korkbrett · Lampe · Batterie

Durchführung: ← **Durchführung:**
Ich habe verschiedene Gegenstände auf die
Leitungslücke gedrückt, um den Stromkreis
zu schließen.

Beschreibe, was du gemacht hast.

Beobachtung: ← **Beobachtung:**

Beschreibe genau, was du gesehen, gehört, gerochen,
gefühlt oder gemessen hast.
Manchmal hilft es, den Versuch mehrmals durchzu-
führen, um möglichst genau beobachten zu können.

Gegenstand	Stoff (Material)	Lampe ein	Lampe aus
Schlüssel	Eisen	X	
Knopf	Kunststoff		X
Ohrring	Silber	X	
Radierer	Gummi		X

Auswertung: ← **Auswertung:**
Alle Gegenstände aus Metall schließen
den Stromkreis. Sie leiten die Elektrizität.

Beantworte die Versuchsfrage.
Formuliere eine Regel.

Wir bauen einen Haartrockner nach

▷ Funktionen des Haartrockners: Wenn der linke Schalter am Griff betätigt wird, bläst der Haartrockner kalte Luft. Wenn zusätzlich der rechte Schalter betätigt wird, strömt warme Luft aus dem Gerät. Der Haartrockner schaltet automatisch ab, wenn er zu lange sehr nahe an die Haare gehalten wird. Das soll verhindern, dass das Gerät zu heiß wird.

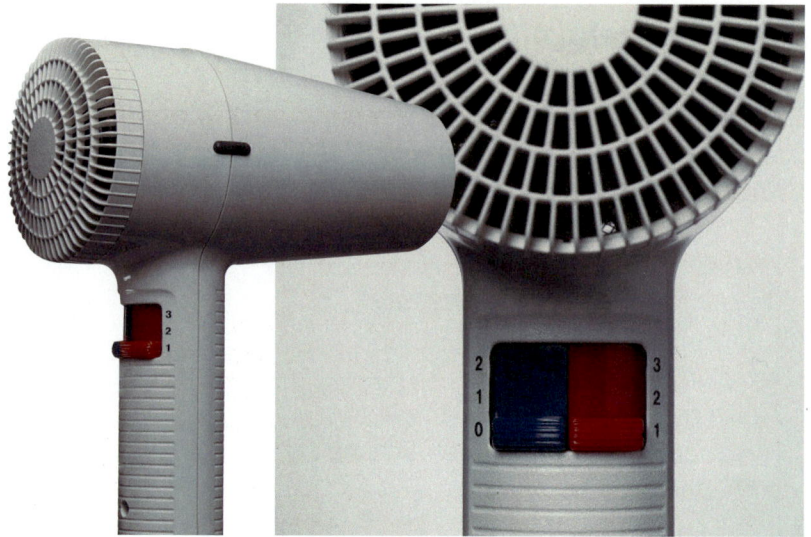

1 *Haartrockner*   2 *Schalter*

Experimentieren

Der Haartrockner darf nicht geöffnet werden. Das Basteln an Elektrogeräten ist lebensgefährlich.

Ihr könnt aber seine verschiedenen Funktionen untersuchen und nachbauen.

1 Der Haartrockner bläst kalte Luft Diese Funktion könnt ihr leicht nachbauen. Dazu braucht ihr einen Schalter, eine Batterie und einen Motor mit Propeller. Prüft eure Ventilatorschaltung. Zeichnet den Schaltplan. ▶3

2 Der Haartrockner erwärmt Luft Von vorne seht ihr im Haartrockner eine Drahtwendel. Sie wird durch die Elektrizität zum Glühen gebracht.
a Wickelt 50 cm Konstantandraht (0,2 mm dick) um eine Stricknadel. Zieht die Nadel heraus – fertig ist die Heizwendel. ▶4

Schließt die Wendel an ein Netzgerät an. ▶5 Dreht den Regler langsam höher. Fühlt, wie warm die Wendel wird. *Verbrennt euch nicht an der Wendel!*
b Auch Glühlampen besitzen eine Drahtwendel und erzeugen viel Wärme. Schaut sie euch mit der Lupe genau an.

3 Jetzt bläst er kalt oder warm
a Benutzt statt der „Heizspirale" eine Glühlampe. Der Haartrockner soll bei Bedarf zusätzlich warme Luft abgeben (d. h., die Lampe soll leuchten). Ihr müsst die Ventilatorschaltung durch die Lampe und einen Schalter ergänzen. Überlegt euch die Schaltung und zeichnet den Schaltplan. ▶6
b Die Funktionsweise der Schaltung beschreibt ihr am besten in einer Tabelle. ▶7 Übertragt die Tabelle in euer Heft, ergänzt sie und prüft die Schaltung.

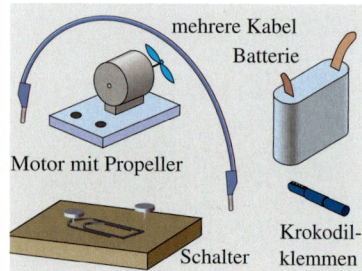

3

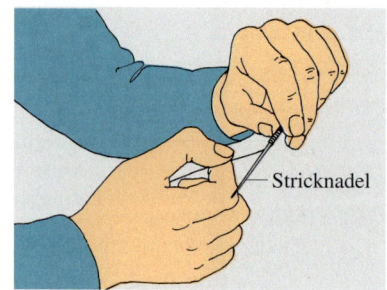

4 *Herstellen einer Wendel*

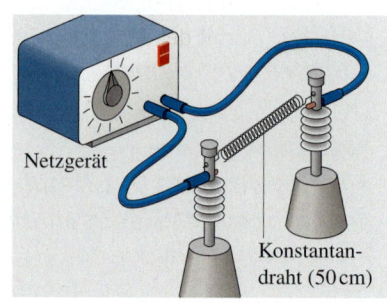

5 *Einfache Heizspirale*

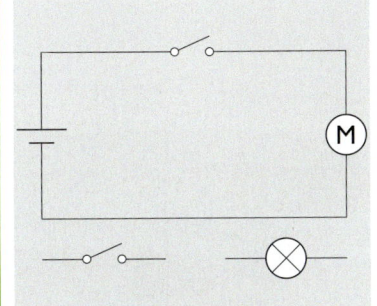

6 *Haartrocknerschaltung*

Was wird gemacht?		Was passiert?	
Schalter Gebläse	Schalter Heizung	Gebläse (Motor)	Heizung (Lampe)
aus	aus	aus	aus
aus	ein	aus	?
ein	aus	?	?
ein	ein	?	?

7 *Funktionstabelle*

4*Der Hitzeschutz Wenn es im Gehäuse zu heiß wird, schaltet sich der Haartrockner ab. Das Abschalten übernimmt ein *Bimetallstreifen*. ▶8
Wenn der Streifen heiß wird, biegt er sich nach oben und unterbricht den Stromkreis. Beim Abkühlen wird er wieder gerade und schließt den Stromkreis.
Baut einen solchen *Bimetallschalter* in eure „Haartrocknerschaltung" ein. Er soll bei Überhitzung alles ausschalten.

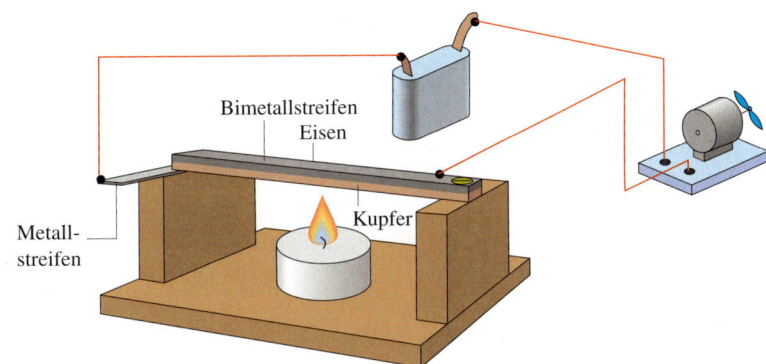

8 *Bimetallschalter*

5*Der Haartrockner bläst viel oder wenig Luft Beim Haartrockner könnt ihr einstellen, ob viel oder wenig Luft ausströmt. Versucht diese Funktion mit zwei Batterien nachzubauen. ▶9
Wie könnt ihr die Motorgeschwindigkeit verändern? Wie müssen die Batterien geschaltet sein, damit der Motor schneller läuft? Zeichnet den Schaltplan.

6*Für Tüftler: der „Stufenschalter" Ein Umschalter kann in zwei „Stufen" schalten. ▶10
Wie müssen zwei Batterien, ein Motor und der Schalter verbunden werden, damit der Motor einmal langsam und einmal schnell läuft? Probiert eure Schaltung aus.

7*Euer Haartrockner zu Hause Vielleicht funktioniert euer Haartrockner zu Hause anders. Besitzt er Schalter, Taster oder Stufenschalter?
a Notiert die verschiedenen Funktionen in einer Tabelle.
b Entwickelt eine Modellschaltung zu eurem Haartrockner.
c Baut die Schaltung auf. Kontrolliert sie mithilfe der Funktionstabelle.

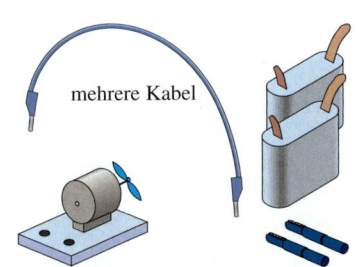

mehrere Kabel

9 *Wie läuft der Motor besonders schnell?*

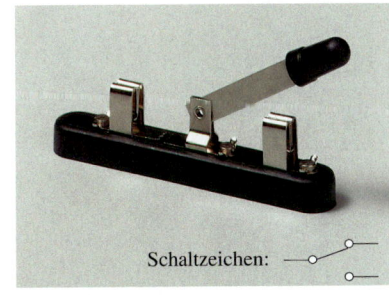

Schaltzeichen:

Ↄ 23–1 Experiment Weitere Schaltungen

10 *Umschalter*

Sicherungen schützen

▷ Einfach ausgeschaltet – oder doch eher ein Kurzschluss?

1

▶2

Untersuchen

1 Kurzschluss Als Zuleitung für die Lampe wird ein Stück Kupferdraht mit einer „Papierfahne" aus Seidenpapier verwendet. ▶2 Wenn die Lampe leuchtet, wird der Kurzschluss hergestellt. Beschreibt eure Beobachtung.

2 Sicherung und Kurzschluss Als Sicherung in der Zuleitung verwenden wir einen dünnen Alustreifen (Haushaltsfolie). ▶3 Wenn die Lampe leuchtet, wird wieder ein Kurzschluss hergestellt.

3 Kurzschluss – „Langschluss"? Bei dem Begriff „Kurzschluss" könnte man an einen „kurzen Weg" denken, den der Strom zurücklegen muss. Bei diesem Versuch ist der Weg parallel zur Lampe aber länger ... ▶4

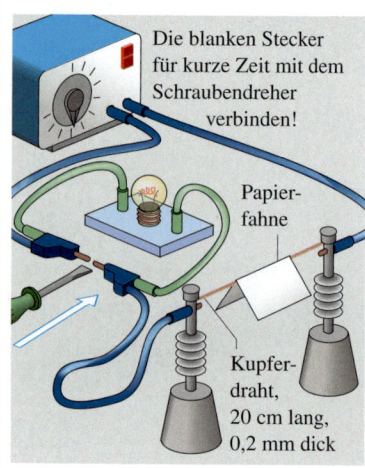

Die blanken Stecker für kurze Zeit mit dem Schraubendreher verbinden!

Papier-fahne

Kupfer-draht, 20 cm lang, 0,2 mm dick

2

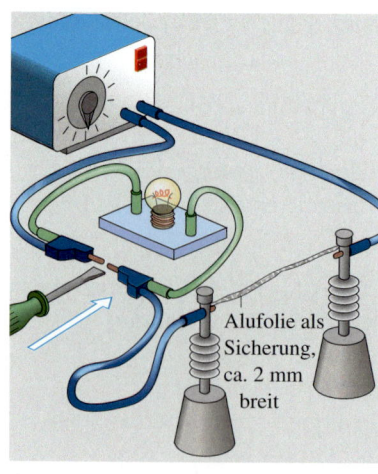

Alufolie als Sicherung, ca. 2 mm breit

3

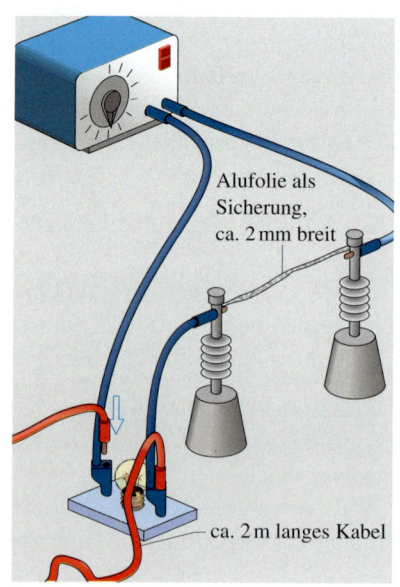

Alufolie als Sicherung, ca. 2 mm breit

ca. 2 m langes Kabel

4

4 Was geschieht bei Überlastung? Baut die Schaltung ▶5 vereinfacht
nach. ▶6

a Schließt die Lampen nacheinander in Parallelschaltung an das Netzgerät an. Beobachtet die Sicherung aus Alufolie.

b Schaltet noch zusätzlich ein Stück Konstantandraht (Länge: 7 cm,
Durchmesser: 0,4 mm) parallel zu den Lampen. Der Draht stellt den
Heizdraht eines Haartrockners dar. Achtet wieder auf die Sicherung.

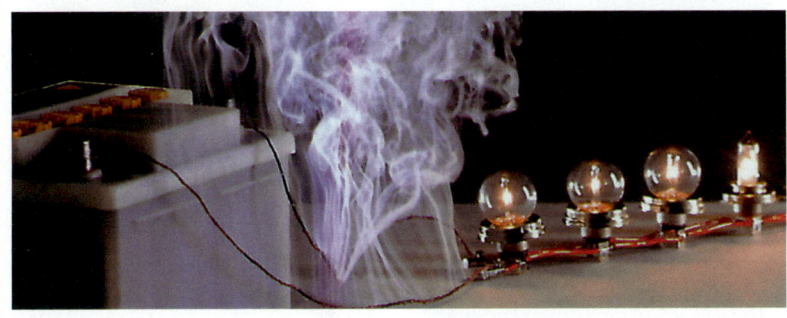

5

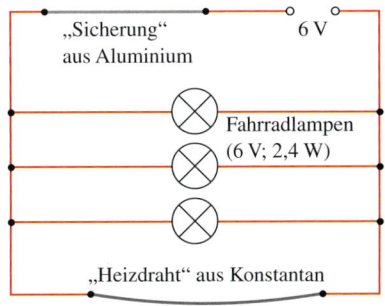

6

Grundlagen   So schützt eine Sicherung

Überlastung Im Haushalt sind oft viele Geräte an ein und dieselbe
Steckdose angeschlossen. Wenn zu viele Geräte parallel geschaltet sind,
erhitzt sich die gemeinsame Leitung stark, es besteht Brandgefahr.

> Die Sicherung ist die „schwächste Stelle" eines Stromkreises. Sie unterbricht den Stromkreis, bevor die Leitungen zu heiß werden.

Die einfachsten Sicherungen bestehen aus einem Schmelzdraht in einem
Porzellangehäuse. ▶7 Der Schmelzdraht erwärmt sich im normalen Betrieb kaum. Wenn zu viele Geräte eingeschaltet sind, schmilzt er durch.
Der Stromkreis wird unterbrochen.
In Häusern und Wohnungen sind die einzelnen Stromkreise mit einer
Sicherung versehen.

Kurzschluss Manchmal wird ein elektrisches Kabel hin- und hergeknickt. Dabei kann die Isolierung der Kabeladern beschädigt werden. ▶8
Dann entsteht ein neuer Stromkreis – von der Steckdose über die beiden
Adern wieder zur Steckdose. Bei einem solchen Kurzschluss können sich
die Leitungen so stark erwärmen, dass es zu einem Brand kommt.

> Auch bei Kurzschluss schützt die Sicherung. Er entsteht, wenn beide
> Anschlüsse einer elektrischen Energiequelle durch sehr gute Leiter
> verbunden sind.

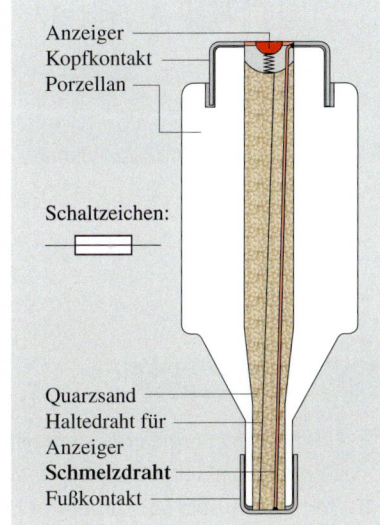

7 *Schmelzsicherung*

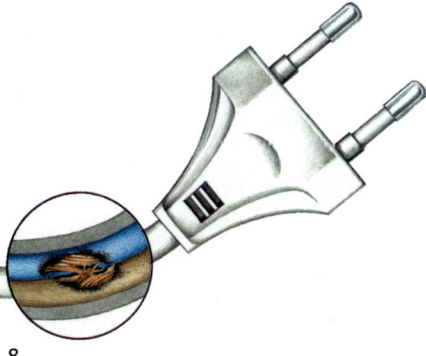

8

Elektrische Geräte benötigen Energie

▷ Alle elektrischen Geräte benötigen zum Betrieb Energie. Bisher haben wir zum Experimentieren immer eine Batterie oder ein Netzgerät benutzt.

▷ Es gibt noch weitere Möglichkeiten, einen Stromkreis mit Energie zu versorgen. Du kannst Sonnenenergie oder die Energie deines Körpers nutzen.

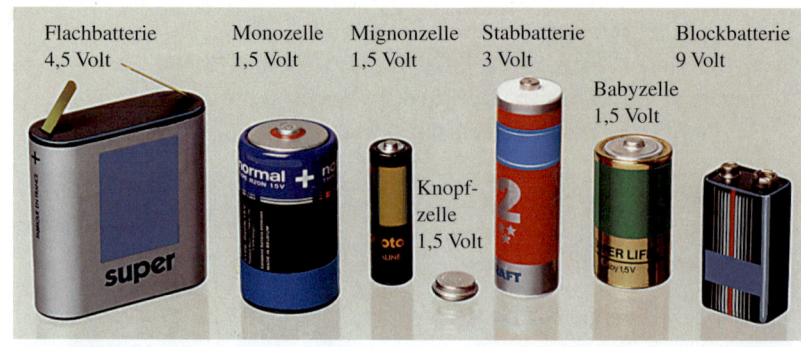

Flachbatterie 4,5 Volt Monozelle 1,5 Volt Mignonzelle 1,5 Volt Stabbatterie 3 Volt Blockbatterie 9 Volt Babyzelle 1,5 Volt Knopfzelle 1,5 Volt

1 *Batterien*

2 *Solarzellen*

3 *Dynamo*

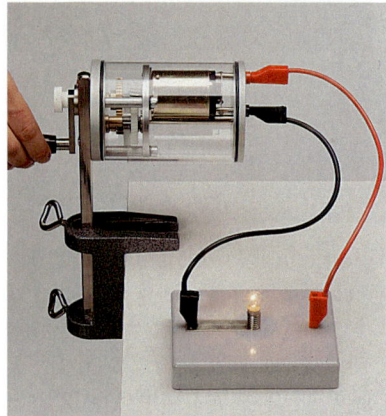

4 *Tischgenerator*

1 Elektrische Energie von Hand betreiben Mit dem Tischgenerator könnt ihr wie mit einem Fahrraddynamo elektrische Geräte betreiben. ▶4

a Dreht die Kurbel des Generators, ohne eine Lampe anzuschließen.

b Schließt eine Experimentierlampe an. Dreht unterschiedlich schnell und achtet auf die Helligkeit.

c Schließt eine Scheinwerferlampe vom Auto an.

d Verbindet die Anschlüsse des Generators mit einem Experimentierkabel. Beschreibt den Unterschied, den ihr spürt. Habt ihr eine Erklärung dafür?

2 Eine Batterie selber bauen Eine einfache „Batterie" könnt ihr leicht selbst bauen. ▶5

a Probiert die „Batterie" mit einem kleinen Elektromotor aus.

b Wenn eure Batterie keine Energie mehr liefert, schaut euch einmal die Metallplatten an. Säubert sie mit Schleifpapier und baut den Stromkreis erneut auf.

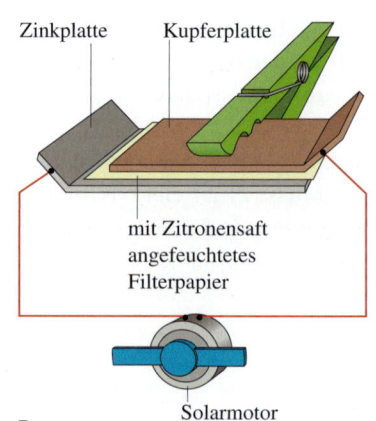

Zinkplatte   Kupferplatte

mit Zitronensaft angefeuchtetes Filterpapier

Solarmotor

5

3 Energie aus Sonnenlicht? Mit Solarzellen könnt ihr das Sonnenlicht nutzen und eure Elektrogeräte kostenlos mit Energie versorgen.▸6 Benutzt zum Experimentieren *Solarmodule* aus mehreren Solarzellen.

a Schließt eine kleine Glühlampe an ein Solarmodul an. Sie soll möglichst hell leuchten. Untersucht, wie ihr das erreicht. Schreibt ein Protokoll eurer Untersuchung.

b Prüft mit einer Leuchtdiode, wo Plus- und Minuspol der Solarzelle sind.

c Schaltet mehrere Solarzellen zusammen. Der Pluspol der einen muss immer mit dem Minuspol der nächsten verbunden werden.

d Wie sind Solarzellen auf Hausdächern angebracht? Erklärt es mit euren Erfahrungen aus dem Versuch.

4 Elektrische Energie aus dem Akku Jede Batterie ist irgendwann verbraucht.▸7 Besser ist ein Akkumulator (Akku). Wenn er keine elektrische Energie mehr liefert, kann er in einem Ladegerät „aufgeladen" werden.

a Baut einen Stromkreis mit einer Lampe und einem Akku auf.

b Überlegt euch, was für den Einsatz von Akkus spricht. *Vorsicht: Niemals Batterien in ein Akkuladegerät stecken!*

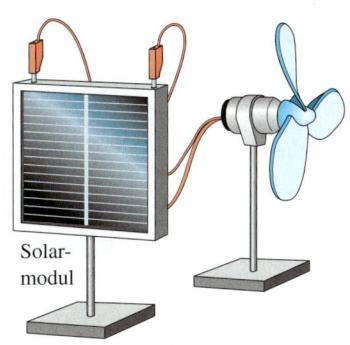

Solar-
modul

6

7 *Verbrauchte Batterie*

Aus dem Alltag Ohne Energie läuft nichts

Nicht nur Lampen und Elektromotoren benötigen Energie, um zu funktionieren.

Auch ein Auto fährt nicht von alleine. Damit es sich in Bewegung setzt, muss man vorher tanken. Man braucht Benzin als Treibstoff.▸8–9

Auch dein Körper benötigt zum Rennen, Werfen oder Treppensteigen einen „Treibstoff": Du musst essen. Die Nahrung liefert die Energie für deinen Körper.

In Nahrungsmitteln, im Benzin, in Batterien und im Licht steckt Energie. ▸10–11

Energie wird zum Bewegen, Beleuchten und Erwärmen genutzt. Energie ist der Treibstoff, ohne den nichts läuft.

8 *Autofahren*

9 *Energie fürs Auto*

10 *Kugelstoßen*

11 *Energie für den Sportler*

Grundlagen Woher kommt die Energie für Elektrogeräte?

Der Dynamo – ein Energiewandler Von allein leuchtet keine Lampe. Beim Fahrrad muss das Rädchen am Dynamo gedreht werden. Für die Taschenlampe brauchst du eine „volle" Batterie.

> Lampen und alle elektrischen Geräte benötigen Energie. Ein Dynamo liefert sie. Dazu muss ihm Energie durch Drehen zugeführt werden. Energie, die durch einen Stromkreis übertragen wird, nennt man elektrische Energie.

↻ 28–1 Bilderserie Elektrische Energiequellen

Wenn viele Lampen angeschlossen sind, ist mehr Energie nötig. Du musst kräftiger drehen und so mit deinen Muskeln mehr Energie zuführen. Die Energie zum Drehen liefert dein Körper. Er erhält sie mit der Nahrung. Sowohl der Dynamo als auch dein Körper sind Energiewandler. ▸1
Die Glühlampe wandelt elektrische Energie um und erwärmt und beleuchtet die Umgebung.

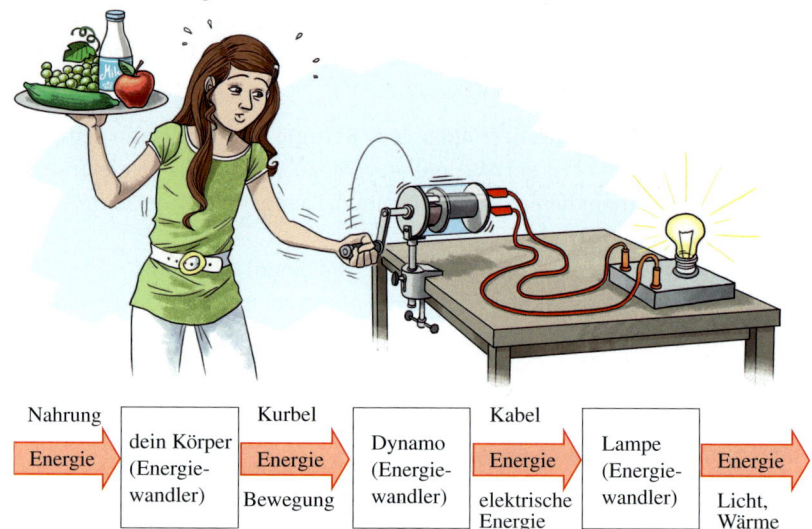

1 *Energieschema Dynamo*

> Bei allen Energieumwandlungen entsteht auch Wärme, die nicht weiter genutzt werden kann.

Die Solarzelle – auch ein Energiewandler Wenn viel Licht auf die Solarzelle fällt, läuft ein angeschlossener Motor schnell oder eine Lampe leuchtet hell. Die elektrische Energieerzeugung mit Solarzellen ist umweltfreundlich. Es entstehen keine Schadstoffe.

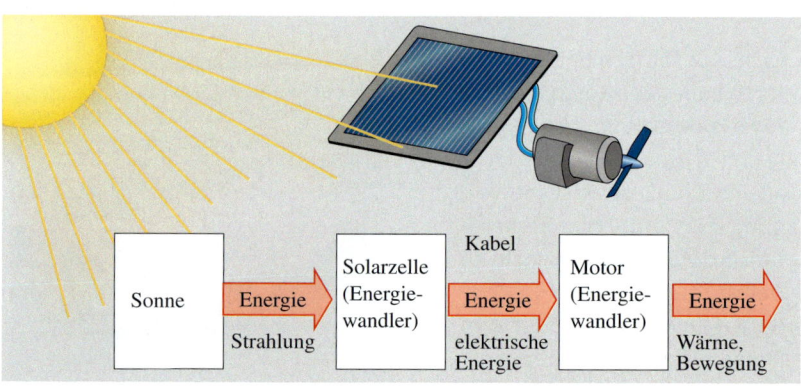

2 *Energieschema Solarzelle*

> Solarzellen wandeln die Energie der Sonnenstrahlung in elektrische Energie um. ▸2

Batterie und Akku als Energiespeicher Wenn eine Batterie oder ein Akku Energie liefert, wandeln sich in ihrem Innern Stoffe um.

> Batterien und Akkus haben Energie gespeichert. ▸3

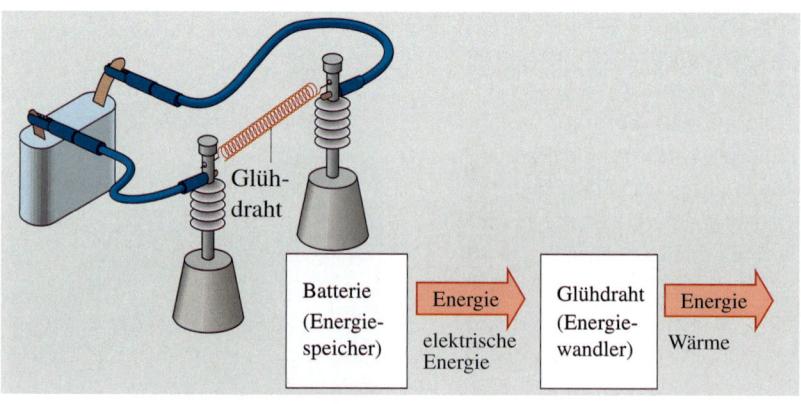

3 *Energieschema Batterie mit Heizspirale*

Aus der Technik Batterie, Akku oder Solarzelle?

Für diesen MP3-Player brauchst du eine 1,5-Volt-Batterie. ▶4 Batterien sind nur einmal zu benutzen. Du kannst auch einen 1,2-Volt-Akku einsetzen. Er ist zwar teurer als eine Batterie, dafür kannst du ihn aber viele Male wieder aufladen. Mit Akkus sparst du Geld!

In Deutschland werden jährlich 900 Millionen Batterien und Akkus verbraucht. Das sind 1000 große Lastwagen – voll beladen mit verbrauchten Batterien. Dabei sind die Autobatterien nicht mitgezählt. Batterien enthalten Schwermetalle wie Zink und Nickel, die für die Umwelt gefährlich sind. In den preiswerten Akkus steckt das giftige Schwermetall Cadmium. Batterien und Akkus müssen daher als Sondermüll entsorgt werden. Sie dürfen nicht in den Hausmüll gelangen! In den Geschäften kannst du verbrauchte Batterien und Akkus zurückgeben.

Der Umwelt kann man mit einem Akku eine ganze Menge Batterien ersparen. Wenn möglich, solltest du ganz auf Batterien und Akkus verzichten. Betreibe deine Elektrogeräte mit einem Netzteil.

Gut für die Umwelt sind auch Solarzellen. Wenn die Geräte auch im Dunkeln funktionieren sollen, müssen sie einen Akku enthalten, der am Tag von den Solarzellen geladen wird.

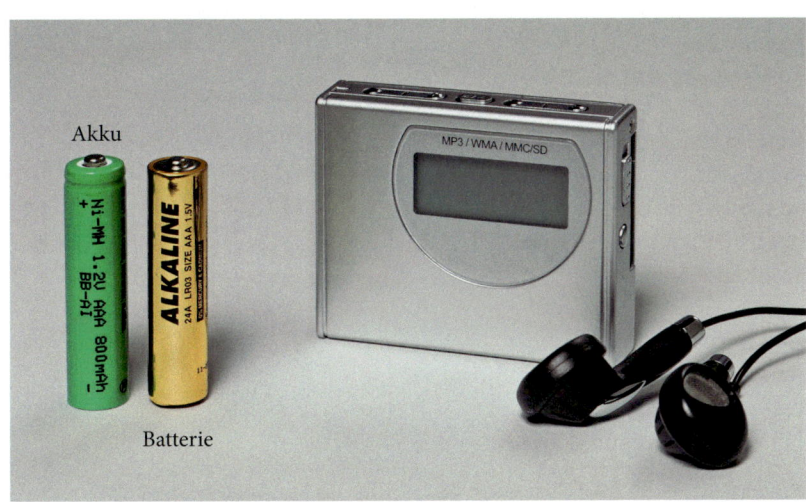

4 *MP3-Player – Batterien oder Akkus?*

Aufgaben

1 Nenne Geräte, die mithilfe der Sonne betrieben werden.

2 Erstelle ein Informationsplakat über die Nutzung von Batterien und Akkus. Gehe dabei auf Umweltprobleme ein und zeige auch Alternativen auf.

3*Frage in Geschäften nach, wie viele Batterien sie im Monat zurücknehmen. Wohin werden sie gebracht?

4*Digitalkameras sind „Batterienfresser". Besonders ihr Bildschirm benötigt viel Energie. ▶5 Was kannst du dem Benutzer einer Digitalkamera raten? Überzeuge durch eine Aufstellung der Kosten. Gehe davon aus, dass die Kamera vier 1,5-Volt-Batterien für 50 Bilder verbraucht.

5 *Bildschirm einer Digitalkamera*

Überblick

Elektrische Stromkreise

Eine Glühlampe leuchtet nur, wenn beide Kontaktstellen durch zwei Drähte an beide Kontakte einer Batterie oder eines Netzgeräts angeschlossen sind. Der Stromkreis muss geschlossen sein. ▶1 Mit Schaltern werden Geräte ein- und ausgeschaltet. ▶2 Ein Taster schließt den Stromkreis, solange er gedrückt ist.

Fahrradscheinwerfer und Rücklicht sind in einer *Parallelschaltung* an den Dynamo angeschlossen. ▶3 Die beiden Stromkreise können über den Fahrradrahmen geschlossen werden.

Taschenlampen benötigen oft mehr als eine Batterie. Meistens werden die Batterien in einer *Reihenschaltung* eingebaut. ▶4 Sicherungen sollen Stromkreise bei Überlastung oder Kurzschluss automatisch unterbrechen.

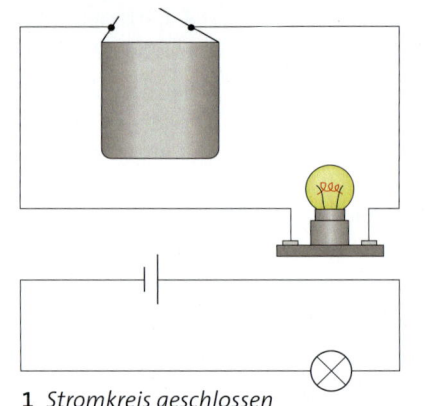

1 *Stromkreis geschlossen*

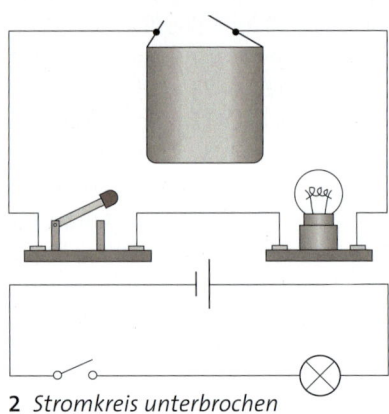

2 *Stromkreis unterbrochen*

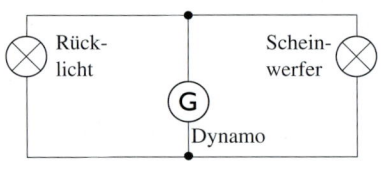

3 *Parallelschaltung von Lampen*

4 *Reihenschaltung von Batterien*

Elektrische Leiter

Alle Gegenstände aus Metall sind Leiter. Auch salzige oder saure Flüssigkeiten gehören zu den Leitern. ▶5

Lebensgefahr besteht, wenn der Mensch Teil eines Stromkreises mit der Steckdose wird. ▶6

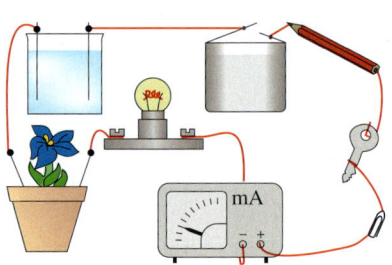

5 *Elektrische Leiter*

6

WARNUNG
vor jeder Berührung der Drähte und Isolatoren und der Annäherung an herabhängende Drähte
LEBENSGEFAHR!

Elektrische Energie

Ein *Dynamo (Generator)* liefert elektrische Energie. Dazu muss ihm durch Drehen Energie zugeführt werden. ▶7

Batterien und *Akkus* haben Energie gespeichert. Wenn sie elektrische Energie liefern, wandeln sich in ihnen Stoffe um.

Eine *Solarzelle* liefert elektrische Energie, wenn sie beleuchtet wird. *Elektrische Geräte* nehmen elektrische Energie auf und wandeln sie zum Beleuchten, Bewegen und Erwärmen um.

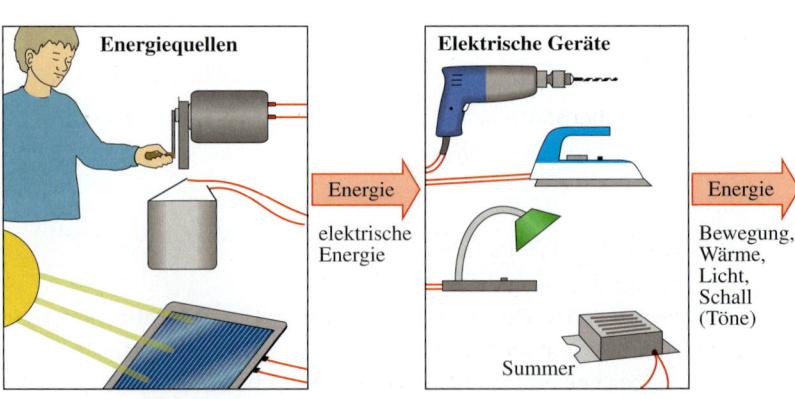

7 *Energieschema*

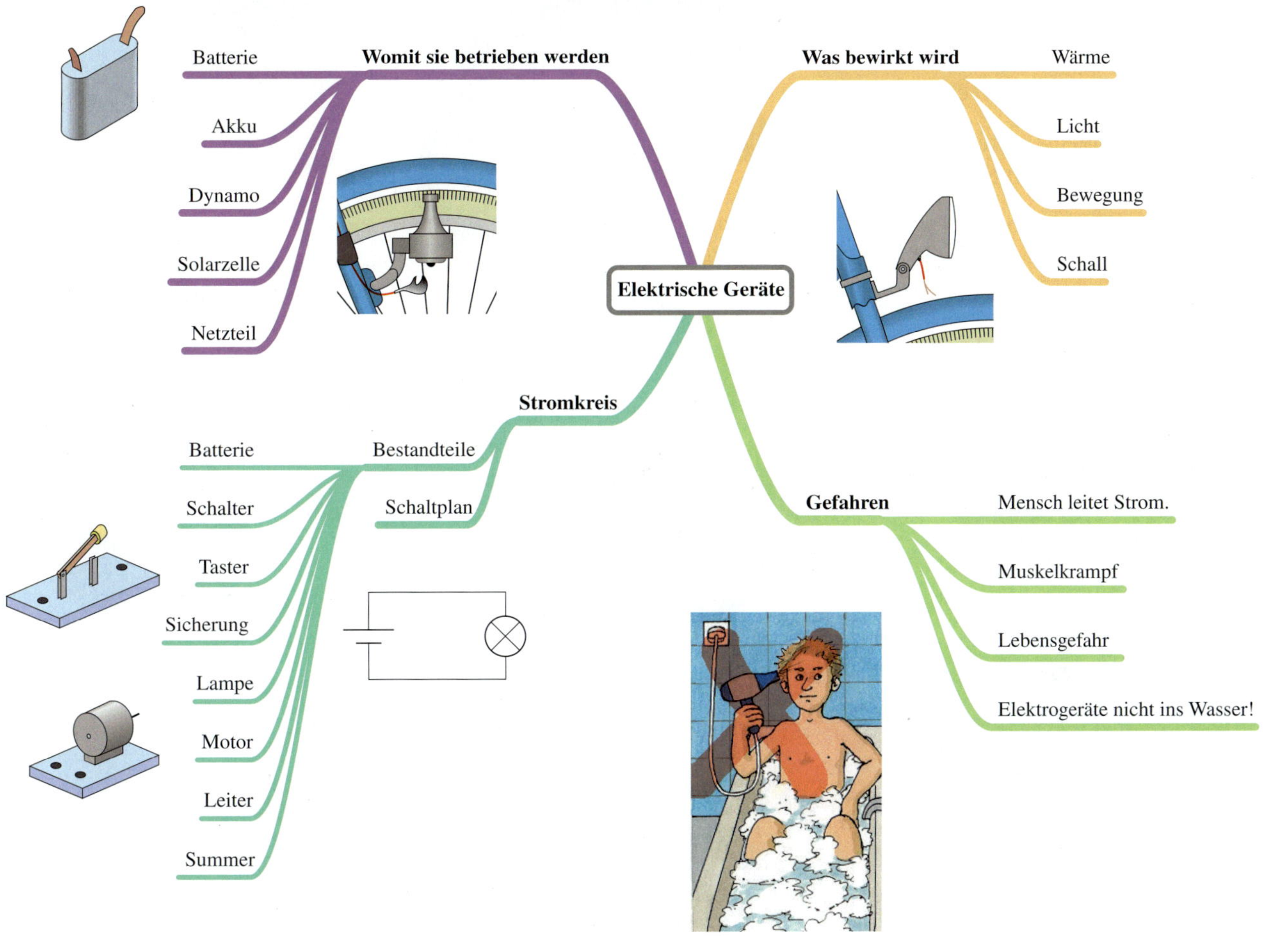

Batterie   **Womit sie betrieben werden**   **Was bewirkt wird**   Wärme

Akku   Licht

Dynamo   Bewegung

Solarzelle   Schall

Netzteil   **Elektrische Geräte**

                                          Stromkreis

Batterie   Bestandteile

Schalter   Schaltplan   **Gefahren**   Mensch leitet Strom.

Taster   Muskelkrampf

Sicherung   Lebensgefahr

Lampe   Elektrogeräte nicht ins Wasser!

Motor

Leiter

Summer

8 *Mindmap „Elektrische Energie"*

Alles klar?

1 Die Lampe in einem einfachen Stromkreis leuchtet nicht. ▶**9**
Nenne mögliche Gründe.

2 Das Rücklicht deines Fahrrads leuchtet nicht. Beschreibe die Schritte,
wie du den Fehler suchst.

3 Der Mixer ist voller Teigspritzer und muss gereinigt werden. Gib Tipps,
wie man ihn sicher säubert.

4 Stelle in einer Tabelle Vor- und Nachteile von Solarzellen als elektrische
Energiequelle zusammen.

5 In einer Akkubohrmaschine wird elektrische Energie umgewandelt,
um den Bohrer zu bewegen.

a Nenne Vorteile und Nachteile einer solchen Bohrmaschine.

b Aus welchen Bestandteilen ist der Stromkreis in der Bohrmaschine
aufgebaut? Zeichne den Stromkreis mit Schaltsymbolen.
Tipp: Die Maschine kann ein- und ausgeschaltet werden.

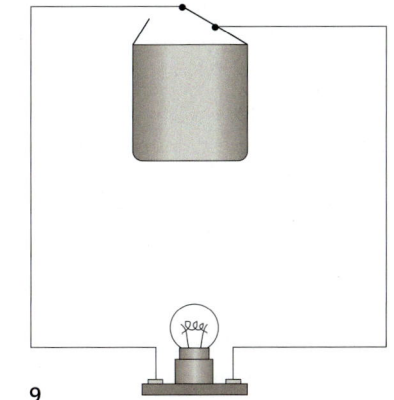

9

Steckbriefe von Magneten

▷ Hier siehst du Magnete für unterschiedliche Zwecke.

▷ Welche Eigenschaften von Magneten kennst du?

▷ Welche Eigenschaften von Magneten werden gezeigt?

magnetisches Reiseschach

magnetischer Büroklammern-spender

Wander-kompass

Bügelmagnet

Hufeisenmagnet

Stabmagnet

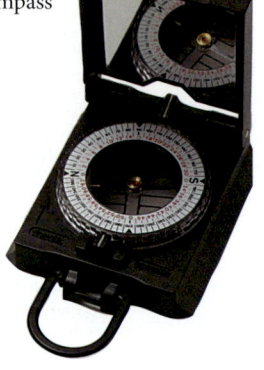

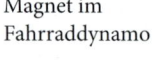

Magnet im Fahrraddynamo

Schultafel mit magnetisch haftenden Schildern

Magnet im Lautsprecher

Kühlschrankmagnete

Türmagnet

1 *Magnete für unterschiedliche Zwecke*

Untersuchen Experimentieren

1 **Magnete im Haushalt** In jedem Haushalt gibt es eine Vielzahl von Magneten.

a Welche der gezeigten Magnete gibt es bei euch zu Hause? ▶1 Beschreibt, wozu sie benutzt werden.

b Welche weiteren Magnete findet ihr bei euch im Haushalt? *Tipp:* Sie können auch versteckt angebracht sein. ▶2

2 *Versteckte Magnete*

Für einen „Steckbrief" sollt ihr die Eigenschaften eines Stabmagneten untersuchen. Die Versuchsreihe eignet sich für das Lernen an Stationen.

2 Welche Gegenstände zieht ein Magnet an und welche nicht? Untersucht möglichst viele unterschiedliche Gegenstände mit dem Stabmagneten.

a Welche Gegenstände werden angezogen, welche nicht? ▶3–4 Überlegt euch, aus welchem Material (Stoff) die Gegenstände bestehen. Tragt eure Beobachtungen in eine Tabelle ein. ▶5

b Erkennt ihr eine Regel, welche Materialien der Magnet anzieht? Schreibt sie unter die Tabelle.

3 Zieht ein Magnet überall gleich stark an?

a Bindet einen Nagel an einen Faden. Versucht die Mitte des Magneten zu treffen. ▶6 Was stellt ihr fest? Habt ihr eine Erklärung?

b Die Stellen des Magneten, an denen die Anziehungskraft am stärksten ist, heißen *Magnetpole* oder kurz *Pole*. Notiert die Anzahl und Lage der Pole.

4 Wie verhalten sich zwei Magnete, wenn sie zusammenkommen? Experimentiert mit zwei Stabmagneten auf Rollen.

a Nähert die Magnetwagen mit der gleichen Farbseite. ▶7

b Führt sie dann mit verschiedenen Farben zusammen. ▶8

c Schreibt eure Beobachtungen in einer Tabelle auf. ▶9

d Man unterscheidet Nordpol und Südpol. Bei Experimentiermagneten ist der Südpol grün und der Nordpol rot lackiert. Formuliert eine Regel, wie Nord- und Südpol sich zueinander verhalten.

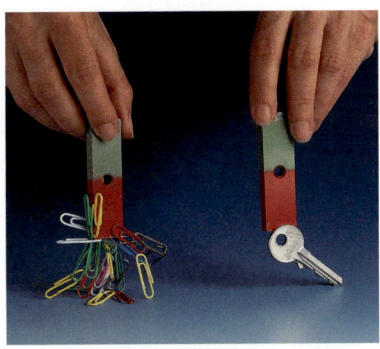

3 *Magnete ziehen manche Dinge an ...*

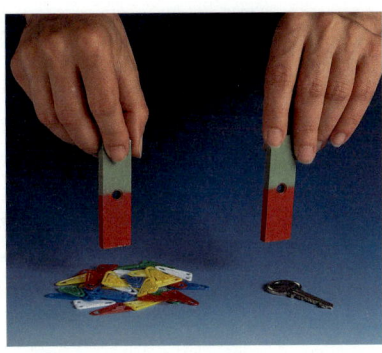

4 *... und manche nicht.*

Vom Magneten werden angezogen:		Vom Magneten werden nicht angezogen:	
Gegenstand	**Material**	**Gegenstand**	**Material**
Schere	Eisen (Stahl)	Ohrring	Silber
Nagel	?	Bleistift	Holz
Büroklammer	?	Büroklammer	?
Schmuckkette	Nickel (silbrig, glänzend)	...	?

5 *Mustertabelle zu Versuch 2*

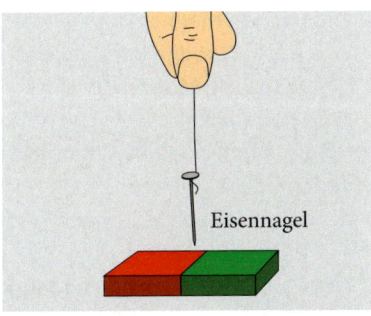

Eisennagel

6

5*Wie verhalten sich drei Magnete zueinander? Die Skizzen zeigen Vorschläge, wie ihr die Frage untersuchen könnt. ▶10 Ihr könnt auch zwei Magnete mit den gleichen Polen zusammendrücken und mit Klebefilm zusammenfügen. Notiert wieder genau, was ihr macht und beobachtet.

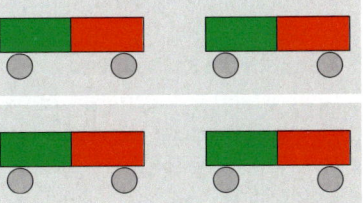

7–8

10

Was wir tun	Was wir beobachten
Die rote Magnetseite nähern wir der roten Magnetseite.	?
Die rote Magnetseite nähern wir der grünen Magnetseite.	?
Die ... Magnetseite ...	...

9 *Mustertabelle zu Versuch 4*

Untersuchen Experimentieren

1 Steckbriefe von Magneten

a Die untersuchten Eigenschaften des Stabmagneten könnt ihr in einem Plakat zusammentragen und in der Klasse ausstellen. ▶6

b*Erstellt Steckbriefe für Scheiben-, Bügel- und Hufeisenmagnete.

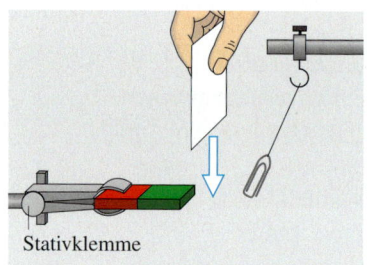

Stativklemme

2

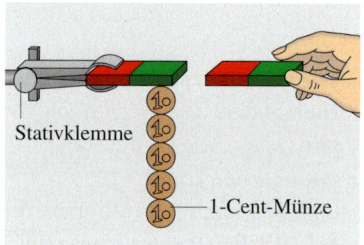

Stativklemme

1-Cent-Münze

3

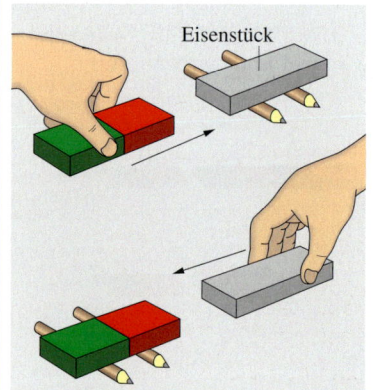

Eisenstück

4

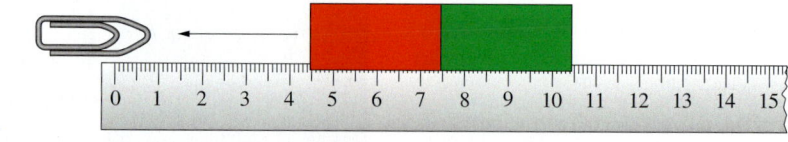

1

2 Wie weit reicht die magnetische Wirkung? Ein Magnet wirkt aus der Ferne auf Gegenstände aus Eisen. Untersucht, wie weit die erkennbare Wirkung des Magneten reicht.
Legt eine Büroklammer oder einen kleinen Nagel aus Eisen an den Nullpunkt eines Lineals. Schiebt den Magneten langsam auf den Gegenstand zu. Notiert den Abstand, bei dem sich der Gegenstand bewegt. ▶1

3 Wirkt ein Magnet durch Dinge hindurch? ▶2

a Schiebt flache Gegenstände aus verschiedenen Materialien zwischen Magnet und Büroklammer (z. B. Papier, Holz, Aluminium, Eisen). Hält der Magnet die Büroklammer immer?

b Protokolliert eure Beobachtung in einer Tabelle.

c Durch welche Stoffe wirkt der Magnet nicht hindurch? Vielleicht habt ihr eine Erklärung.

4***Wie wird die magnetische Wirkung durch einen anderen Magneten verändert?** Ein Magnet kann eine ganze Reihe von 1-Cent-Münzen halten. Was passiert, wenn ein zweiter Magnet in seine Nähe kommt? ▶3

a Hängt so viele Münzen an einem Pol untereinander, wie der Magnet gerade noch halten kann.
Nähert einen zweiten Magneten mal mit dem gleichen Magnetpol und mal mit dem anderen.

b Notiert eure Beobachtungen. Versucht eine Erklärung zu geben.

5***Zieht ein Stück Eisen einen Magneten an?** „Nicht nur der Magnet zieht ein Stück Eisen an, sondern auch das Eisen zieht den Magneten an." Ob diese Aussage stimmt, soll hier überprüft werden. ▶4
Schreibt eure Beobachtungen auf und gebt eine Antwort.

6***Magnetische Kräfte messen** Ein Kraftmesser zeigt an, wie stark an einem Gegenstand gezogen wird. Ähnlich wie man Längen in Metern (1 m) misst, gibt man Kräfte in Newton an (1 N).

a *Vorversuch:* Hängt Gegenstände an einen Kraftmesser: Schreibetui, Tafel Schokolade … Lest die Kräfte ab.

b Ermittelt, wie stark ein Magnet Gegenstände aus Eisen festhält. Zieht langsam und gleichmäßig. ▶5 Notiert die Kraft, bei der der Nagel vom Magneten abreißt.

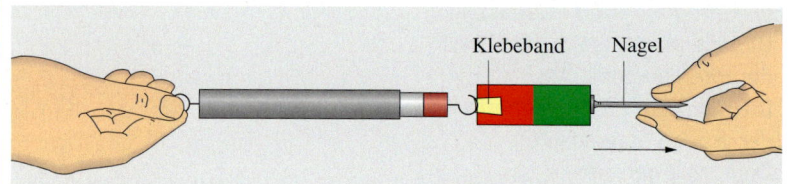

Klebeband   Nagel

5

Gegenstand	Kraft, mit der ihn der Magnet hält
Nagel	? N
Büroklammer	? N

Grundlagen / Die Eigenschaften von Magneten

Magnete können dir bei der Suche nach bestimmten Stoffen helfen.

> Ein Magnet zieht nur Eisen und Stahl stark an. Nickel zieht er schwach an.

Die Stellen eines Magneten, an denen die magnetische Wirkung am größten ist, heißen *Pole*.

> Jeder Magnet besitzt zwei Pole, einen Nord- und einen Südpol. Nordpole stoßen einander ab, ebenso Südpole. Nord- und Südpol von zwei Magneten ziehen einander an.

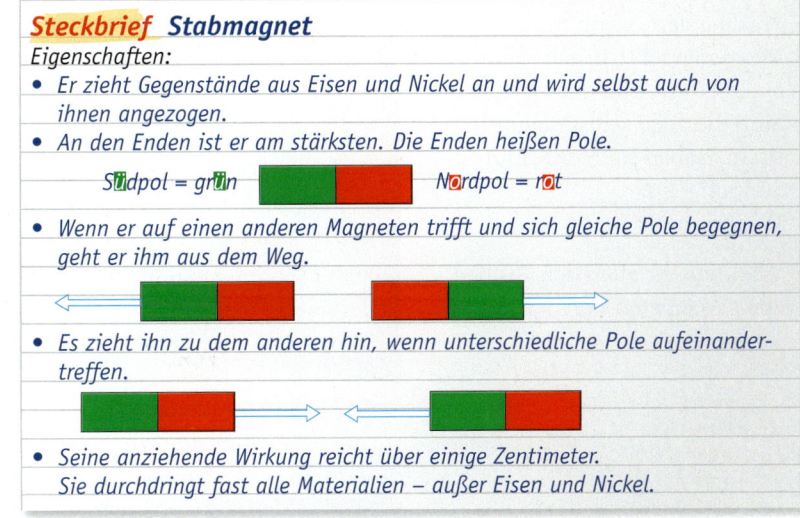

Steckbrief Stabmagnet
Eigenschaften:
- *Er zieht Gegenstände aus Eisen und Nickel an und wird selbst auch von ihnen angezogen.*
- *An den Enden ist er am stärksten. Die Enden heißen Pole.*

  Südpol = grün   Nordpol = rot

- *Wenn er auf einen anderen Magneten trifft und sich gleiche Pole begegnen, geht er ihm aus dem Weg.*

- *Es zieht ihn zu dem anderen hin, wenn unterschiedliche Pole aufeinandertreffen.*

- *Seine anziehende Wirkung reicht über einige Zentimeter. Sie durchdringt fast alle Materialien – außer Eisen und Nickel.*

6 *Steckbrief Stabmagnet*

Aufgaben

7 *Figur, die sich bewegt*

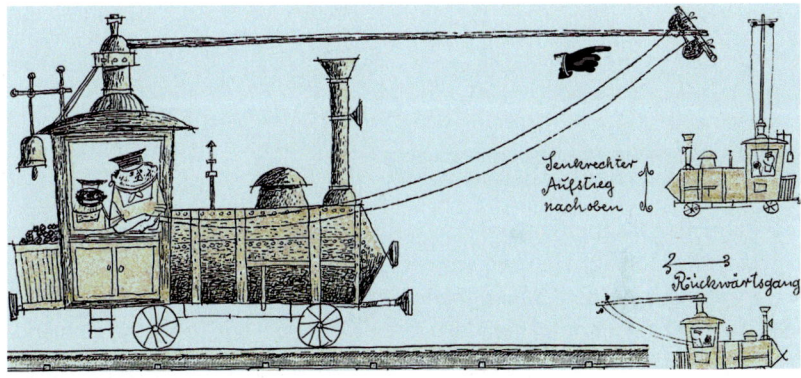

8 *Erfindung – Magnetantrieb für Lokomotive*

1 Wie bewegt sich die Figur auf dem Karton? ▸**7** Erkläre das Kunststück.

2 Baue ein Geschicklichkeitsspiel, bei dem ein Modellauto aus Eisen durch eine Rennstrecke auf einem Karton geführt wird.

3 Die Einzelteile eines Fahrrads bestehen aus verschiedenen Materialien. Wie könntest du die Eisen- oder Stahlteile herausfinden? Beschreibe das Vorgehen. Notiere die Ergebnisse in einer Tabelle.

4 Im Buch *Jim Knopf und die Wilde 13* beschreibt *Michael Ende* eine geniale Erfindung: Von einem Magnetberg nehmen Jim und Lukas zwei Brocken mit. Sie bauen daraus einen Magnetmotor für ihre Lok. ▸**8** Wie soll der Antrieb funktionieren? Ob es wohl klappt? Beschreibe einen Versuch, mit dem du diese Frage überprüfen kannst.

5*Überprüfe die Eigenschaften von Haushaltsmagneten. Wo sind Nord- und Südpol? Wie weit reicht die Wirkung? ... Fertige ein Protokoll an.

Gegenstand	Material
Lenker	Stahl
Rahmen	?
Sattel	?
Sattelstütze	?
Schutzblech	?
Klingel	?
Felge	?
Speiche	?
Rücklicht	?
Scheinwerfer	?
Pedal	?
Kette	?
...	?

Ein Modell hilft verstehen

▷ Was passiert, wenn man einen
Magneten teilt? Erhält man
einen Nord- und einen Südpol?
Sind die Teile selbst magne-
tisch? Haben sie Nord- und
Südpol? ▶1–2
Was vermutet ihr?

▷ Wie stellt ihr euch den Aufbau
eines Magneten vor?

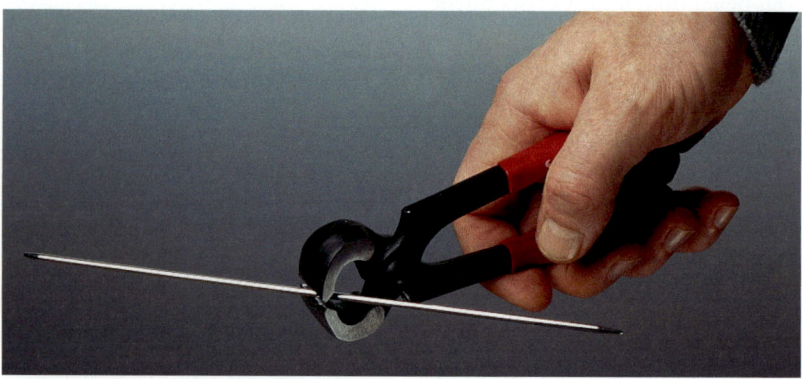

1 *Ein Magnet wird zerteilt.*

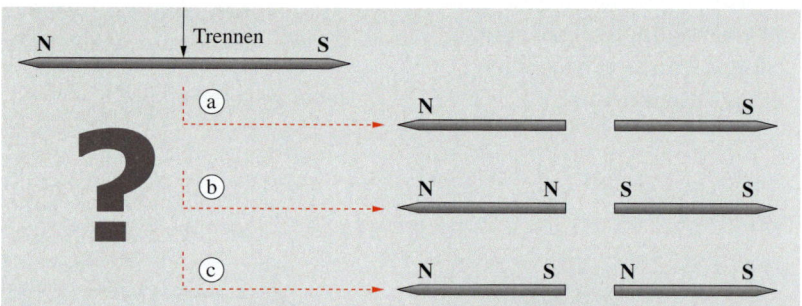

2

Untersuchen Experimentieren

1 Kann man Magnete teilen? Stellt aus einer (Stahl-)Stricknadel einen
langen Stabmagneten her. Bestreicht die Nadel dazu immer in gleicher
Richtung mit einem Dauermagneten.

a Stellt mit einer Kompassnadel fest, an welchem Ende der Nord- und an
welchem der Südpol liegt.

b Teilt mit einer Kneifzange die magnetisierte Nadel in zwei gleiche Teile.
Sind die Nadelteile noch immer magnetisch?

c Teilt ein magnetisiertes Nadelteil noch einmal. Sind die Teile magnetisch?

2 Kann man Magnete zerstören? Magnetisiert einen Eisennagel.

a Prüft seine Magnetwirkung. Wie viele Büroklammern hält der magnetische Nagel?

b Werft den Nagel nun mehrfach kräftig auf einen harten Fußboden oder
schlagt mit dem Hammer auf den Nagel. ▶3 Untersucht dann wieder
seine magnetische Wirkung. Was stellt ihr fest?

3 Zerstört Feuer einen Magneten? Macht wieder aus einem Eisennagel
einen Magneten.

a Prüft die Wirkung des hergestellten Magneten.

b Haltet den magnetischen Nagel mit einer Zange 3 Minuten in eine
Flamme. ▶4 Kontrolliert dann wieder seine magnetische Wirkung.
Was stellt ihr fest?

3 *Magnet wird erschüttert.*

4 *Magnet wird erhitzt (Benutzung des
Brenners siehe Seite 114).*

Methode Wie wir uns den Aufbau von Magneten vorstellen

In den Versuchen hast du einige neue Eigenschaften von Magneten kennengelernt:

1. Beim Teilen eines Magneten erhältst du zwei neue vollständige Magnete mit jeweils zwei Polen. Wenn du einen dieser geteilten Magnete weiter teilst, entstehen wieder zwei neue Magnete. Diese Teilung könntest du immer weiter fortsetzen. Du erhältst immer kleinere Magnete.
2. Die magnetische Wirkung lässt sich durch kräftige Schläge oder durch Hitze schwächen und ganz zerstören.

Um den Magnetismus zu verstehen, haben sich Physiker eine Vorstellung vom inneren Aufbau eines Magneten ausgedacht. Solche *Modelle* werden entwickelt, damit man Beobachtungen erklären kann.

> **Für Magnete haben Naturwissenschaftler folgendes Modell erfunden: Sie stellen sich vor, dass jeder Magnet aus ganz vielen winzig kleinen magnetischen Bereichen besteht. Jeder dieser Minimagnete hat einen Nord- und einen Südpol. ▸5**

Nach dieser Modellvorstellung ist klar: Beim Teilen eines Magneten erhält man stets zwei neue Magnete. Auch unmagnetisches Eisen besteht aus vielen solcher kleinsten Magneten. Diese sind aber normalerweise ganz ungeordnet und schwächen sich in ihrer Wirkung gegenseitig ab. Nach außen bemerkt man daher keine magnetische Wirkung. ▸6

Streichst du mit einem Dauermagneten über Eisen, so werden seine Minimagnete geordnet und es entsteht ein Magnet mit zwei Polen. Diese Ordnung kannst du mit kräftigen Schlägen oder Hitze wieder zerstören.

Ein Spiel hilft verstehen Jeder Schüler der Klasse spielt einen kleinen Magneten des Modells. Dafür wird auf die linke Handfläche ein N für Nordpol und auf die rechte ein S für Südpol geschrieben. Mit ausgebreiteten Armen bewegt ihr euch nun frei im Klassenraum. Auf ein Signal des Lehrers haltet ihr an. Welchen Zustand des Modells zeigt nun eure Klasse? ▸7

Nun stellt ihr euch in Zweierreihen mit ausgestreckten Armen so auf, dass die Partner ihre Südpolhände in gleiche Richtung und die Nachbargruppe ihre Nordpolhände daran halten usw. Nun seid ihr ein großer Magnet, den man an jeder Stelle teilen kann. Hitze oder Schläge zerstören die Ordnung: Ihr bewegt euch wieder frei im Raum.

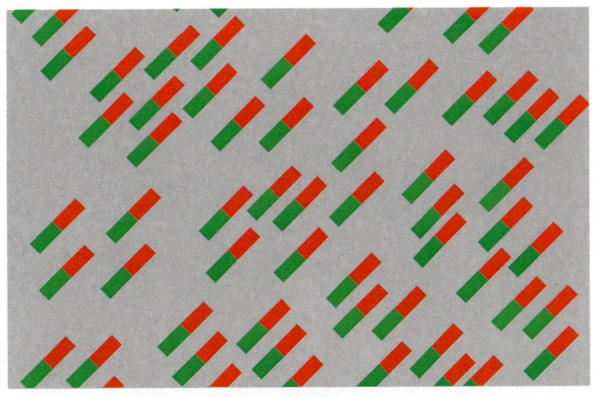

5 *Modellvorstellung eines Magneten*

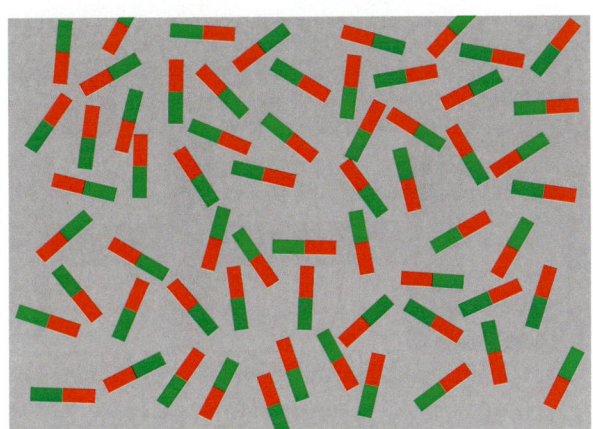

6 *Vorstellung von unmagnetisiertem Eisen*

↻ 37–1 Animation Elementarmagnete

7 *Das Modell als Spiel*

Mit dem Kompass die Richtung finden

▷ Was ist ein Kompass?
   Wie funktioniert er?

1

Untersuchen Experimentieren

1 **Bauanleitung: MEIKO – der selbst gebaute Kompass** Diesen Kompass
gibt es nicht zu kaufen. Ihr könnt ihn selber bauen und dann sagen:
„Das ist MEIKO (MEIn KOmpass)." ▶2
Ihr braucht:
1 Stabmagnet, 5 mm dick, 15 mm lang (aus dem Elektronikgeschäft)
2 Dachpappenägel aus Eisen, 2 mm dick und 20 mm lang
1 Holzbrettchen, 80 mm · 80 mm, 10 mm dick
1 Kupferdraht, 20 cm lang, 1,5 mm Durchmesser
1 Stückchen Nähgarn oder -seide
1 Windrose ▶3

a Übertragt die Windrose auf ein Blatt Papier. Ergänzt die Himmelsrichtungen.

b Schneidet eure Windrose aus und klebt sie auf das Brett. Die Haupt-
himmelsrichtungen sollen auf die Mitte der Kanten zeigen.

c Bohrt in einer Ecke des Bretts ein Loch. Der Draht soll gerade hinein-
passen. Biegt ihn zu einer Aufhängung.

d Knotet um den Stabmagneten genau in der Mitte einen Faden Nähgarn.

e Hängt den Magneten so auf, dass er 1 cm über der Windrose kreisen
kann.

f Setzt auf die Pole des Magneten je einen Nagel. Der Stabmagnet wird
so zur Kompassnadel.

g Wenn sich die Kompassnadel nicht frei drehen kann, müsst ihr den
Kupferdraht zurechtbiegen. Falls sie nicht waagerecht hängt, verschiebt
ihr den Knoten am Magneten. Wenn der Magnet richtig hängt, klebt ihr
den Knoten mit Klebstoff fest.

h In der Nähe darf sich kein Gegenstand aus Eisen oder Stahl befinden.
Die eine Nagelspitze zeigt dann dorthin, wo mittags die Sonne steht.
Sie ist der Südpol der Kompassnadel. Die andere Spitze ist der Nordpol.
Färbt sie blau (mit Folienstift).

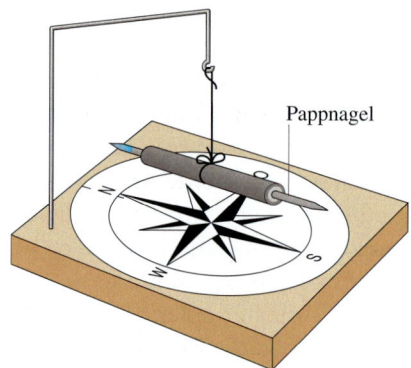

Pappnagel

2 *Kompass zum Selberbauen*

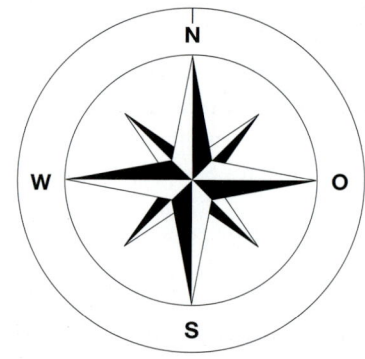

3 *Zeichenvorlage Windrose*

2 Die schwimmende Magnetnadel als Kompass ▸4

a Streicht mit einem Pol eines Magneten über eine Nähnadel – immer in gleicher Richtung. Stecht die magnetisierte Nadel durch einen Schraubverschluss (oder eine Korkscheibe) hindurch.

b Lasst den Schraubverschluss mit der Kompassnadel auf dem Wasser schwimmen. *Tipp:* Mit ein wenig Spülmittel im Wasser schwimmt der Verschluss nicht immer zum Rand hin.
Welche Lage nimmt die Kompassnadel ein? Was geschieht, wenn ihr die Nadel verdreht?
Zum Schluss könnt ihr noch eine Windrose aufkleben.

4

Grundlagen Wie ein Kompass funktioniert

Früher glaubte man, dass der Kompass sich nach dem Nordstern ausrichtet. Heute weiß man: Die Erde ist ein Magnet mit einem Nord- und einem Südpol. Auch eine Kompassnadel ist ein Magnet. Die magnetischen Nord- und Südpole von Erde und Kompassnadel ziehen einander an. Dadurch wird die Nadel ausgerichtet.

Benutzung des Kompasses Ein moderner Kompass besteht aus einer drehbaren Kompassnadel und einer Windrose mit den Himmelsrichtungen. ▸5 Die Kompassnadel ist ein leichter Stabmagnet und hat am Nordpol eine blaue Spitze.
Der Nordpol der Kompassnadel weist nach Norden. Das N (Nord) der Windrose muss unter ihm liegen. Dazu drehst du einfach die Windrose. Die anderen Himmelsrichtungen kannst du dann ablesen.

Lage der Magnetpole der Erde Ein Magnetpol der Erde liegt hoch im Norden Kanadas. ▸6 Er fällt also nicht mit dem geografischen Nordpol zusammen. Auch der Magnetpol im Süden der Erde liegt einige Hundert Kilometer vom geografischen Südpol entfernt.
Weil der Magnetpol im Norden der Erde nicht am geografischen Nordpol liegt, zeigt die Kompassnadel nicht genau nach Norden. Diese Missweisung verändert sich von Jahr zu Jahr geringfügig. Sie beträgt derzeit in Deutschland zwischen 1 und 3 Grad.
Man hat festgelegt, dass die nach Norden zeigende Spitze der Kompassnadel ein magnetischer Nordpol ist. Magnetische Nordpole werden von magnetischen Südpolen angezogen (und umgekehrt). Der Magnetpol im Norden Kanadas ist also physikalisch gesehen ein magnetischer Südpol.

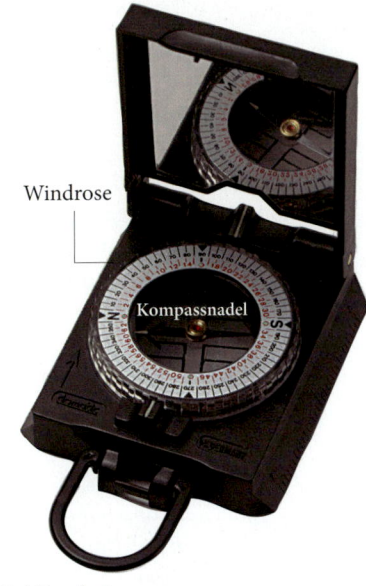

5 *Wanderkompass*

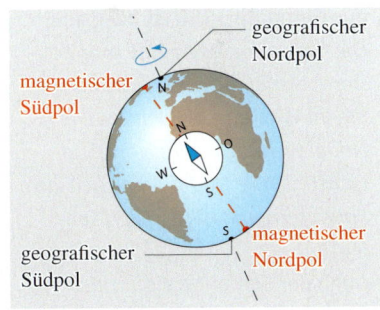

6 *Pole der Erde*

Aufgaben

1 Erkläre, wie ein Kompass funktioniert.

2 Die Kompassnadel des Wanderkompasses hat an ihrem Nordpol eine blaue Spitze und eine Leuchtmarke. ▸5

a Zu welchem Magnetpol der Erde zeigt die blaue Spitze?

b Wo liegt der angezeigte Magnetpol der Erde?

3* Die Missweisung ist in Grönland größer als am Bodensee. Erkläre den Unterschied mithilfe eines Globus oder einer Weltkarte.

4* Auf U-Booten, großen Schiffen, in Flugzeugen und auch im Auto zeigt ein normaler Kompass nicht richtig die Nord-Süd-Richtung. Wie erklärst du dir das?

Erste Kompasse

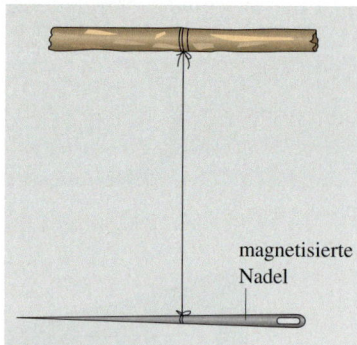

1 *Einfacher Kompass*

Wahrscheinlich haben die Chinesen schon vor über 2000 Jahren Magnete zur Richtungsanzeige benutzt. Einen richtigen Kompass haben sie vor über 1000 Jahren erfunden.

In einem Buch aus dem Jahr 1085 heißt es: *Wenn Zauberer die nördliche Richtung suchen, greifen sie zu einer Nadel, reiben sie an einem Magnetstein und hängen sie an einem Faden auf. Dann zeigt die Nadel nach Norden.* ▶1

In einem Bericht aus Frankreich aus dem Jahr 1250 ist zu lesen: *Die Matrosen legen eine magnetisierte Nadel auf zwei Strohhalme, die im Wasser schwimmen. Die Nadel wendet sich in Nord-Süd-Richtung. Die Nadel dreht sich zum Polarstern und hilft so den Seeleuten.*

Auch der Seefahrer *Columbus* glaubte noch im Jahr 1495, dass die Kompassnadel vom Polarstern am Nordhimmel angezogen wird.

Tiere mit Magnetsinn

In einer unbekannten Gegend benötigst du eine Wanderkarte. Zur Orientierung musst du sie mit der Oberseite nach Norden ausrichten. Ein Kompass hilft dir dabei. Brieftauben werden oft Hunderte von Kilometern weit verschickt. ▶2 Sie finden meist ohne große Mühe zum heimatlichen Schlag zurück. Woher kennen sie die Flugrichtung? Brieftauben besitzen einen „eingebauten Kompass". In ihrem oberen Schnabel fanden Forscher ganz winzige Magnete. Mithilfe dieser kleinen Magnete können die

2 *Ringeltaube*

Tiere die Magnetpole der Erde zur Orientierung nutzen. Brieftauben und manche Zugvögel haben ein magnetisches Sinnesorgan.

Biologen vermuten, dass sich auch Meeresschildkröten nach den Magnetpolen der Erde richten. ▶3

Nachdem sie zum Beispiel in Florida aus dem Ei geschlüpft sind, robben die Schildkröten vom warmen Strand ins Wasser. Dann schwimmen sie mit dem Golfstrom durch den Atlantik. Bei der Inselgruppe der Azoren verlassen sie den Golfstrom und biegen nach Süden ab. Viele Jahre verbringen sie in den Gewässern vor Afrika. Hier finden sie reiche Nahrung.

Wenn die Schildkröten erwachsen sind, schwimmen sie Tausende Kilometer zurück nach Florida. Sie gehen zur Eiablage dort an Land, wo sie selbst geschlüpft sind. Geleitet werden sie vermutlich durch einen magnetischen Sinn. Auch der Geschmack des „Schlüpfwassers" spielt wohl eine Rolle.

3 *Meeresschildkröte*

Aufgabe

1 Wie finden Brieftauben zielsicher in ihren Heimatort zurück?

Mit Kompass und Karte wandern

Mit einem Kompass und einer genauen Landkarte findest du immer zum Ziel. ▸4 Dazu musst du wissen, wie der Kompass benutzt wird.

Zunächst musst du die Karte einnorden. Dazu stellst du den Kompass so auf die Karte, dass die Nordrichtung der Windrose zum oberen Kartenrand zeigt. ▸5 Drehe dann die Karte zusammen mit dem Kompass so lange, bis die blaue Nadelspitze genau über der Nordmarke der Windrose liegt. Nun zeigt der obere Blattrand der Karte nach Norden und die Himmelsrichtungen der Karte stimmen mit denen der Land-schaft überein. Ein Weg hat somit auf der Karte die gleiche Rich-tung wie im Gelände.

Bestimme nun die Richtung und den Weg zu deinem Ziel. Dazu musst du deinen Standort kennen. Suche einen markanten Punkt, der auf der Wanderkarte eingezeichnet ist. Straßen, Wasserläufe, Berggipfel oder Täler bieten sich dazu an. Zeichne von deinem Standort auf der Karte aus eine Linie zu deinem Zielort. Lege dann deinen Kompass auf diese Linie. Die Kompassnadel muss weiterhin nach Norden zeigen. Nun kannst du an der Windrose deine Wegrichtung ablesen. ▸6

Im dargestellten Beispiel müsstest du dich hauptsächlich in östlicher Richtung (und etwas nach Süden) bewegen. Suche dir einen Pfad, der in diese Richtung führt.

4 *Wanderkarte*

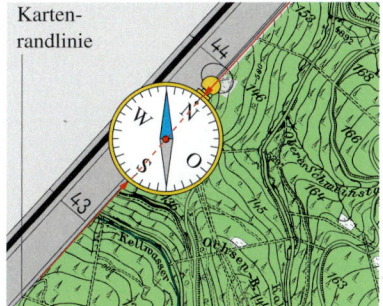

5 *Aufgelegter Kompass*   6 *Eingenordete Karte*

Aufgaben

2 Bestimme die Himmelsrichtung, in der ein Baum oder ein Haus liegt, die du vom Fenster aus siehst.

3 Gehe zu einer markanten Stelle in deinem Wohnort, zum Beispiel zur Kirche, zum Marktplatz oder zum Rathaus. Du darfst von dort die Schule nicht sehen. Bestimme mit Ortsplan und Kompass die Wegrichtung zu deiner Schule.

4*Besorge dir eine Karte deines Wohnorts, auf dem die Schule eingezeichnet ist. Beschreibe einen Weg in der Form: 150 m nach NO, 50 m nach NW, 100 m nach S ... Lass deine Tischnachbarn das Ziel bestimmen. Beachte den Kartenmaßstab.

Ein besonderer Magnet – der Elektromagnet

▷ Ein Elektromagnet ist
kein Magnet wie jeder
andere …

1–2 *Wenn der Schrott über der richtigen Stelle ist, wird der Magnet abgeschaltet.*

Untersuchen Experimentieren

1 Baut einen Elektromagneten Wickelt 15 m lackierten Kupferdraht
(0,3 mm Durchmesser) auf eine Eisenschraube. An den Drahtenden
müsst ihr die Isolierung entfernen.▶3
Schließt den Elektromagneten immer nur kurz an die Batterie an, sonst
ist sie bald leer.
a Untersucht, welche Materialien der Elektromagnet anzieht.
b Prüft, ob die Eisenschraube zum Magneten geworden ist.
c Ist die Drahtwicklung allein schon ein Magnet? Zur Überprüfung dieser
Frage kann ein Kompass helfen.

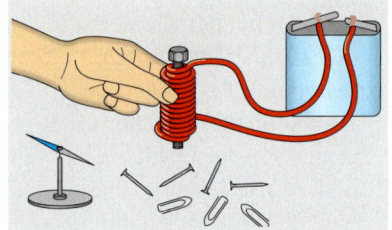

3

2 Welche Eigenschaften hat ein Elektromagnet? Ein starker Elektromagnet besteht aus einer Spule mit vielen Windungen und einem Eisenkern. Eure Untersuchungen könnt ihr z. B. mit Büroklammern, Nägeln
oder Reißnägeln durchführen.▶4
a Führt eine Versuchsreihe zu den Eigenschaften von Elektromagneten
durch. Protokolliert jeweils eure Versuche. Notiert immer die Untersu-
chungsfrage, skizziert den Versuch und beschreibt eure Beobachtung.
b Tragt die Ergebnisse in einem „Steckbrief" des Elektromagneten
zusammen.▶5

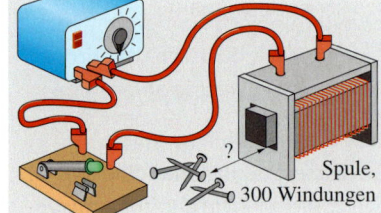

4

3 Hat ein Elektromagnet Pole?
a Plant einen Versuch, mit dem ihr herausfinden könnt, ob ein Elektromagnet einen Nord- und einen Südpol hat.
b Prüft in einem Versuch, wo Nord- und Südpol eines Elektromagneten
liegen. Vertauscht die Anschlüsse an der Batterie oder am Netzgerät
und prüft wieder.

Steckbrief *Elektromagnet*

Eigenschaften:
• *Er zieht Gegenstände aus Eisen und*
  ihnen angezogen.
• *Je höher die Zahl der Windungen is*
  wirkt er.

5

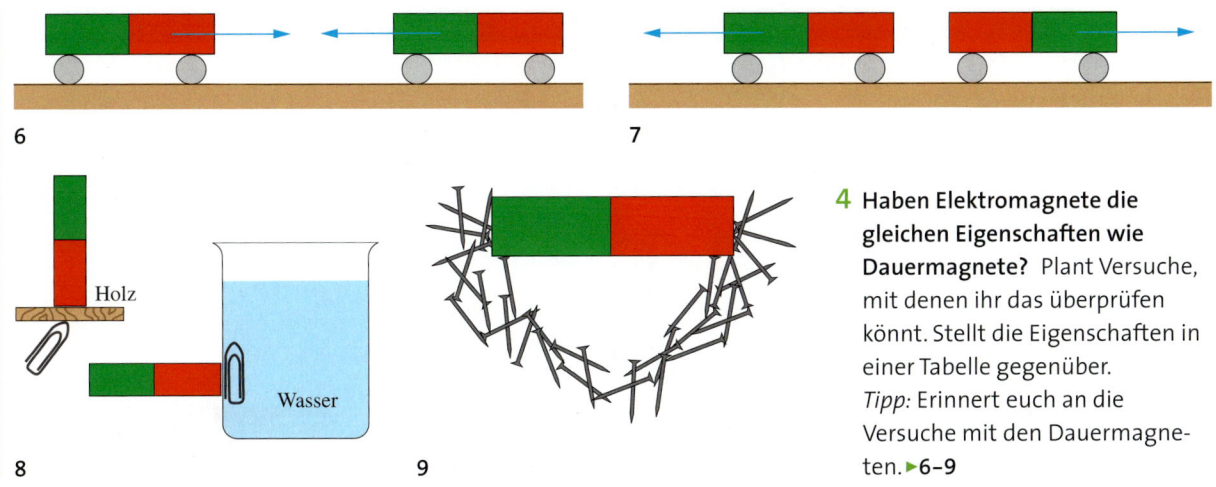

6

7

Holz

Wasser

8

9

4 Haben Elektromagnete die gleichen Eigenschaften wie Dauermagnete? Plant Versuche, mit denen ihr das überprüfen könnt. Stellt die Eigenschaften in einer Tabelle gegenüber. *Tipp:* Erinnert euch an die Versuche mit den Dauermagneten. ▶6–9

Elektromagnete an der Haustür

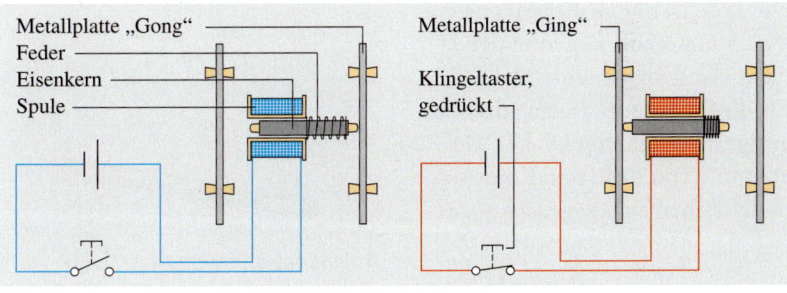

10 *Türgong*

11 *So funktioniert der Türgong.*

Türgong Ein Druck auf einen Taster und schon ertönt ein „Ging-Gong". ▶10–11 Die Töne entstehen dadurch, dass zwei Metallplatten von einem Eisenrohr angeschlagen werden. Dazu muss das Rohr bewegt werden. Dies übernimmt ein Elektromagnet. Wenn der Klingeltaster gedrückt wird, fließt Elektrizität durch die Spule und macht sie zum Magneten. Der Elektromagnet zieht das Eisenrohr an, sodass es gegen die linke Platte schlägt. Lässt man den Taster wieder los, wird der Stromkreis unterbrochen. Die Spule ist wieder unmagnetisch und lässt das Eisenrohr los. Durch den Druck der Feder schlägt es nun gegen die rechte Metallplatte.

Türöffner Ein Tastendruck in der Wohnung und die Haustür öffnet sich automatisch. Im Türöffner steckt ein Elektromagnet. Er kann eine „Wippe" aus Stahl anziehen. ▶12 Dieses bewegliche Teil nennt man Anker. Wird der Anker angezogen, so lässt sich die Sperre wegdrehen. Jetzt kann man die Tür aufstoßen. Fällt die Tür wieder zu, so verhakt sich die Falle hinter der Sperre.

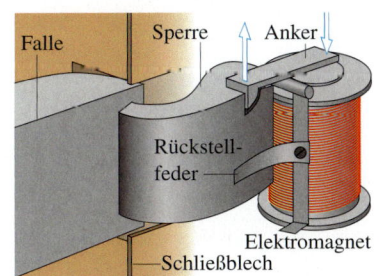

12 *Elektromagnetischer Türöffner*

Aufgabe

1 Wie der Gong ▶11 funktioniert, verraten die folgenden Sätze. Ordne sie in deinem Heft in der richtigen Reihenfolge. Ergänze dabei die fehlenden Satzteile.

A Die Klingeltaste wird gedrückt.

B Der bewegliche Eisenkern wird in die Spule hineingezogen. Dabei schlägt er gegen …

C Der Ton „Ging" entsteht.

D Der Stromkreis ist geschlossen. Die Spule wird zum Magneten.

E Die Klingeltaste wird losgelassen.

F Der Eisenkern wird durch die Feder aus der Spule herausgedrückt und schlägt gegen …

G Der Stromkreis ist unterbrochen und die Spule verliert ihre magnetische Wirkung.

H Der Ton „Gong" entsteht.

Überblick

Eigenschaften von Magneten

Gegenstände aus Eisen (Nickel oder Cobalt) und ein Magnet ziehen sich gegenseitig an.
Die Stellen eines Magneten, an denen die magnetische Wirkung am größten ist, heißen *Pole*.
Jeder Magnet besitzt einen Nordpol und einen Südpol.
Nord- und Südpol von zwei Magneten ziehen einander an. Zwei Nordpole stoßen einander ab, ebenso zwei Südpole.

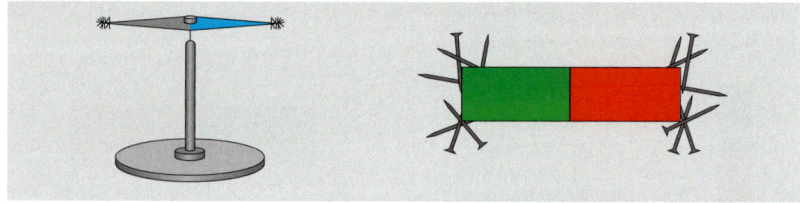

1 *Nord- und Südpol*

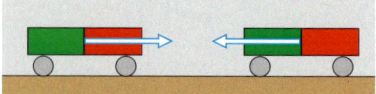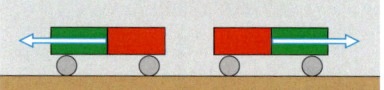

2–3 *Abstoßung und Anziehung*

Die Erde als Magnet – der Kompass

Die Erde ist ein großer Magnet. Ihre Magnetpole liegen in der Nähe der geografischen Pole.
Ein Kompass enthält eine drehbar gelagerte Magnetnadel. Die Magnetpole von Erde und Kompassnadel ziehen sich gegenseitig an.

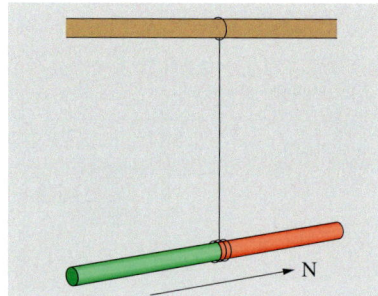

4 *Magnet als Kompass*

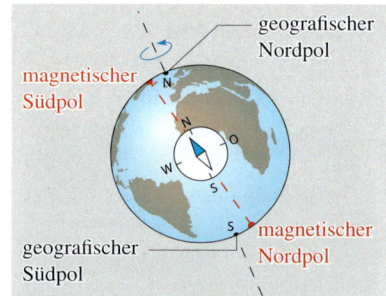

5 *Die Erde als Magnet*

Aufbau von Magneten

Magnete kann man vielfach teilen. Man erhält immer wieder Magnete mit Nord- und Südpol. Wir stellen uns vor, dass Magnete und Dinge aus Eisen winzige Minimagnete enthalten. Diese können geordnet oder ungeordnet sein.

6 *Modellvorstellung eines Magneten*

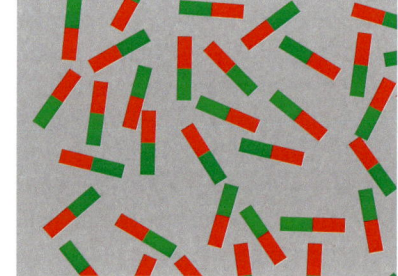

7 *Vorstellung von unmagnetisiertem Eisen*

Der Elektromagnet

Eine Spule, die an eine Batterie angeschlossen ist, wirkt wie ein Magnet. Die Wirkung lässt sich durch einen Eisenkern verstärken. Wenn der Schalter geöffnet wird, verliert die Spule ihre Wirkung. Auch der Eisenkern wird wieder unmagnetisch.

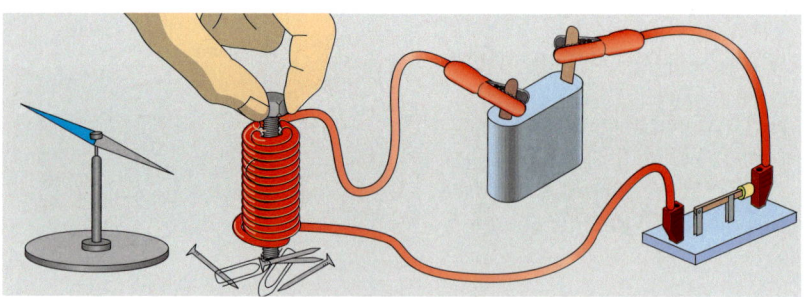

8 *Eine Spule als Magnet*

Teste dich!

▷ Die Lösungen findest du im Anhang.

1 „Mit elektrischer Energie kann man nichts anderes anfangen, als eine Lampe zum Leuchten zu bringen!"
a Was meinst du zu dieser Behauptung?
b Nenne verschiedene Elektrogeräte. Beschreibe, was beim Betrieb mit der elektrischen Energie geschieht.
c Zeichne einen Stromkreis mit einem der Geräte.

2 In einer Kiste findest du mehrere Kupferkabel, Lampen und eine Flachbatterie.
a Du sollst testen, ob die Lampen funktionieren. Wie gehst du vor?
b Wenn keine der Lampen leuchtet, sind alle kaputt! – Oder?
c Zeichne einen Schaltplan für deinen Lampentester.

3 Dein Freund behauptet, er kann eine Lampe mit einer Batterie und einem Kabel zum Leuchten bringen.
a Ist das tatsächlich möglich?
b Gibt es solch einen Stromkreis in der Praxis? Wenn ja, nenne ein Beispiel.
c Zeichne eine Schaltskizze des Stromkreises.
d Erkläre, wie der Stromkreis funktioniert.

4 Die Spülmaschine läuft erst, wenn der Geräteschalter auf EIN steht und die Tür geschlossen ist.
a Nenne weitere Geräte, die so funktionieren.
b Gib die Bauteile an, mit denen du die Schaltung nachbauen kannst. Für die Maschine wird ein Motor eingebaut.
c Zeichne eine Schaltskizze des Stromkreises auf und baue ihn danach auf.

5 So kann man drei Lampen schalten. ▶9–10
a Zeichne die Schaltpläne.
b Welches ist eine Reihenschaltung und welches eine Parallelschaltung?
c Welche dieser Schaltungsarten verwendet man bei der Fahrradbeleuchtung? Begründe deine Antwort.
d In eurer Wohnung können mehrere Lampen und Elektrogeräte gleichzeitig eingeschaltet sein. Welche Schaltungsart wird hier angewendet? Begründe!

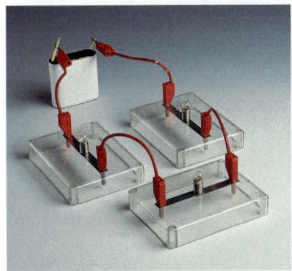
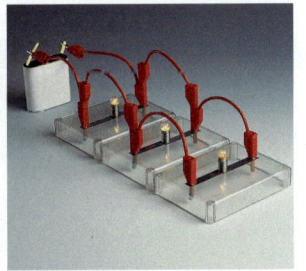

9–10

6 „Elektrische Energie gibt es nicht umsonst."
a Erkläre, was damit gemeint ist. Nutze dazu ein bekanntes Beispiel.
b Gilt die Aussage auch für eine Solarzelle? Begründe deine Antwort.
c Wie wird in einem Auto elektrische Energie bereitgestellt? Erkundige dich bei deinen Eltern und zeichne ein Energieschema für die Autobeleuchtung.

7 Manche Münzen sehen aus, als seien sie aus Messing oder Kupfer. Sie werden aber von Magneten angezogen. Was kannst du daraus schließen?

8 Scheckkarten und Parkscheine enthalten dünne magnetische Schichten. In diesen sind Töne, Bilder, Texte oder auch Zahlen gespeichert. Warum dürfen solche Datenspeicher nicht in die Nähe von Magneten gebracht werden?

9 Die blaue Spitze einer Kompassnadel ist selbst ein magnetischer Nordpol. Von welchem Magnetpol der Erde kann sie deshalb nur angezogen werden? Wo liegt dieser Magnetpol?

10 „Mein Magnet ist viel größer als deiner, darum ist seine Anziehung auch stärker!"
a Haben große Magnete immer eine stärkere Wirkung?
b Plane einen Versuch, mit dem du testen kannst, welcher Magnet eine größere Anziehungskraft besitzt.
c Wie kann man die anziehende Wirkung eines einzelnen Magneten verstärken?

11 In einer Bastelkiste findest du einen runden, flachen Magneten. ▶11 Dein Vater meint, solch ein Magnet hat nur einen einzigen Magnetpol.
a Stimmst du der Meinung zu?
b Wie kannst du die Anzahl der Pole feststellen? Plane einen Versuch.
c Wie kannst du herausfinden, welcher Pol der Nordpol ist? Nenne die Hilfsmittel und beschreibe dein Vorgehen.

11

12 „Mein Magnet braucht eine Batterie, damit er funktioniert."
a Um was für einen Magneten handelt es sich hier?
b Nenne die Unterschiede zu einem Dauermagneten.
c Beschreibe, wie du solch einen Magneten herstellen kannst.

Wie und was sehen wir?

Sehen und gesehen werden

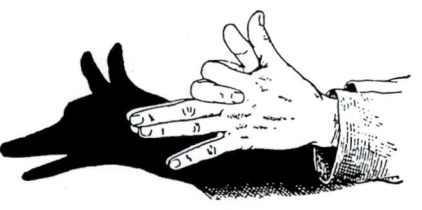
Eine Kamera zum Selbstbauen

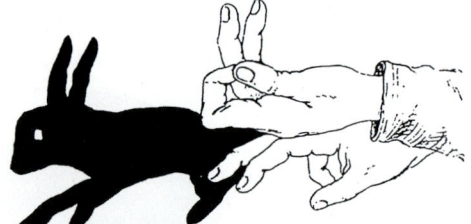
Wie entstehen Schattenbilder?

Wie kommt das Bild auf den Monitor?

Licht und Schatten im Weltraum

Kennst du dich mit Spiegelbildern aus?

Hat der Löffel einen Knick?

Woher kommen die Regenbogenfarben?

Sehen

▷ Das Auge ist unser wichtigstes Sinnesorgan. Unsere Augen reagieren auf Licht. Auf sie verlassen wir uns im Straßenverkehr. Wir brauchen sie zum Lesen. Mit den Augen nehmen wir auch den Gesichtsausdruck unserer Mitmenschen wahr.

▷ Eine Dose mit einem Loch – schon hast du eine einfache Kamera. Mit einer Linse vor dem Loch werden die Bilder besser. Auch das Auge enthält eine Linse. Sie erzeugt Bilder auf der Netzhaut des Auges. Im Gehirn wird festgelegt, was wir in dem Netzhautbild erkennen.

▷ Vertauscht der Spiegel tatsächlich alles? Um Spiegelbilder zu verstehen, muss man wissen, wie Auge und Gehirn zusammenwirken. Und man muss wissen, was der Spiegel mit dem Licht macht.
Ganz ähnlich klärt sich die merkwürdige Gestalt des Löffels im Wasserglas auf.

▷ Vielleicht hast du schon einmal Schattenspiele auf der Wand gezeigt. Was sind eigentlich Schatten und wie entstehen die Bilder auf der Wand?

▷ Mit einer „Glastoblerone" kannst du den Regenbogen ins Zimmer holen. Wie entstehen die farbigen Lichtbänder?

▷ Der Computermonitor leuchtet in Millionen verschiedener Farben. Mit einer Lupe kannst du ihnen auf die Spur kommen.

Was brauchen wir zum Sehen?

▷ Harry sagt: „Wie ungerecht! Der Grottenolm ist blind, aber die Eule hat Superaugen."

▷ „Der Grottenolm wäre auch mit Superaugen nicht besser dran", entgegnet ihm Tina.

▷ Überlegt, welche Aussage richtig ist.

1 *Nachtjäger haben große Augen. Eulen können bei Nacht sehr gut sehen.*

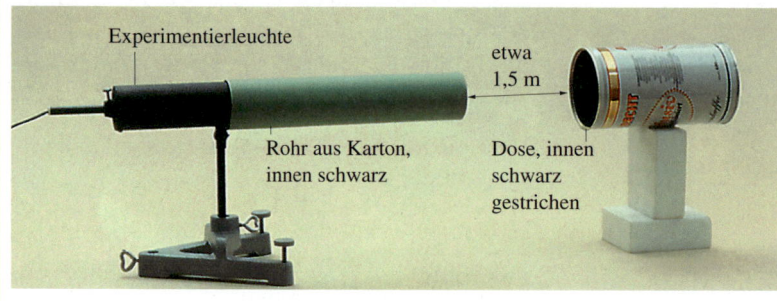

2 *Der Grottenolm lebt in Gewässern in dunklen Höhlen. Seine Augen bilden sich nach der Geburt vollständig zurück.*

Untersuchen

1 **Im Dunkeln sehen?**
a Geht in ein vollständig verdunkeltes Zimmer. Seht ihr noch etwas?
b Nach einiger Zeit haben sich eure Augen an die Dunkelheit gewöhnt. Könnt ihr jetzt etwas sehen? Überprüft, ob wirklich kein Licht ins Zimmer dringt.
c Gibt es Gegenstände, die man im Dunkeln sehen kann? Probiert es mit einem Leuchtstift und einem Rückstrahler aus (Speichenreflektor fürs Fahrrad, Sicherheitsanhänger ...).
d Könnt ihr jetzt sagen, was man alles zum Sehen braucht?

Experimentierleuchte

etwa 1,5 m

Rohr aus Karton, innen schwarz

Dose, innen schwarz gestrichen

2 **Leuchtet die Lampe?** Die Experimentierleuchte steht so, dass wir sie von der Seite sehen. ▶3 Das Licht ist in die Dose gerichtet. Der Raum ist verdunkelt.
a Könnt ihr von der Seite sehen, ob die Lampe leuchtet?
b Auf welche Weise kann man sicher erkennen, dass die Lampe leuchtet?

3

Grundlagen   Bedingungen für das Sehen

Die Sterne, die Sonne, eine Leuchtstoffröhre, eine Glühlampe, ein brennendes Streichholz oder eine Kerzenflamme sind *Lichtquellen*. Sie erzeugen Licht und senden es aus. ▶4

Wenn wir die Augen schließen oder wenn es ganz dunkel ist, sehen wir nichts. Zum Sehen muss Licht in unser Auge gelangen. Wenn das Licht einer Kerzenflamme ins Auge fällt, sehen wir die Flamme.

> **Zum Sehen gehört zweierlei: die Lichtquelle und das Auge. Lichtquellen senden Licht, die Augen empfangen es. Wir sehen die Lichtquelle, wenn ihr Licht ins Auge fällt.**

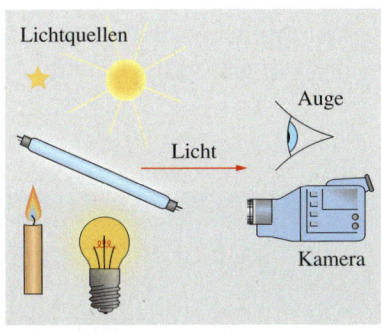

4

Aus der Umwelt   Lebendige Lichtquellen

Manche Lebewesen erzeugen Licht, um gesehen zu werden. Oft wird ein Partner angelockt – oder ein Beutetier.

Glühwürmchen oder Johanniskäfer sind bei uns heimisch. Im Körper bilden sie einen Stoff, den sie zum Leuchten bringen. ▶5

Der Tintenfisch hat viele Leuchtorgane. Sie können sogar in verschiedenen Farben leuchten. ▶6

Im Pazifik leben leuchtende Quallen. Ein Forscher übertrug ihre Fähigkeit zu leuchten auf andere Organismen. Dafür ist er 2008 mit dem Nobelpreis geehrt worden. ▶7

In der Dunkelheit der Tiefsee kann der Anglerfisch seine Beute nicht sehen. Er sorgt aber dafür, dass er gesehen wird. Mit dem Leuchtorgan an seinem Kopf lockt er die Beute vor sein Maul. ▶8

5 *Glühwürmchen (Johanniskäfer)*

6 *Leuchtender Tintenfisch*

7 *Leuchtende Qualle*

8 *Anglerfisch*

Aufgabe

1 Nenne zehn natürliche oder künstliche Lichtquellen.

↻ 49–1 Bilderserie Lichtquellen

Krumm oder gerade?

▷ Was sagen diese Bilder über
die Ausbreitung des Lichts?

1

2

1 Wie sich Licht ausbreitet Von einer Lampe fällt Licht durch ein Schlüssel-
loch. ▸3 Übertragt das Bild vergrößert in euer Heft. Zeichnet dann ein,
wie das Licht durch das Loch fällt.

2 Lichtausbreitung – sichtbar gemacht Bespannt ein Sieb mit Alufolie.
Stülpt es dann über eine sehr helle Glühlampe. Stecht einige Löcher in
die Folie. ▸4

a Wie könnt ihr das austretende Licht sichtbar machen?

b Was zeigt euch dieser Versuch über das Licht?

3*Licht fällt durch ein Loch Das Licht einer Experimentierleuchte fällt
durch das Loch in einer Blende. ▸5

a Bewegt den Schirm (die Pappe) von der Blende weg. Beobachtet dabei
den Lichtfleck.

b Zeichnet die Anordnung ▸6 groß ab, dazu das Licht, das den Fleck
erzeugt. (Geht von der Lampenmitte aus.)
Zeichnet die roten Strahlen für den „Rand" des Lichts mit dem Lineal.
Welche Eigenschaft des Lichts wird damit ausgedrückt?

c Stellt eine zweite Blende zwischen Schirm und Blende (Lampe ausgeschaltet). Worauf müsst ihr achten, damit auf dem Schirm wieder ein
Lichtfleck erscheint? Begründet
eure Antwort.
Schaltet die Lampe ein: Entsteht
ein Lichtfleck auf dem Schirm?

d Die Blende soll jetzt ein großes
Loch haben. Stellt die Lampe
dicht hinter die Blende. Entfernt
diesmal die Lampe langsam von
der Blende. Wie ändert sich
dabei der Lichtfleck?

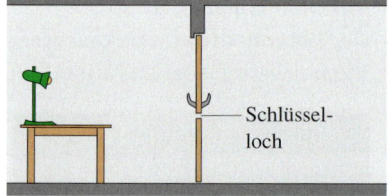

Schlüssel-
loch

3

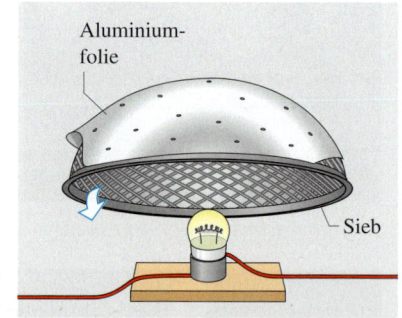

Aluminium-
folie

Sieb

4

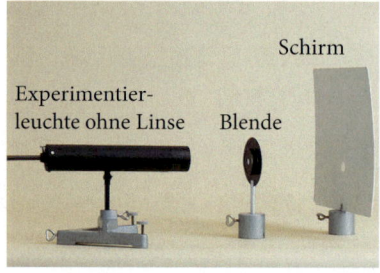

Experimentier-
leuchte ohne Linse

Blende

Schirm

5

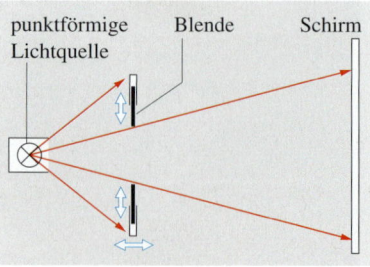

punktförmige
Lichtquelle

Blende

Schirm

6

Grundlagen / Wie sich Licht ausbreitet

| **Das Licht breitet sich nach allen Seiten hin geradlinig aus.**

Eine Lochblende verändert die Ausbreitung: Hinter dem Loch entsteht ein Lichtbündel. ▶7 Zum Zeichnen von Lichtbündeln verwenden wir die Randstrahlen und den Mittelstrahl.

| **Lichtstrahlen sind gezeichnete Pfeile (oder gerade Linien). Sie zeigen, in welche Richtungen sich das Licht ausbreitet.**

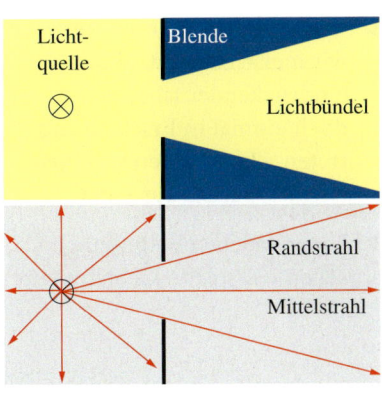

7 *Lichtbündel und Lichtstrahlen*

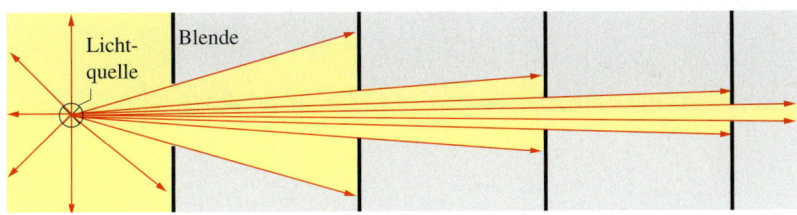

8 *Das Lichtbündel wird immer schmaler – aber es bleibt ein Lichtbündel.*

Aufgaben

1 Was versteht man unter einem Lichtstrahl?

2 Vor einer Lochblende (Durchmesser: 5 mm) steht in 8 cm Abstand eine kleine (punktförmige) Lichtquelle.

a Fertige eine Zeichnung an und trage die Randstrahlen hinter der Blende ein.

b Wie ändert sich der Verlauf der Randstrahlen, wenn eine Blendenöffnung kleiner gewählt wird? Stelle das Lichtbündel in einer zweiten Zeichnung dar.

c* Die kleine Blendenöffnung wird beibehalten, die Lampe aber weiter von der Blende entfernt. Zeichne wieder.

Aus der Technik / Gerader Tunnel – dank Laserstrahlen

In den Bergen und beim Bau von U-Bahnen müssen oft kilometerlange Tunnel gebaut werden. Riesige Maschinen bohren den Tunnel in einem einzigen Arbeitsgang durch das Erdreich.

Um die Richtung des geplanten Tunnels genau einzuhalten, setzt man „Laserstrahlen" ein. Das sind sehr schmale und helle Lichtbündel. ▶9

Die Maschine wird so gesteuert, dass das Licht immer auf den Lichtempfänger vorn am Bohrer fällt. ▶10

9 *Laserlicht zur Vermessung eines Tunnels*

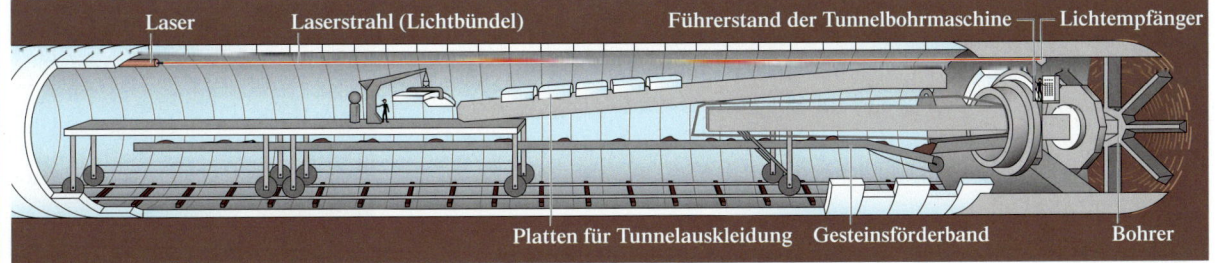

10 *Tunnelbau mit Laserlicht*

Wir sehen Gegenstände

▷ Die „Strahlen" der Sonne sehen wir meistens nicht. Umso beeindruckender ist es, wenn sie doch einmal in Erscheinung treten. Dann bilden sie einen riesigen Fächer aus Licht.

▷ Unter welchen Bedingungen sehen wir solche Lichtstreifen?

↻ 52–1 Bilderserie Streulicht

1

Untersuchen Experimentieren

1 Unsichtbares Licht?

a Geht bei Regen oder Nebel nachts mit einer Taschenlampe nach draußen. Richtet eure Taschenlampe in den Himmel, auf nahe und ferne Gegenstände. Beschreibt, was ihr beobachtet.

b Leuchtet mit der Taschenlampe im dunklen Zimmer auf das Wasser in einer Glasschüssel. Schüttet nun etwas Milch in das Wasser. Beschreibt eure Beobachtungen.

2 Kann man Licht sehen? Schneidet mehrere Löcher in einen Karton. Stülpt ihn über eine ausgeschaltete Lampe. Verdunkelt dann das Zimmer.

a Schaltet die Lampe ein. Was ist im dunklen Raum zu sehen? Beschreibt eure Beobachtung.

b Schüttelt einen Lappen mit Kreidestaub über dem Karton aus. Beschreibt, was ihr nun beobachtet.

c Was hat der Versuch mit dem „Lichtfächer" zu tun? ▶1 Füllt die Tabelle dazu in eurem Heft aus. ▶2

3 Ist es hell genug zum Sehen? Verdunkelt euer Zimmer so weit wie möglich (Nacht, Vorhänge zu, alle Lichter aus). Leuchtet mit einer Taschenlampe auf eine weiße Wand, ein schwarzes Buch, einen Schrank ... Wann ist es im Zimmer am hellsten?

4 Mit Papier beleuchten Jemand stellt sich mit dem Rücken vor ein helles Fenster. Dann hält er sich ein Blatt weißes Papier vors Gesicht, als würde er lesen. Welche Veränderungen erkennt ihr?

5 Wie viel Licht werfen Gegenstände zurück? Schneidet in weißen Karton ein großes Loch und steckt ihn auf eine Experimentierlampe. ▶3 So wird er nicht direkt beleuchtet. Untersucht seine Ausleuchtung, wenn weißes, farbiges oder schwarzes Papier, zerknitterte Alufolie ... vor die Leuchte gehalten werden.

6*Der Supertrick Mario lässt ganz ohne Wand ein Bild erscheinen. ▶4 Er bewegt nur einen Zeigestock im Licht des Projektors. Probiert es aus.

Versuch	Lichtfächer
Lampe	?
Karton	?
Löcher	?
Kreidestaub	?

2

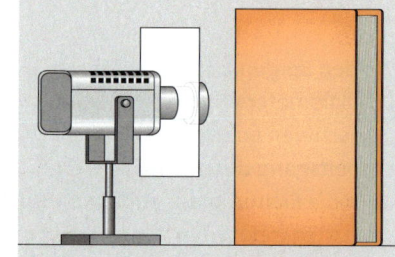

3

4

Wenn Licht auf Gegenstände trifft ...

Wenn du eine weiße Wand mit der Taschenlampe beleuchtest, wird es im ganzen Raum heller. Die Wand verteilt das Licht der Taschenlampe in alle möglichen Richtungen. Dieser Vorgang heißt *Streuung*. ▸5–10

Wenn Licht auf einen hellen Gegenstand fällt, wird es in alle Richtungen zurückgeworfen. Es wird gestreut.

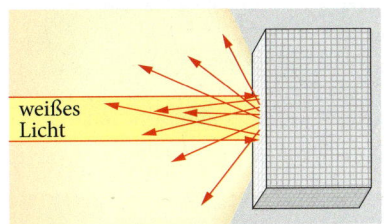

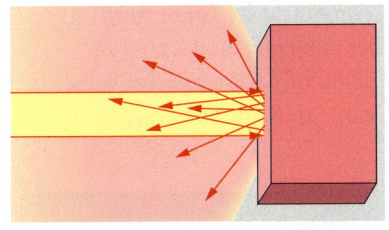

5 *Weiße Gegenstände streuen den größten Teil des Lichts unverändert zurück.*

6 *Farbige Gegenstände streuen farbiges Licht zurück. Das auftreffende Licht wird also verändert.*

7 *Eine Stelle der weißen Wand wird beleuchtet. Das gestreute Licht erhellt die Wände daneben.*

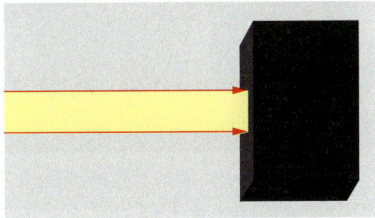

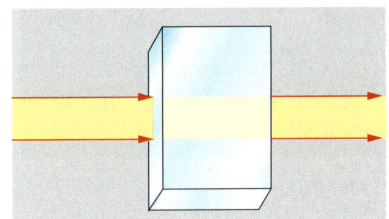

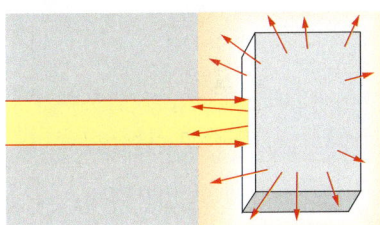

8 *Dunkle Gegenstände verschlucken (absorbieren) viel Licht. Nur ein kleiner Teil wird zurückgeworfen.*

9 *Klare, farblose Gegenstände wie Glasplatten oder Flüssigkeiten lassen das Licht fast ungehindert durch.*

10 *Durchscheinende Gegenstände (Pergamentpapier, Milchglas) streuen Licht in alle Richtungen.*

↻ 53–1 Simulation Streuung

Streulicht ist wichtig fürs Sehen

Wir sehen nicht nur Lichtquellen. Menschen, Blumen, Bücher oder der Mond leuchten nicht selbst. Trotzdem können wir sie sehen. Sie müssen dazu von einer Lichtquelle beleuchtet werden. Die beleuchteten Gegenstände werfen das Licht ganz oder teilweise zurück. Sie streuen das Licht.

Wenn Streulicht von einem Gegenstand in unsere Augen fällt, können wir den Gegenstand sehen. ▸11

Von der Seite kann man das Licht einer Lichtquelle nicht sehen. Man sieht es nur, wenn das Licht durch Nebel oder Rauch gestreut wird und in unsere Augen gelangt.

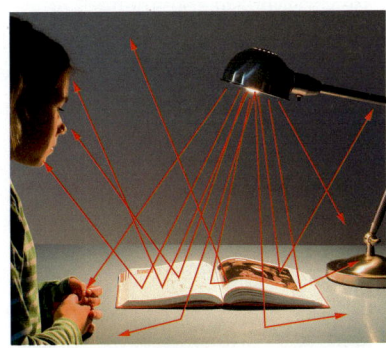

11 *Streulicht fällt ins Auge – wir sehen das Buch.*

↻ 53–2 Simulation
Das Auge als Lichtempfänger

1 „Der Vollmond beleuchtet die Erde." Diskutiert, ob diese Aussage stimmt.

2*Erkläre Marios „Supertrick". ▸4

Aus Umwelt und Technik Sehen und gesehen werden

Lichtquellen im Straßenverkehr

Beim Fahrrad musst du schon in der Dämmerung und sogar auf beleuchteten Straßen die Beleuchtung einschalten. Das Licht ist wichtig, auch wenn du ohne Scheinwerfer noch gut siehst. Scheinwerfer sind nämlich nicht nur dazu da, die Straße zu beleuchten.

Sie dienen auch der Information anderer Verkehrsteilnehmer. Es geht darum, nicht nur zu sehen, sondern auch gesehen zu werden!

Ein beleuchtetes Fahrzeug ist früher zu erkennen als ein unbeleuchtetes. Seine Lichter geben an, ob es bremsen oder abbiegen wird. ▸1

Auf der Straße dienen viele Lichtquellen der Information anderer Verkehrsteilnehmer. Auch die leuchtenden Signale an Straßenrändern dienen diesem Zweck. ▸2–4

1 *Achtung, hier wird gebremst!*

2 *Lichtquellen informieren.*

3 *Bei einem Fahrzeug mit Blaulicht heißt es, schnell Platz zu machen.*

4 *Baustellen werden durch blinkende Lichtsignale gesichert.*

Streulicht im Straßenverkehr

Im Straßenverkehr müssen Personen und Gegenstände auch dann gut zu sehen sein, wenn sie nicht selbst eine Lichtquelle haben: Dann ist zurückgeworfenes Licht wichtig. Fußgänger sollten nachts helle Kleidung tragen. Helle Kleidung streut nämlich mehr Licht als dunkle. Autofahrer können sie von Weitem erkennen. ▸5

Leuchtstreifen an den Reifen sowie Reflektoren am Fahrrad und der Kleidung fallen nachts auf. Sie werfen das Scheinwerferlicht der Autos in die Richtung zurück, aus der es kommt – also in Richtung des Autos und damit auch in die Augen des Fahrers. ▸6

Aufgaben

1 „Das Rücklicht am Fahrrad schützt dein Leben." Erkläre diesen Satz.

2 Welche Farben soll die Kleidung haben, wenn man bei Dunkelheit auf die Straße geht?

3 Überprüft im Versuch: Im verdunkelten Raum werden Personen mit hellen und dunklen Kleidungsstücken angeleuchtet. Vergleicht dabei, wie viel Streulicht auf die Wände des Raums fällt.

5 *Besser sichtbar mit heller Kleidung*

6 *Leuchtweste und Leuchtstreifen*

↻ 54–1 Bilderserien
Lichtquellen im Straßenverkehr
Streulicht im Straßenverkehr

7 *Auf der Bühne*

Auffallen

Auf der Bühne zu stehen, bewundert von Tausenden von Augenpaaren, davon hat wohl jeder schon geträumt. Im Licht der Spotlampen glitzert alles und scheint von Sternen übersät zu sein. ▶7

Bunt und grell, flackernd und bewegt – solche Werbung springt uns geradezu in die Augen, ob wir hinschauen oder nicht! Das wissen die Werbefachleute. Sie nutzen alle Lichttricks, um unsere Aufmerksamkeit zu erzwingen. ▶8

Auch Tiere wollen gesehen werden

Der Morpho-Schmetterling lebt im dichten Regenwald. ▶9 Trotz des düsteren Lichts in seiner Umgebung ist seine blaue Farbe auch von Weitem gut zu sehen. Er nutzt die gleichen Tricks wie die Werbefachleute: grelle, schillernde Farben. Je nach Blickrichtung wechseln sie von Blau über Türkis zu Grün. Die leuchtende Farbe des Pfeilgiftfroschs signalisiert Giftigkeit. ▶10 Hat ein Feind einmal schlechte Erfahrungen mit diesem Tier gemacht, so ist er gewarnt und wird in Zukunft Tiere mit diesen Leuchtfarben meiden.

8 *Werbung mit Lichtquellen*

9 *Morpho-Schmetterling*

10 *Pfeilgiftfrosch*

Aus der Technik ▸ ## Lichtstreuung rettet Leben!

Im Schlaf riechst du nichts – auch keinen Rauch! Jedes Jahr sterben in Deutschland rund 500 Menschen bei Zimmerbränden. Meist ist gar nicht das Feuer die Todesursache, sondern eine Rauchvergiftung. Rauchmelder sollen davor schützen. Deshalb sind sie in vielen Bundesländern Pflicht. Ein Rauchmelder funktioniert so: ▶11 Ein kleines Lämpchen blitzt alle 30 Sekunden in der schwarzen Rauchkammer auf. Schräg gegenüber sitzt ein lichtempfindlicher Schalter. Eine kleine Wand in der Rauchkammer verhindert, dass das Licht auf geradem Weg zu ihm gelangt. Wenn Rauch in der Kammer ist, wird das Licht gestreut. Ein Teil des Lichts fällt dann auf den Schalter. Dieser schließt den Stromkreis für einen Summer – und schon geht der Feueralarm los!

Lampe
Rauchkammer
lichtempfind-
licher Schalter

Summer

11 *Geöffneter Rauchmelder*

Aufgaben

4 Begründe, warum die Rauchkammer schwarz gefärbt ist.

5 Der Rauchmelder gibt ohne Rauch kein Signal. Erkläre!

Erweiterung
Sehen – mit Auge und Gehirn

Du entdeckst einen Frosch im Teich nur, wenn du genau „hinsiehst". ▶1
Wer am Teich nur „Licht empfängt", wird vieles übersehen. Sehen verlangt nämlich oft Konzentration und Anstrengung.

> „Licht empfangen" ist nur der physikalische Teil des Sehens. Das Gehirn verarbeitet die Informationen, die mit dem Licht aufgenommen werden.

1 *Wer entdeckt den Frosch?*

↻ 56–2 Bilderserie
Sehen – mit Auge und Gehirn

In Bild ▶2 erkennen manche Menschen einen Mädchenkopf, andere einen Saxophonspieler. Sie sehen die gleichen schwarzen Flecken, erkennen darin aber etwas Verschiedenes. An diesem Beispiel wird klar: Die mit dem Licht aufgenommenen Informationen müssen vom Gedächtnis gedeutet werden. Erst dann erkennen wir, was wir sehen – und das hängt stark von unserem Vorwissen ab.

2

Aufgaben

1 Wie verteilt sich das Licht von einer Taschenlampe im Raum? Beschreibe, wie du es feststellen kannst.

2 In Lasershows werden oft Nebelmaschinen eingesetzt. Beschreibe, was damit bewirkt wird.

3 Kurz nach Sonnenuntergang sieht man manchmal noch Flugzeuge am Himmel, die sehr hell beleuchtet erscheinen. Erkläre diese Beobachtung.

4 Spielkarten und ein Spiegel werden beleuchtet. ▶3
a Erkläre, warum man die Spielkarten sieht.
b*Der Spiegel sieht schwarz aus. Was passiert mit dem Licht, das auf den Spiegel fällt? Versuche, eine Erklärung zu finden.

3

5*Felix erklärt: „Wenn ich ein Comic-Heft vor mir habe, fällt von jedem Bild Licht in meine Augen. Aber wirklich sehen kann ich nur das eine Bild, das ich gerade angucke. Um etwas zu sehen, muss ich darauf blicken. Ich stell mir das so vor: Mein Auge sendet ‚Sehstrahlen' aus. Damit taste ich das Bild ab."

a Justin meint dazu: „Die Sache hat nur einen Haken. Nachts …" Was spricht gegen die Vorstellung von Felix?

b Man muss „hinschauen", um ein Bild zu erkennen. Es reicht nämlich nicht, dass das Auge Licht empfängt … Setze die Erklärung fort.

6*„Sehen ist mehr als Licht empfangen." Spannende Beispiele dafür gibt es im Internet: Suche *optische Täuschungen Bach*. Welche optische Täuschung findest du besonders überraschend? Stelle sie vor.

Überblick

Lichtquellen Licht geht von Lichtquellen aus. Als Lichtquellen bezeichnen wir alle Gegenstände, die ihr Licht selbst erzeugen.

Lichtausbreitung Licht breitet sich geradlinig und nach allen Seiten hin aus. ▶4 Lichtstrahlen sind gezeichnete Pfeile (oder gerade Linien). Sie zeigen, in welche Richtungen sich das Licht ausbreitet.

Lichtstreuung Fällt Licht auf Gegenstände, so wird ein Teil des Lichts verschluckt (absorbiert). Das übrige Licht wird in alle möglichen Richtungen gestreut. Die Umgebung wird zu einem großen Teil von Streulicht beleuchtet. Von beleuchteten Gegenständen geht Licht aus. ▶5

Der Sehvorgang Wir können einen Gegenstand nur sehen, wenn Licht von ihm ins Auge fällt. ▶6–7 Das Gehirn wertet die mit dem Licht aufgenommenen Informationen aus. Jetzt erst nehmen wir den Gegenstand bewusst wahr.

4 *Geradlinige Lichtausbreitung*

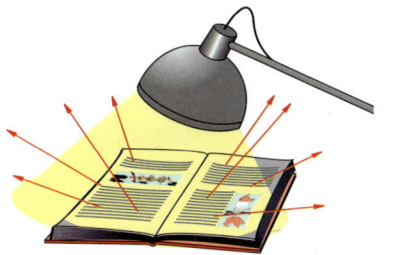

5 *Licht wird gestreut.*

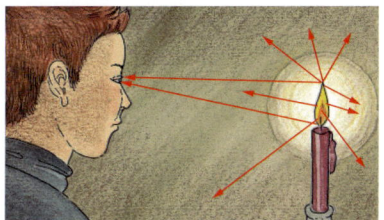

6 *Lichtquellen sehen wir, wenn ihr Licht direkt in unser Auge fällt.*

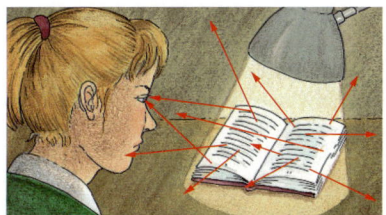

7 *Beleuchtete Gegenstände sehen wir, wenn sie Licht zum Auge streuen.*

Alles klar?

1 Kann man „Sonnenstrahlen" sehen? Begründe deine Antwort.

2 Der Mond leuchtet nicht selbst. Erkläre, wieso wir ihn dennoch sehen.

3 „Schwarzes Theater" ist eine besondere Form des Theaterspiels. ▶8 Füße und Hände scheinen sich dabei allein zu bewegen. Erkläre dies.

4 Die Astronauten arbeiten im Sonnenlicht. ▶9 Die Lufthülle der Erde ist beleuchtet. Der Weltraum dagegen ist schwarz. Erkläre den Unterschied.

5 Jan läuft nachts nach Hause. Wie sollten die Farben seiner Kleidung sein? Begründe deine Antwort.

6 Eine Wolke schiebt sich vor die Sonne. Erkläre, warum es trotzdem nicht „Nacht" wird.

7 Kai behauptet: „Nebel verschlechtert die Sicht." Ulla entgegnet ihm: „... und manches macht er erst sichtbar." Was meint sie damit?

8 Nimm ein 30 cm langes Stück Gartenschlauch.
a Versuche durch den Schlauch hindurch diese Zeilen zu lesen. Worauf musst du achten?
b Welche Eigenschaft des Lichts spielt hier eine Rolle? Nenne sie.

8

9

Wie Schatten entstehen

▷ Es ist gar nicht so schwer, das Schattenbild eines Menschen zu zeichnen …

1

Untersuchen Experimentieren

1 Schattenbilder zeichnen

a Sucht euch einen Partner oder eine Partnerin. Zeichnet eure Schattenbilder. ▶1

b Die Schattenbilder aller Mitschüler der Klasse werden mit einer Nummer versehen und ausgehängt. Ordnet den Nummern die Namen zu. Welches Bild wird von den meisten Schülern und Lehrern erkannt?

2 Schattenspiele Mit den Händen kann man Schattenbilder erzeugen. ▶2 Probiert es aus.

3 Unterschiedliche Lichtquellen Wie verändert sich das Schattenbild, wenn ihr statt einer Kerze eine Schreibtischlampe verwendet?

4 Wo liegt das Schattenbild? Ein Brett wird 2 m vor der Wandtafel an einem Stativ befestigt. Davor wird in einigem Abstand eine Glühlampe gestellt. ▶3
Versucht die Lage des Schattenbildes genau vorherzusagen. Wie geht ihr dazu vor? *Tipp:* Ein Bindfaden kann euch helfen.

5 Große Schatten – kleine Schatten Ein Stift wird zwischen eine Kerze oder Taschenlampe und eine Wand gehalten. Wo muss sich der Stift befinden, damit ihr ein großes (kleines) Schattenbild erhaltet? Fertigt dazu zwei Zeichnungen an.

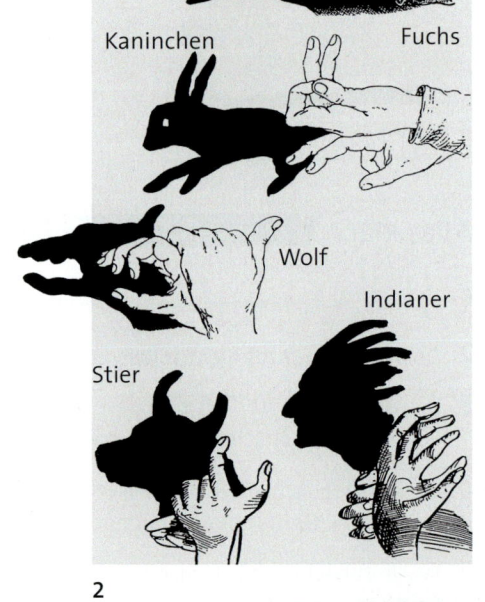

Kaninchen   Fuchs

Wolf

Indianer

Stier

2

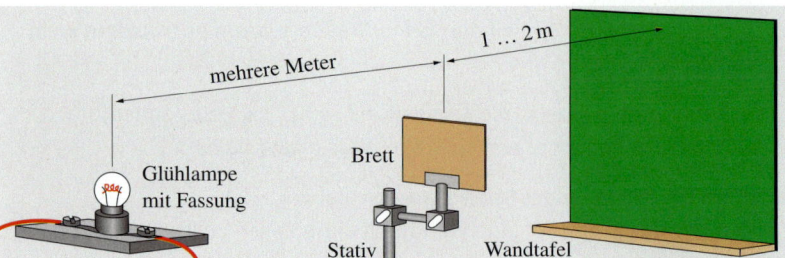

mehrere Meter   1 … 2 m

Glühlampe mit Fassung   Brett   Stativ   Wandtafel

3

Grundlagen Schatten

Beobachtungen Der Schatten macht jede deiner Bewegungen mit. Er ist immer auf der anderen Seite als die Lichtquelle, die dich beleuchtet. ▶1 Mittags ist der Schatten im Sonnenlicht kurz und zeigt nach Norden. ▶4 Abends ist er lang und zeigt nach Osten. ▶5 Die Ränder des Schattens können scharf gezeichnet oder unscharf sein. ▶6

↻ 59–1 Bilderserie
Scharfe und unscharfe Schatten

4 *Kurzer Schatten am Mittag* 5 *Langer Schatten am Abend*

6 *Unterschiedliche Schattenränder*

Wie Schatten entstehen Schatten sehen wir nur, wenn Gegenstände beleuchtet werden. Wo das Licht hinscheint, ist es hell. Wo es nicht hinscheint, ist es dunkler. Der Bereich, in dem Licht fehlt, ist der Schatten.

> Licht breitet sich geradlinig aus. Wenn ihm ein Gegenstand im Weg steht, gelangt kein Licht in den Raum hinter dem Gegenstand. Dieser Raum heißt Schattenraum. ▶7
> Auf einer Wand oder dem Fußboden hinter dem Gegenstand entsteht ein Schattenbild. ▶8

Wenn wir von Schatten sprechen, kann der Schattenraum oder das Schattenbild gemeint sein. Das Streulicht aus der Umgebung kann den Schattenraum erhellen.
Der Schattenraum wird durch die Lichtstrahlen begrenzt, die von der Lichtquelle durch die Ecken des Gegenstands gehen. Wo das Schattenbild liegt, lässt sich mit einer Zeichnung herausfinden.
Schattenbilder haben scharfe Ränder, wenn die Lichtquelle viel kleiner ist als der Gegenstand. Man spricht von *punktförmigen Lichtquellen*. Bei großflächigen (ausgedehnten) Lichtquellen entstehen Schattenbilder mit unscharfen Rändern.

Aufgaben

1 Drei Dinge sind erforderlich, damit Schattenbilder entstehen können. Nenne sie.

2 Beschreibe Lichtquellen, mit denen die Ränder eines Schattenbilds scharf (unscharf) werden.

3 Erkläre die Begriffe „Schattenraum" und „Schattenbild" an einem Sonnenschirm. ▶8

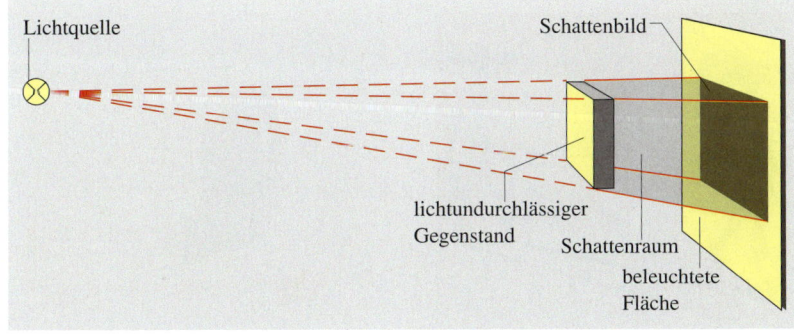

Lichtquelle — Schattenbild — lichtundurchlässiger Gegenstand — Schattenraum — beleuchtete Fläche

7 *Schattenraum – Schattenbild*

8 *Im Schatten des Sonnenschirms*

Aufgaben

1 Eine Streichholzschachtel wird von einem kleinen Lämpchen beleuchtet. Auf einer Wand entsteht das Schattenbild. ▶1–3

a Je näher die Lampe zum Gegenstand hin geschoben wird, desto … Setze den Satz fort. Welches Bild zeigt diesen Zusammenhang?

b Schreibe jeweils in einem Satz auf, welche Zusammenhänge die anderen beiden Bilder zeigen.

2 Am Mittag sieht dein Schatten anders aus als am Abend.

a Zeige den Unterschied mit einer Taschenlampe und einer Füllerkappe.

b*Erkläre den Zusammenhang zwischen Sonnenstand und Schattenlänge mit zwei Zeichnungen.

3 Jan hält eine Kerze in der Hand. An der Wand entsteht Tinas Schatten. Wie verändert sich der Schatten, wenn Jan die Kerze nach unten bewegt?

a Findet die Antwort durch ein Experiment.

b*Findet die Antwort durch eine Zeichnung.

4 Du willst mit deinen Händen Schattenfiguren auf die Wand „zaubern". Was musst du tun, damit die Schatten möglichst groß (klein) werden?

a Finde es mit einem Versuch heraus.

b*Erkläre dein Ergebnis durch eine Zeichnung.

5 Der Schatten der Pappe hat in der Mitte einen hellen Fleck. ▶4 Das liegt an dem Loch in der Pappe.

Lukas meint: „Der Schatten der Pappe ist ‚rundum' größer als die Pappe selbst. Also muss der helle Fleck kleiner als das Loch sein."

Janine entgegnet ihm: „Der helle Fleck ist größer als das Loch. Im Schattenbild ist nämlich alles vergrößert."

Wer hat recht? Erkläre deine Antwort mit einer Zeichnung in deinem Heft. ▶5 Überprüfe es im Versuch.

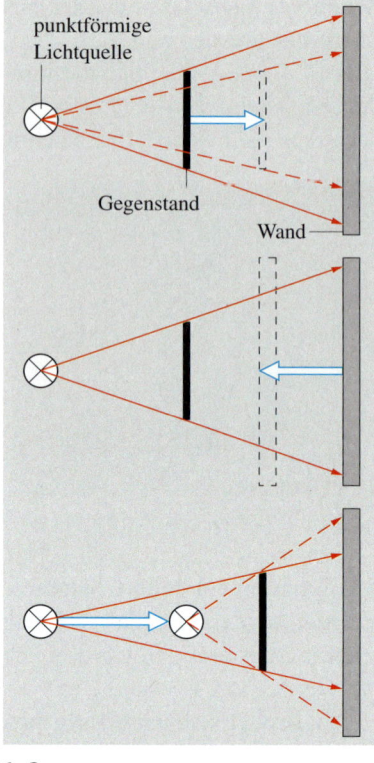

punktförmige Lichtquelle

Gegenstand

Wand

1–3

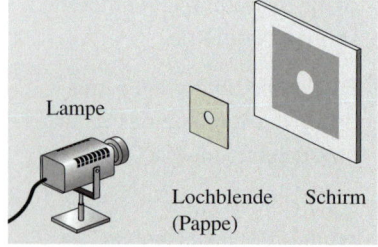

Lampe

Lochblende (Pappe)   Schirm

4

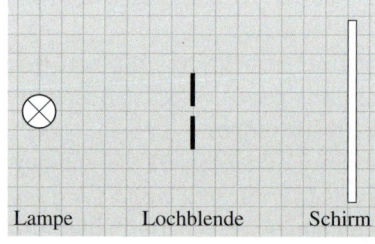

Lampe   Lochblende   Schirm

5

6

6*Schatten haben auch Comiczeichner beschäftigt. ▶6–8

a Gib an, was bei diesen Bildern nicht stimmt.

b Schreibe die lustige Geschichte in wenigen Sätzen auf. ▶6

c Wie kann man den Schatten auf der Wand wirklich verschwinden lassen? ▶8

7   8

Farbige Schattenbilder

▷ Schattenbilder sind nicht immer grau oder schwarz …

9

1 Drei Schatten mit zwei Lampen? Beleuchtet eine Streichholzschachtel mit zwei Kerzen.
a Beobachtet die entstehenden Schatten genau.
b Sind alle Schatten gleich dunkel? Erklärt eure Beobachtung.
c Wie viele Schatten entstehen, wenn die Schachtel mit drei Kerzen beleuchtet wird?

2 Farbige Schatten Mit farbigen Spotlampen werden Schatten eines Gegenstands auf einer weißen Wand erzeugt. ▶9
a Die rote Lampe soll eingeschaltet werden. Überlegt vorher: Welche Farbe bekommt der Schatten?
b Statt der roten wird nun die grüne Lampe eingeschaltet. Was ändert sich, was bleibt gleich?
c Die Wand wird mit beiden Lampen beleuchtet. Sie sollen zunächst einen größeren Abstand voneinander haben (ca. 60 cm). Erläutert, wie die farbigen Schatten des Gegenstands entstehen.
d Die Lampen werden zusammengerückt, sodass sich die farbigen Schatten überlappen. Erklärt, wie das dunkle Schattengebiet entsteht.

3*Das Küken im Ei – ein Schattentrick zum Vorführen
Schneidet aus Pappe einen Rahmen zurecht (etwa 20 cm breit und 30 cm hoch). Klebt darauf Pergamentpapier.
Das Schattenbild des Kükens muss etwas kleiner sein als das Ei. Ihr schneidet das Küken aus Pappe aus und klebt es an das Holzstäbchen. Küken und Ei sollen 20 cm vor dem Schirm stehen. ▶10

Zündet eine der Kerzen an. Stellt sie so auf, dass nur der Schatten des Eies auf dem Schirm zu sehen ist. Die zweite Kerze wird so angeordnet, dass der Schatten des Kükens auf dieselbe Stelle fällt wie der des Eies.
Nun könnt ihr das Kunststück vorführen. Zündet zunächst die Kerze an, die das Schattenbild des Eies erzeugt. Um das Ei zu „durchleuchten", zündet ihr die zweite Kerze an. Der Schatten des Eies wird dadurch aufgehellt (Halbschatten). Im Ei erscheint das Küken dunkel – wie bei einem Röntgenbild.

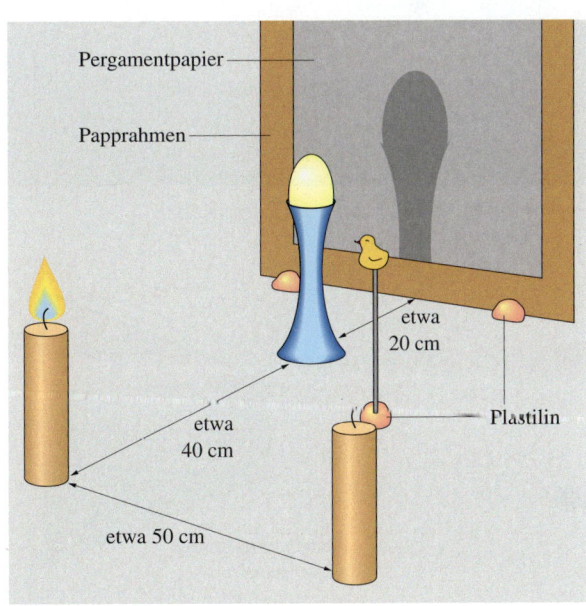

Pergamentpapier

Papprahmen

etwa 20 cm

Plastilin

etwa 40 cm

etwa 50 cm

10

Grundlagen   Mehr als nur ein Schatten

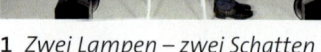

1 *Zwei Lampen – zwei Schatten*

2 *Kernschatten und Halbschatten*

Mit zwei Lampen kannst du zwei Schatten von dir erzeugen. ▸1 Werden die Lampen enger zusammengeschoben, dann rücken die Schatten auch enger zusammen. ▸2 Wo sie übereinanderliegen, ist es besonders dunkel. Man spricht vom *Kernschatten*. Die etwas helleren Schatten daneben nennt man *Halbschatten*.

> **Kernschatten heißt der Bereich, in den hinter einem Gegenstand kein Licht fällt.**
> **Halbschatten nennt man die Bereiche, in die Licht von nur einer Lichtquelle fällt.**

Mit farbigen Lampen bekommt man farbige Halbschatten: ▸3–4
– In den roten Halbschatten fällt nur Licht der roten Lampe. Das Licht der grünen Lampe ist abgeschirmt.
– In den grünen Halbschatten fällt nur Licht der grünen Lampe. Das Licht der roten Lampe ist abgeschirmt.
Der Kernschatten bleibt dunkel. Wo kein Licht hinfällt, ist auch keine Farbe zu sehen.

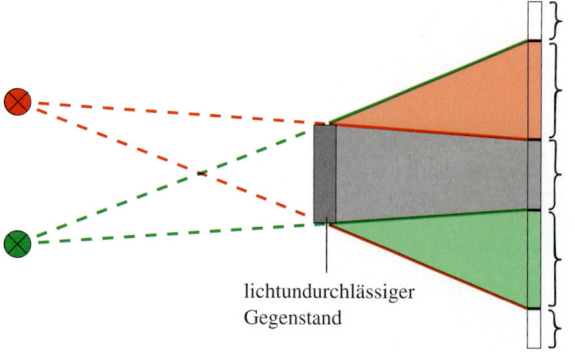

3 *Farbige Lampen – farbige Halbschatten*

rotes und grünes **Licht**

Halbschatten
rotes Licht
kein grünes Licht

Kernschatten
kein Licht

Halbschatten
grünes Licht
kein rotes Licht

rotes und grünes **Licht**

lichtundurchlässiger Gegenstand

4

Aufgaben

1 Kern- und Halbschatten
a Beschreibe und erkläre die Schatten. ▸5
b Wo müssen die Kerzen stehen, damit der Kernschatten möglichst lang (kurz) wird?
c* Wie verändern sich die Schatten, wenn du die Kerzen weiter auseinanderziehst? Experimentiere oder zeichne.

2 Gesa geht nachts an zwei Laternen vorbei. Auf dem Boden sieht sie zwei Schatten von sich selbst. Sie fragt sich, wie sich der Winkel zwischen den beiden Schatten beim Vorbeigehen verändert.
a Finde die Antwort mit einem Experiment. Überlege selbst, was du dazu brauchst.
b* Finde die Antwort mit einer Zeichnung.

5

↻ 62-1 Simulation Halbschatten

Neumond – Halbmond – Vollmond

Tage nach Neumond

| 2 | 7 | 10 | 14 | 18 | 20 |

Mondsichel Halbmond Vollmond

zunehmender Mond abnehmender Mond

6 *Warum verändert der Mond von Tag zu Tag seine Gestalt?*

Untersuchen Experimentieren

1 Beobachtung des Monds

a Schaut einen Monat lang täglich am Nacht- oder Taghimmel nach, ob der Mond zu sehen ist. Protokolliert seine Form und das Datum.

b Manchmal sind Mond und Sonne gleichzeitig zu sehen. Zeigt mit einem Arm zum Mond, mit dem anderen zur Sonne und schätzt den Winkel. Fertigt jeweils eine Zeichnung an. ▶**7**

c Gestaltet aus allen Bildern ein Plakat.

2 Wie die Mondphasen entstehen Eine Schülergruppe stellt sich eng zusammen. Sie stellt die Beobachter auf der Erde dar. ▶**8** Eine Styroporkugel oder ein weißer Ball stellt den Mond dar. Er wird von einer starken Lampe beleuchtet. Ein Schüler trägt den Ball um die Beobachter herum.

a Zeichnet die unbeleuchtete Kugel in verschiedenen Stellungen, wie ihr sie seht.

b Skizziert an der Tafel die Sonne und die Bahn des Monds um die Erde. Klebt die von euch gezeichneten „Mondphasen" so an die Tafel, wie sie von der Erde aus zu sehen sind.

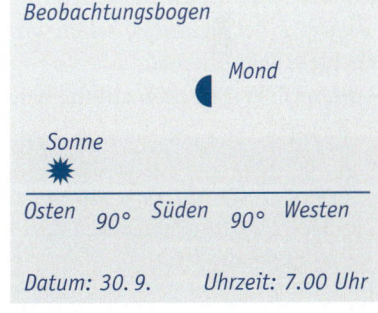

Beobachtungsbogen

Mond

Sonne

Osten 90° *Süden* 90° *Westen*

Datum: 30. 9. Uhrzeit: 7.00 Uhr

7 *Muster für eine Zeichnung*

8 *Mondphasen im Modell*

Grundlagen / Die wechselnde Gestalt des Monds

Der Mond ist eine Kugel. Sein Durchmesser beträgt etwa ein Viertel des Erddurchmessers. Er erzeugt kein Licht, sondern wird von der Sonne beleuchtet. Immer ist eine Hälfte des Monds hell, die andere dunkel. ▶1 In etwa einem Monat umkreist der Mond einmal die Erde. Seine für uns sichtbare Gestalt ändert sich von Tag zu Tag: zunehmende Sichel, zunehmender Halbmond, Vollmond, abnehmender Halbmond und abnehmende Sichel. ▶2 Bei Neumond sieht man ihn nicht. Man bezeichnet die wechselnden Gestalten als *Mondphasen*.

> **Der Mond ist stets von der Sonne zur Hälfte beleuchtet. Wir sehen unterschiedlich viel von dieser beleuchteten Hälfte – je nachdem, wie Mond, Erde und Sonne gerade zueinanderstehen.**

Die Abbildung zeigt den zur Hälfte beleuchteten Mond auf seiner Bahn um die Erde. ▶3
Position 1: Der Mond ist nur halb zu sehen (abnehmender Halbmond). Die unbeleuchtete Seite sehen wir nicht.
Position 2: Wir sehen einen kleinen Teil des beleuchteten Monds. Der größere Teil der unbeleuchteten Hälfte ist uns zugewandt.
Position 3: Bei Neumond sehen wir den Mond nicht, weil wir auf die unbeleuchtete Seite schauen.
Position 7: Wir blicken auf die beleuchtete Halbkugel. Es ist Vollmond.

1 *Zur Hälfte beleuchtete Kugeln*

2 *Abnehmend – zunehmend*

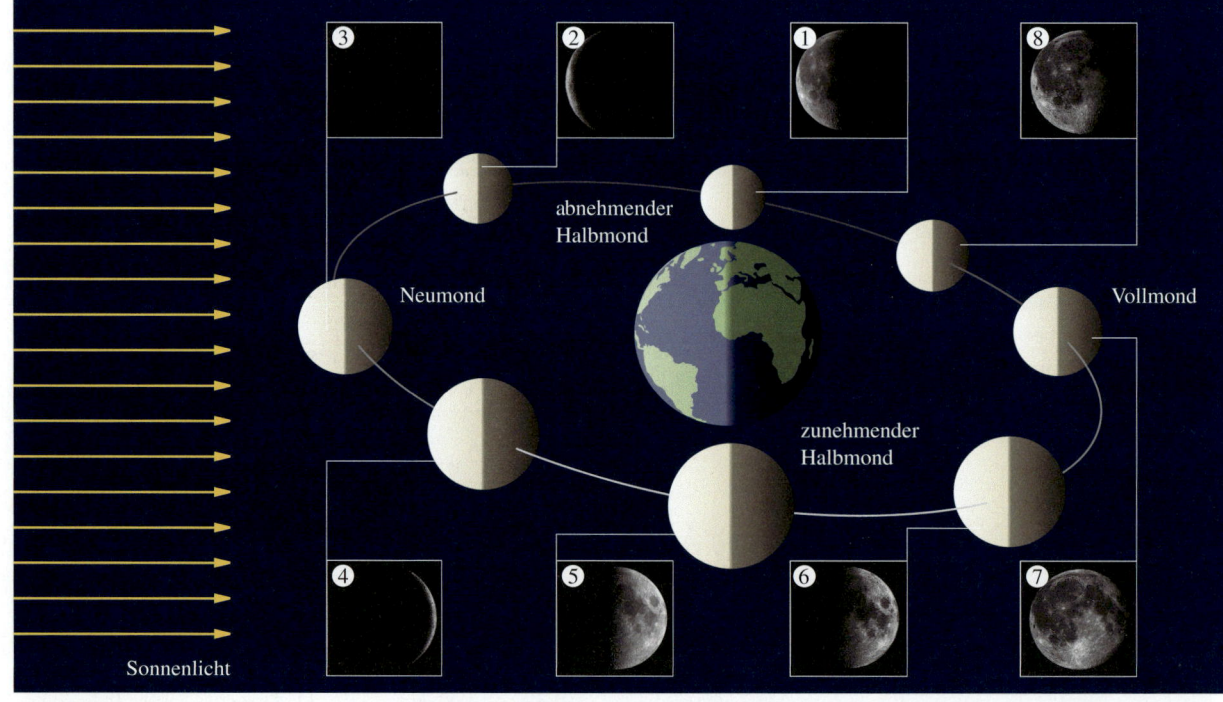

3 *So würde ein Raumfahrer Erde und Mond sehen. Die Fotos zeigen, wie wir den Mond von der Erde aus sehen.*

↻ 64-1 Simulation Mondphasen
Bilderserie Mondphasen

Aufgabe

1 Beschreibe die Positionen 4–6 auf ähnliche Weise.

Tag und Nacht

▷ So sehen Astronauten die Erde
aus dem Weltall: eine blaue
Kugel, die sich in 24 Stunden
einmal um ihre Achse dreht.
Eine Hälfte der Erdkugel liegt
im Sonnenlicht, die andere im
Schatten. Die Astronauten
sehen meist nur einen Teil der
beleuchteten Halbkugel.

4

Untersuchen

1 **Die Länge deines Schattens** „Wir treffen uns morgen auf dem Marktplatz, wenn dein Schatten zehn Fuß lang ist." So verabredete man sich,
als es noch keine Uhren gab. Findet heraus, was die Schattenlänge eures
Körpers mit der Uhrzeit zu tun hat. ▶5 Plant Versuche dazu.

5

2 **Die Erde als riesige Kugel** Die Erdachse verläuft vom Nordpol zum
Südpol. Sie steht aber nicht senkrecht, sondern schräg zur Richtung des
Sonnenlichts.

a Mit einem Globus und einer hellen Lampe könnt ihr ausprobieren, wie
Tag und Nacht entstehen. ▶6 Wie herum muss die Erde sich drehen,
damit die Sonne im Osten aufgeht?

b Vergrößert den Kopf einer Reißzwecke mit einer 2 Euro großen Papp-
scheibe. Klebt die Reißzwecke mit dem Stift nach außen dort auf den
Globus, wo Deutschland ist. Der Schatten auf der Pappe zeigt euch an,
wie hoch die Sonne gerade steht.
In welche Richtung muss die Erdachse geneigt sein, wenn die Sonne bei
uns am höchsten steht? An welchem Tag im Jahr trifft das zu?

c Sucht mit einer zweiten Reißzwecke Orte, an denen die Sonne mittags
genau im Zenit (senkrecht über den Köpfen) steht.

d Klebt eine zweite Heftzwecke auf Kapstadt in Südafrika. Vergleicht die
 – Tageslänge und
 – den höchsten Sonnenstand (Mittag)
in Deutschland und Südafrika.

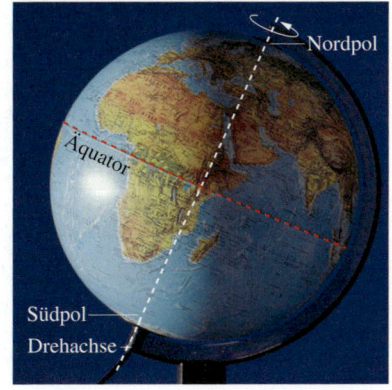

6

Grundlagen   Tag und Nacht

Jeden Morgen geht die Sonne am östlichen Horizont auf. Dein Schatten ist sehr lang und wird bis Mittag kürzer. Wenn die Sonne den höchsten Punkt über dem Horizont erreicht hat, ist es Mittag. Sie steht dann genau im Süden. Gegen Abend geht die Sonne im Westen unter. Dein Schatten wird bis zum Sonnenuntergang immer länger. ▸1

Je kürzer die Schatten sind, desto höher steht die Sonne.

So erlebst du den Tageslauf. Aber was sieht ein Astronaut, der sehr weit von der Erde entfernt ist? Eine winzige blaue Kugel, die sich langsam um ihre eigene Achse dreht. ▸2

**Die Erde dreht sich täglich einmal um sich selbst – und wir mit ihr. Wenn wir ins Sonnenlicht kommen, ist es bei uns Tag. Die „Reisezeit" im Schatten der Erde nennen wir Nacht.
Die Zeitspanne zwischen zwei Höchstständen der Sonne ist ein Tag und dauert 24 Stunden.**

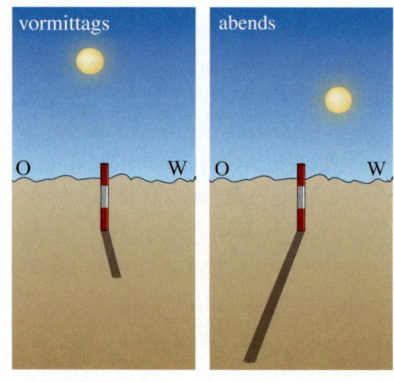

1 *Änderung des Schattens*

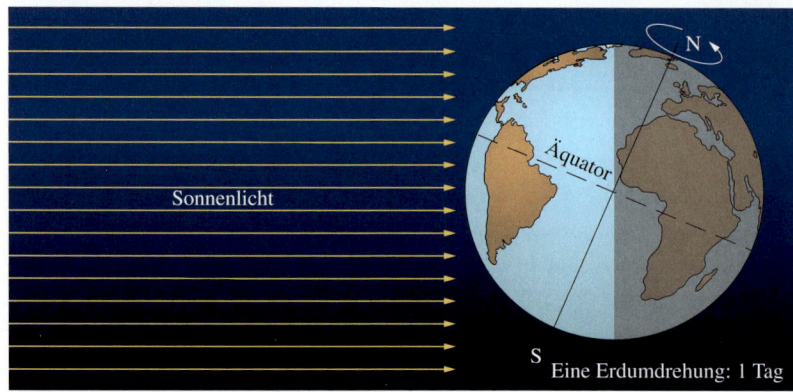

2 *Die Erde dreht sich im Sonnenlicht.*

Es ist nicht einfach, die Sichtweisen von der Erde und vom Weltall aus zusammenzufügen. Aus dem Weltall gesehen geht die Sonne am Morgen nicht auf, sondern wir bewegen uns durch die Drehung der Erde in das Sonnenlicht hinein.
Schon dass die Erde eine Kugel ist, ist kaum zu glauben. Warum fallen die Menschen „unten" in der Antarktis nicht hinunter?
Du kannst dir das so vorstellen: Die Erde zieht alles an. Sie lässt die Steine fallen und sie hält uns fest. Unten ist für uns immer da, wohin ein Stein fällt. Oben ist da, wo der Himmel ist. Auch in der Antarktis ist unten da, wo der Erdboden ist. Oben sind Sonne, Mond und Sterne zu sehen. ▸3

3 *Die Erde als Kugel*

Aufgaben

1 Erkläre, wie es auf der Erde zu Tag und Nacht kommt.

2 Wann ist der Schatten eines Gegenstands am kürzesten?

Mondfinsternis und Sonnenfinsternis

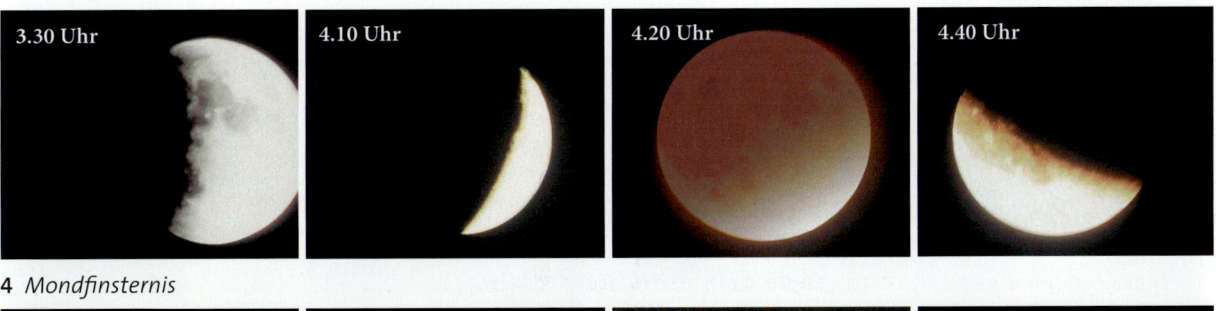

4 *Mondfinsternis*

5 *Sonnenfinsternis*

▷ Manchmal kannst du in einer klaren Vollmondnacht etwas Seltsames am Himmel erleben. Eben noch stand der Mond rund und strahlend am Himmel. Doch dann scheint sich etwas Dunkles, Braunes in ihn hineinzufressen. Er wird immer schmaler – bis er nur noch als schmale Sichel zu sehen ist. Dann ist der Mond verschwunden. Nein, nicht völlig verschwunden. Wenn sich die Augen an die Dunkelheit gewöhnt haben, ist er in fahlem Braunrot zu sehen. Doch dann wird eine schmale Sichel wieder hell. Nach etwa zwei Stunden steht er wieder rund und voll am Himmel.

▷ Früher bekamen die Menschen Angst bei einer Mondfinsternis, weil sie dachten, der Mond wird von einer bösen Schlange oder einem riesigen Hund gefressen. Um das Untier zu verscheuchen, schrien sie und machten Lärm. Heute können wir uns dieses Schauspiel ohne Angst ansehen. Doch die Frage bleibt: Warum verschwindet der Vollmond manchmal für ein paar Stunden?

▷ Manchmal verfinstert sich sogar die Sonne. Wie ist das möglich?

↻ 67-1 Bilderserie Mondfinsternis
Bilderserie Sonnenfinsternis

Untersuchen Experimentieren

1 Modellversuch zur Sonnenfinsternis
a Stellt euch 2 m vor eine große, kugelförmige Lampe (Durchmesser: 12 cm, mattiert). Haltet einen Tennisball so vor das Auge, dass er die Lampe gerade vollständig verdeckt. Bewegt dann den Kopf hin und her. Was beobachtet ihr?
b Der Ball wirft einen Schatten auf euer Gesicht. In welchem Teil des Schattens befand sich euer Auge, als ihr die Lampe hinter dem Ball nicht mehr gesehen habt? Wo befand es sich, als die Lampe teilweise verdeckt war?

2 Mond- und Sonnenfinsternis darstellen Wie stehen Sonne, Mond und Erde bei einer Mond- oder Sonnenfinsternis? Die Experimentierleuchte stellt die Sonne dar, ein Globus die Erde und der Ball den Mond. ▶6

6

Grundlagen   Wie kommen Finsternisse zustande?

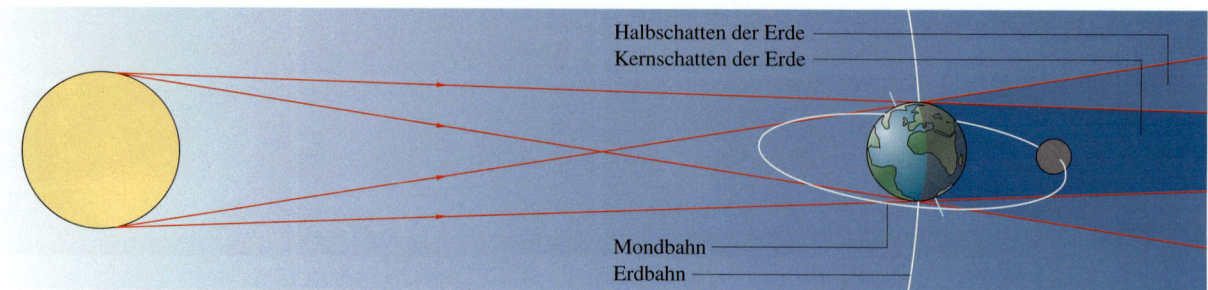

1 *Mondfinsternis*

Mondfinsternis Die Erdkugel wird ständig von der Sonne beschienen. Hinter der Erde ist stets ein Schattenraum vorhanden. Er reicht weit in den Weltraum. Da die Sonne eine ausgedehnte Lichtquelle ist, entstehen hinter der Erde Kern- und Halbschatten. ▶1

Der Mond umkreist einmal im Monat die Erde – auf einer schief liegenden Bahn. In der Regel verläuft seine Bahn oberhalb oder unterhalb des Schattenraums der Erde. Bei einer Mondfinsternis streift oder durchquert der Mond den Kernschatten der Erde. Man sieht den Erdschatten auf dem Mond. Sonne, Erde und Mond liegen dann auf einer Geraden. Mondfinsternisse treten daher nur etwa zweimal im Jahr bei Vollmond auf. ▶2

2 *Der verfinsterte Mond*

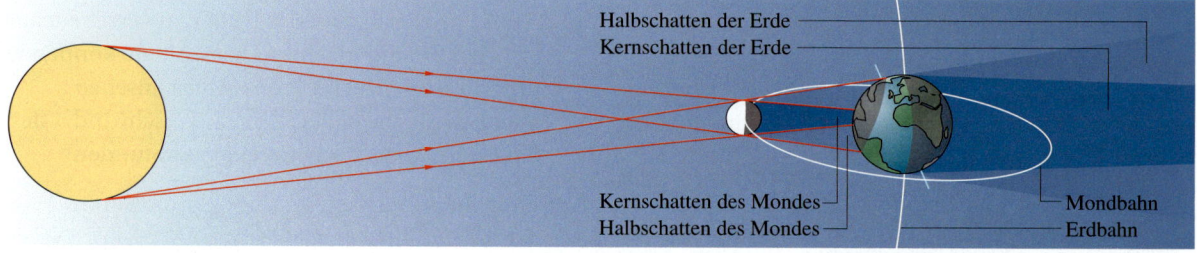

3 *Sonnenfinsternis*

Sonnenfinsternis Hinter dem Mond gibt es stets einen Schattenraum. ▶3 Meist geht der Schatten an der Erde vorbei.

Bei einer Sonnenfinsternis steht der Mond zwischen Sonne und Erde. Sein Schatten fällt auf die Erde. Von der Erde aus sieht man, dass sich der Mond als schwarze Scheibe vor die Sonne schiebt. Wenn man sich im Kernschatten des Monds aufhält, sieht man die Sonne ganz verdeckt. ▶4 Im Bereich des Halbschattens sieht man die Sonne teilweise verdeckt. Totale Sonnenfinsternisse sind selten zu beobachten, weil der Kernschatten auf der Erde nur einen Durchmesser von 200 km hat. Wo er entlangläuft, wird es mitten am Tag dunkler und die Temperatur sinkt.

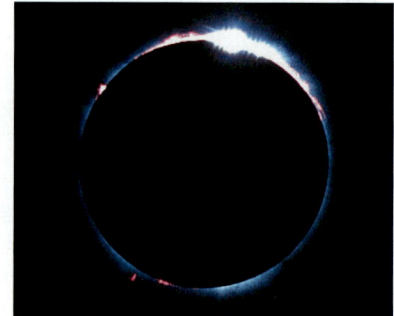

4 *Die verfinsterte Sonne*

Aufgaben

1 Informiere dich, wann bei uns die nächsten Mondfinsternisse zu sehen sind. Warum gibt es nicht jeden Monat eine Mondfinsternis?

2 Eine totale Sonnenfinsternis gibt es in Deutschland nur sehr selten zu beobachten. Erkläre dies.

↻ 68–1 Simulation Finsternisse
Video Sonnenfinsternis

Chia zürnt

Der Schriftsteller Hans Baumann erzählt in seinem Roman „Der Sohn des Columbus" von der letzten Reise des Columbus. Seine Schiffe waren gestrandet und die Indianer wollten die Seeleute nicht mit Lebensmitteln versorgen ...

Columbus wurde wach. Er schlug die Augen auf und schloss sie gleich wieder. Die Helligkeit schmerzte. Columbus sah einen Punkt vor sich. Er wartete darauf, dass der Punkt verschwände. Er blieb da, dunkel, rund, unbeweglich. Er dachte: Die kleine schwarze Scheibe kenne ich, diesen winzigen dunklen Mond ... Den hab ich doch selber in den Kalender eingezeichnet ... Als Zeichen für die bevorstehende Mondfinsternis. Nur weiß ich nicht mehr, auf welchen Tag sie trifft. ...
Columbus stemmte die Fäuste hinter sich auf das Lager. Er schob sich vom Bett. Die Kajüte war leer. Columbus machte die große Kiste auf, in der seine Bücher waren, und nahm den Kalender heraus. Er legte das schwere Buch, in das er vor der Reise viele astronomische Zeichen aus einem arabischen Kalender übertragen hatte, auf den Tisch. Er blätterte hastig. Die letzte Februarwoche war bald gefunden. Neben das Datum vom neunundzwanzigsten Februar war ein kleiner Kreis gezeichnet. ...

„Du musst gleich Apostel spielen", sagte Columbus zu seinem Sohn, sobald er in die Kajüte trat. Dann weihte er Fernan in seinen Plan ein. „Von dir hängt alles ab", sagte der Vater zu ihm. „Du musst dafür sorgen, dass die Leute zum Strand kommen." „Sie werden kommen!", sagte Fernan, vom Plan des Vaters begeistert. ...

„Ihr habt Chia, die Mondgöttin, erzürnt."
„Woher willst du das wissen?", fragte der Alte.
„Mein Vater hat mit Chia geredet. Chia hat ihm gesagt, dass sie euch ein Zeichen geben wird. Chia wird sich heute Nacht von euch abwenden. Kommt zum Strand, sonst wird Chia euch strafen." ...

Columbus hatte das große Sandglas dabei. Er hielt es vor sich hin. Der Sand war bis auf einen kleinen Teil aus dem oberen Trichter geronnen. Da hob Columbus den Arm und deutete auf den Mond.
Lange stand Columbus mit erhobenem Arm. Die Indianer starrten zum Mond hinauf. Ein Klagelaut aus tausend Kehlen ließ die Luft erzittern. Über die helle Mondscheibe begann sich ein dunkler Schatten zu schieben.
Die Frauen warfen sich mit dem Gesicht auf die Erde. Die Männer wateten ins Wasser und umdrängten das Boot, in dem der mächtige Mann, mit dem Chia geredet hatte, stand. Die Indianer hielten den Atem an. Columbus sagte mit starker Stimme: „Ihr seht: Chia zürnt." ...

Aufgabe

3 Wann unternahm Columbus seine letzte Reise? In welcher Nacht war die Mondfinsternis? Informiere dich.

5 *Die Mondfinsternis beginnt.*

Überblick

Entstehung von Schatten

Schatten entstehen, wenn Licht auf einen Gegenstand trifft und ihn nicht durchdringen kann. Im Raum hinter dem Gegenstand fehlt dann das Licht. Diesen Raum nennt man *Schatten-raum*. ▶1

Ein *Schattenbild* entsteht, wenn ein Schirm in den Schattenraum gehalten wird.

Punktförmige Lichtquellen erzeugen scharf begrenzte Schattenbilder. Bei ausgedehnten Lichtquellen sind die Ränder der Schattenbilder unscharf.

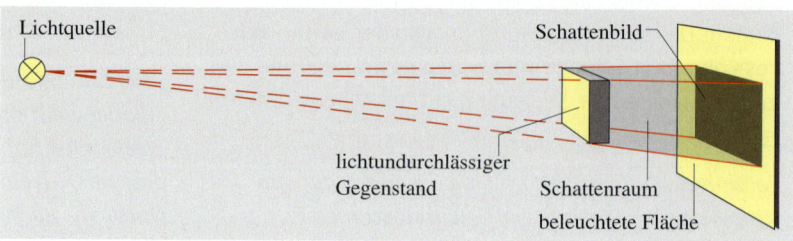

1 *Entstehung von Schatten*

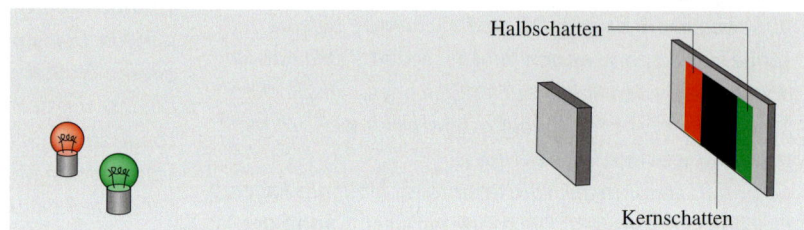

2 *Kern- und Halbschatten*

Kernschatten und Halbschatten

Zwei punktförmige Lichtquellen erzeugen mehrere Schatten. ▶2
– *Halbschatten* nennt man den Bereich des Schattens, in dem das Licht einer Lichtquelle fehlt.
– Im *Kernschatten* fehlt das Licht beider Lichtquellen.

Mondphasen Der Mond ist ständig zur Hälfte von der Sonne beleuchtet. Er läuft einmal im Monat auf einer Kreisbahn um die Erde. Von der Erde aus sehen wir unterschiedlich viel von der beleuchteten Mondhälfte. ▶3

3 *Mondphasen: zunehmender Mond, Vollmond, abnehmender Mond*

Finsternisse

Wenn sich der Mond zwischen Erde und Sonne schiebt, fällt der Schatten des Monds auf die Erde. In diesem Schattenbereich sieht man eine *Sonnenfinsternis*: Der Mond verdeckt die Sonne. ▶5

Liegt die Erde zwischen Sonne und Mond, fällt das Schattenbild der Erde auf den Mond. Wir sehen eine *Mondfinsternis*. ▶6

Tag und Nacht Die Erde ist eine Kugel im Sonnenlicht. Auch sie ist immer zur Hälfte beleuchtet. ▶4 Einmal in 24 Stunden dreht sie sich um ihre Achse. Tagsüber sind wir auf der Lichtseite, nachts auf der Schattenseite.

Drehung um die Erdachse
Eine Drehung dauert
1 Tag = 24 Stunden
= 1440 Minuten
= 86 400 Sekunden

4

5 *Sonnenfinsternis*

6 *Mondfinsternis (teilweise)*

Alles klar?

1 Tinas kleiner Bruder meint: „Schatten hängen von der Kleidung ab. Helle Kleidung macht helle Schatten – und dunkle Kleidung dunkle." Nimm Stellung dazu.

2 „Schatten gibt's nur, wo Licht ist. In finsterer Nacht gibt es keine Schatten." – „Im Gegenteil, nachts gibt es nur Schatten!" Erläutere beide Meinungen.

3 Überlege, wo die Lampe auf dem Schreibtisch stehen sollte: ▶7
– bei einem Linkshänder
– bei einem Rechtshänder
Begründe jeweils deine Antwort.

7

4* Unter welchen Bedingungen entstehen farbige Schattenbilder? ▶8 Erläutere die Begriffe *Kernschatten* und *Halbschatten* an diesem Bild.

5 In manchen Nächten ist der Mond auch bei wolkenlosem Himmel nicht zu sehen. In welcher Phase befindet sich dann der Mond?

6 Wann entsteht eine Sonnenfinsternis (eine Mondfinsternis)? Zeichne die Lage von Sonne, Mond und Erde auf.

7 Wie entstehen Vollmond, abnehmender und zunehmender Halbmond? Zeige es mit einer Taschenlampe und einem Tennisball.

8* Mondfinsternisse gibt es nur bei Vollmond. Sonnenfinsternisse treten nur bei Neumond auf. Gib für beides eine Erklärung.

9 Wieso gibt es auf der Erde Tag und Nacht? Zu welcher Tageszeit sind die Schatten am kürzesten?

10 „Heute dauert der Tag 16 Stunden und die Nacht 8 Stunden." – „Unsinn, jeder Tag hat 24 Stunden." Wer hat recht?

8

11* Ein Wettersatellit hat die Erde aus 36 000 km Höhe zu verschiedenen Zeiten fotografiert. ▶9 Die Aufnahmen wurden anschließend nebeneinandergestellt. Der Satellit befand sich immer über der angekreuzten Stelle.

a Wann stand die Sonne hinter dem Satelliten?
b Erkläre das unterschiedliche Aussehen der Erde.

13.55 Uhr 10.55 Uhr 7.55 Uhr 4.55 Uhr

9 *Satellitenaufnahmen der Erde*

Mit einem Loch Bilder erzeugen?

▷ Wie kommt das Bild der Kerze in die Dose?

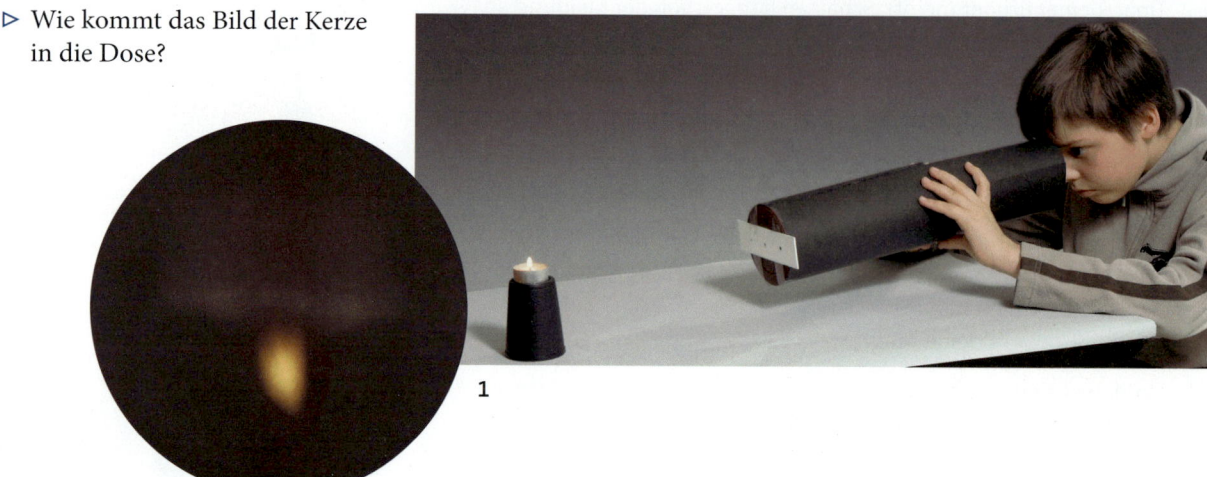

1

1 **Bauanleitung: Lochkamera mit verschiebbarer Mattscheibe** *Ihr braucht:* Kaffeedose, 2 Bogen schwarzen Karton (23 cm · 40 cm), Pergamentpapier (Architektenpapier), Gummibänder, Schere, Klebstoff, Lineal, schwarzes Klebeband.

a Rollt einen Bogen Karton eng um die Dose. ▶2 Klebt ihn zu einer Röhre zusammen. Legt mehrere Gummibänder als Abstandshalter herum.

b Rollt den zweiten Bogen um die Röhre. Klebt auch ihn zu einer Röhre.

c Für die innere Röhre stellt ihr aus Pergamentpapier eine Mattscheibe her. Klebt sie möglichst glatt auf die innere Röhre. Lasst dabei die Dose noch in der inneren Röhre stecken.

d Für die äußere Röhre fertigt ihr aus Karton einen Deckel an. Ihr könnt auch den Deckel einer Kaffeedose verwenden. Schneidet in die Mitte des Deckels ein Loch mit 20 mm Durchmesser.

e Für die Lochblende braucht ihr einen Streifen aus Pappe. Schneidet drei unterschiedlich große dreieckige Löcher hinein. Bringt die Lochblende so auf dem Deckel an, dass ihr sie verschieben könnt.

f Zieht die Kaffeedose heraus und entfernt die Gummibänder.

2 **Beobachtungen mit der Lochkamera** Betrachtet mit der Lochkamera helle Gegenstände. Gut geeignet sind:
– eine Landschaft, Personen oder farbige Gegenstände im hellen Sonnenlicht
– eine Person in einer Leuchtweste, die mit einem starken Scheinwerfer beleuchtet wird
– eine große, mattierte Lampe, auf die ihr ein Smiley gemalt habt
– ein dunkler Baum vor dem hellen Horizont
– ein Fensterkreuz vor dem hellen Himmel
Wie verändert sich in den folgenden Fällen das Bild?

a wenn ihr den Abstand zum Gegenstand verändert

b wenn ihr die innere Röhre mit der Mattscheibe verschiebt

c wenn ihr ein größeres oder kleineres Blendenloch einstellt

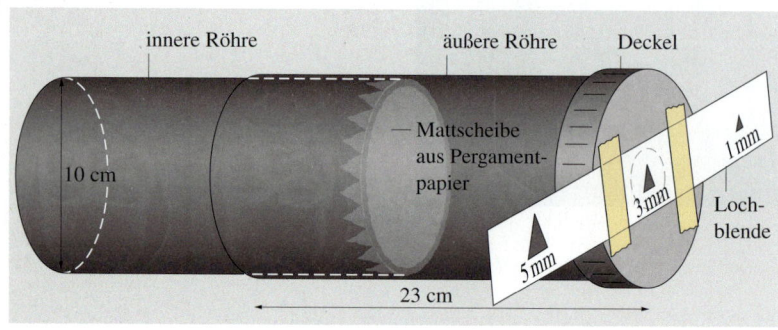

innere Röhre   äußere Röhre   Deckel

Mattscheibe aus Pergamentpapier

10 cm

23 cm

5 mm   3 mm   1 mm

Lochblende

2 *Lochkamera*

3 Bild einer Person Eine Person mit hellem T-Shirt wird mit einem Projektor oder einer Fotolampe beleuchtet.

a Erzeugt mit einer Lochblende das Bild der Person auf einem Blatt Transparentpapier. ▶3

b Beschreibt, wie das Bild aussieht.

c Überprüft, ob ihr Einzelheiten im Bild erkennt.

d In welche Richtung bewegt sich das Bild, wenn sich die Person seitlich hin- und herbewegt?

e Nehmt nun eine Blende mit kleinerem Loch. Wie ändert sich das Bild?

f Welcher Zusammenhang besteht zwischen der Helligkeit des Bilds und der Größe des Lochs?

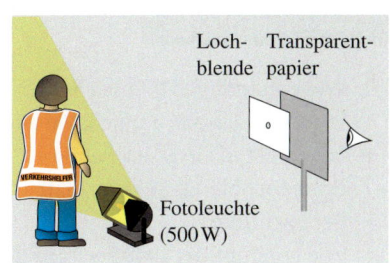

3

Aus der Geschichte / **Bilder zum Staunen**

Giovanni Battista della Porta (1538–1615) galt als einer der größten Magier seiner Zeit. Man sagt, dass er auf dem Marktplatz von Neapel ein großes Zimmer aus Holz bauen ließ. Im Innern war es dunkel. Das Zimmer hatte keine Fenster, sondern nur ein einziges Loch von der Größe einer Münze. Die Wand gegenüber war weiß.

Porta lud Gäste zu einer magischen Show in seine Lochkamera ein. Diese riesige Lochkamera hieß *Camera obscura* (dunkles Zimmer). Draußen im Sonnenlicht führten Schauspieler ein Stück auf. Die Zuschauer sahen sie auf der weißen Wand. Die Köpfe der Schauspieler hingen nach unten, die Füße zeigten nach oben. Es wirkte wie Zauberei!

Im 17. Jahrhundert benutzten viele Maler eine solche Lochkamera, um eine Landschaft zu skizzieren. ▶4 Sie zeichneten die Umrisse nach. Dann drehten sie noch die Leinwand um 180°. Das Bild ist nämlich seitenverkehrt und „steht auf dem Kopf".

Recht bald gab es auch tragbare Lochkameras. ▶5 Im 19. Jahrhundert wurden sie durch Glaslinsen verbessert. Damals entstanden an vielen landschaftlich schönen Orten begehbare Lochkameras für die Besucher. Ein Spiegel lenkte das Licht auf einen runden Tisch um. Nun konnte man die Landschaft aufrecht sehen. Schiffe und Wolken zogen vorbei. Eine Reihe solcher Lochkamera-Häuschen gibt es auch heute noch.

Aufgaben

1 Welche Vorteile hat eine Digitalkamera gegenüber der Lochkamera? ▶4

2 Im Internet findest du viele Beispiele für „begehbare Lochkameras". Was ist damit gemeint? Gibt es in deiner Nähe eine begehbare Lochkamera?

4 *Der Maler zeichnet in einer riesigen Lochkamera.*

5 *Tragbare Lochkamera*

Experimentieren

1 Wie entsteht das Bild bei der Lochkamera? Eine Kerze brennt im dunklen Raum. Sie soll ähnlich wie bei der Lochkamera abgebildet werden.

a Schneidet in ein Stück Pappe ein Loch (Durchmesser: ca. 2 cm). Haltet diese Lochblende vor das Blatt Transparentpapier. ▸1 Beschreibt eure Beobachtung.
Wie entsteht der Lichtfleck auf dem Schirm? Versucht es mit einer Zeichnung zu erklären.

b Verwendet nun eine Lochblende mit einem 2 mm großen Loch. Beschreibt wieder, was ihr auf dem Blatt Papier seht.

c Verfolgt den Lichtweg von der Spitze der Flamme bis zum Blatt Papier. Schiebt dazu die waagerechte Kante eines Lineals oder Stiftes vor und hinter der Lochblende von oben nach unten. Beobachtet, wo der Schatten im Bild auftaucht.
Verfolgt auf die gleiche Art den Lichtweg vom unteren Teil der Flamme zum Schirm.

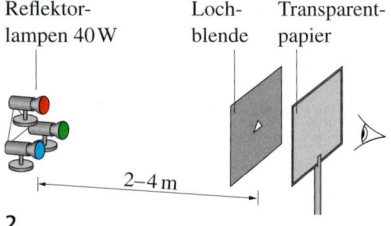

1

2 Wo entsteht der Lichtfleck der Lampe? Drei farbige Spotlampen (Rot, Grün und Blau) werden in Form eines Dreiecks aufgebaut. Mit einer Lochblende (Loch: ca. 4 mm) wird schrittweise ein Bild dieses Dreiecks erzeugt. ▸2

a Zunächst wird nur die rote Lampe eingeschaltet. Auf dem Transparentpapier erscheint ein roter Lichtfleck. Welche Form hat er?
Dann wird zusätzlich die grüne Lampe eingeschaltet. Vergleicht die Lage der Lichtflecke mit der Anordnung der Lampen.

b Erklärt eure Beobachtung.

c Es bleibt noch die blaue Lampe. Wo wird wohl der blaue Fleck auf dem Transparentpapier erscheinen?

Grundlagen   Die Bilder der Lochkamera

Eine Lochblende reicht aus, um auf Transparentpapier das Bild einer Kerzenflamme zu erhalten. Mit einer Lochkamera kannst du ein Bild der Landschaft im Sonnenlicht erzeugen. Alle diese Bilder haben eines gemeinsam: Sie stehen auf dem Kopf. Oben und unten sind vertauscht, rechts und links auch.

So entsteht ein Lichtfleck Stell dir eine ganz kleine Lichtquelle vor, z. B. ein kleines Glühlämpchen. ▸3 Von ihr breitet sich das Licht nach allen Seiten hin aus. Ein Teil des Lichts fällt durch das Loch auf die weiße Pappe. Dort entsteht ein Lichtfleck. Er hat die Form des Lochs.

↻ 74–1 Simulation Lochblende

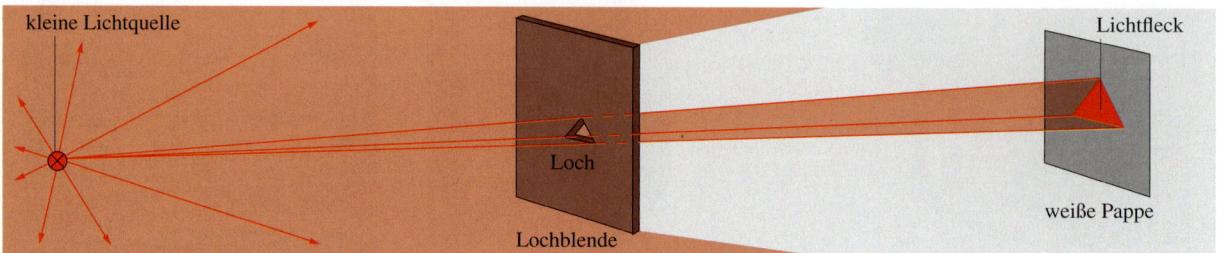

3 *Eine punktförmige Lichtquelle – ein Lichtfleck*

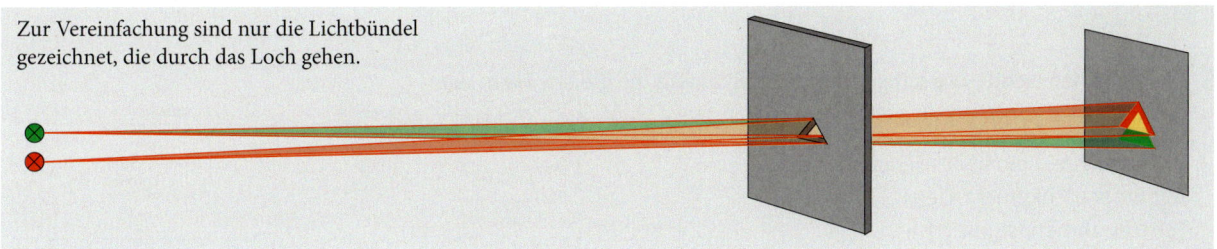

Zur Vereinfachung sind nur die Lichtbündel gezeichnet, die durch das Loch gehen.

4 *Zwei punktförmige Lichtquellen – zwei Lichtflecke*

Zwei Lichtquellen ergeben zwei Lichtflecke. ▶4 Die Flecke sind anders angeordnet als die Lichtquellen. Der untere Lichtfleck gehört zur oberen Lichtquelle und umgekehrt. Die Lichtbündel von den beiden Lichtquellen kreuzen sich nämlich im Loch.
Bei einem kleineren Loch sind auch die Lichtflecke kleiner. Sie überlappen sich dann weniger.

Wie kommt das Bild einer Kerzenflamme zustande? Stell dir vor, dass die Flamme aus vielen leuchtenden Punkten besteht. ▶5

> **Das Blendenloch erzeugt von jedem Punkt der Kerzenflamme einen kleinen Lichtfleck. Alle Lichtflecke zusammen ergeben das Bild der Flamme.**

↻ 75–1 Simulation Lochkamera

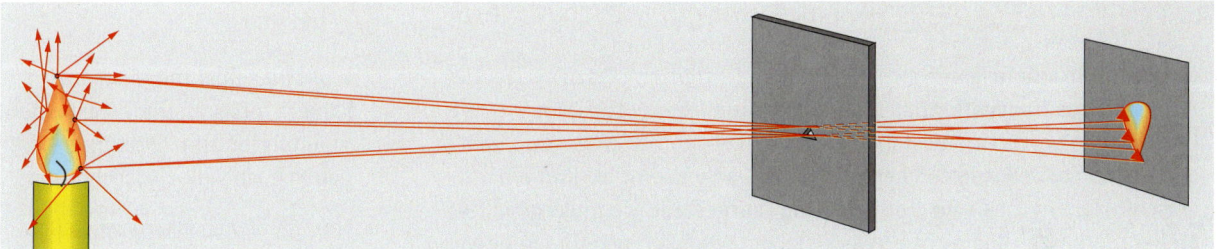

5 *Unzählige kleine Lichtflecke ergeben zusammen ein Bild der Flamme.*

Erweiterung   Scharf und dunkel – unscharf und hell

Ein sehr kleines Loch erzeugt von den Punkten des Flamme winzige Lichtflecke. Sie überlappen sich kaum. ▶6 Jede Einzelheit ist im Bild deutlich zu erkennen – wie bei einem Mosaik aus winzigen Steinchen. Aber das Bild ist dunkel: Das kleine Loch lässt nur wenig Licht durch.
Ein großes Loch erzeugt große Lichtflecke. Sie überlappen sich stark, Einzelheiten sind kaum zu erkennen. Das Bild ist hell, aber unscharf.

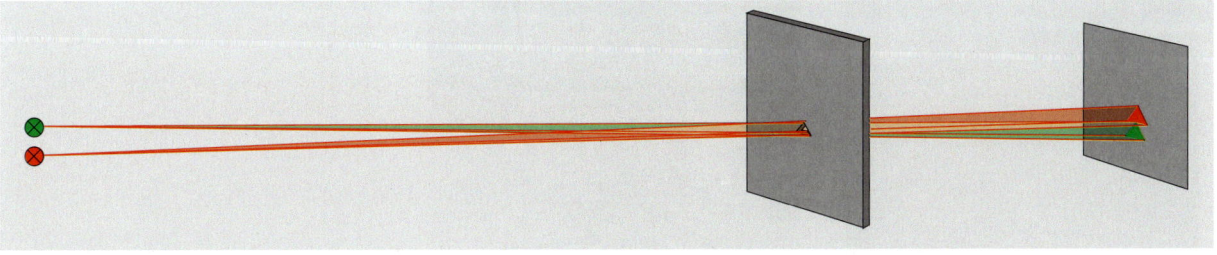

6 *Kleines Loch: getrennte Lichtflecke*

Aufgaben

1 Die einzelnen Lichtflecke haben bei der Lochkamera die gleiche Form wie das Loch. Wie kommen sie zustande?

2 Du betrachtest ein helles Fenster mit einer Lochkamera. Der Fensterrahmen ist gut zu erkennen. Beschreibe jeweils dein Vorgehen:

a Ein größeres Bild soll erzeugt werden (zwei Möglichkeiten).
b Das Bild soll heller werden.
c Das Bild soll schärfer werden.

3 Hier sind Fenster und Lochkamera vereinfacht aufgezeichnet. ▶1

Fensterrahmen

1

Lochkamera
Transparentpapier

a Übertrage die Zeichnung in dein Heft. Ergänze die Lichtstrahlen von den Rändern des Fensterrahmens bis zum Transparentpapier.
b Erkläre mit deiner Zeichnung die Eigenschaften von Lochkamerabildern.

4* Mit einer Lochkamera gelingt es nicht, scharfe *und* helle Bilder auf einem Schirm zu erzeugen. Erkläre diese Beobachtung mit einer Skizze.

Fotos mit einer Lochkamera

Mit der Lochkamera lassen sich Bilder auch „festhalten". Dazu verwendet man statt des Transparentpapiers lichtempfindliches Fotopapier.
Das Fotopapier wird am besten in einer Dunkelkammer eingesetzt, weil es sonst schon beim Einsetzen belichtet wird. Danach wird die Kamera mit verschlossenem Loch zum „Fotoshooting" aufgestellt. Sie muss ganz fest stehen, damit das Bild nicht verwackelt. Nun wird das Loch für einige Minuten geöffnet. Das Fotopapier verändert sich an den belichteten Stellen – zunächst unsichtbar. Durch ein Bad in zwei Flüssigkeiten („Entwickler" und „Fixierer") werden die Veränderungen sichtbar. Wo Licht auftraf, ist das Foto dunkel. An den anderen Stellen bleibt das Papier weiß. Das Foto ist ein „Schwarz-Weiß-Negativ". ▶2 Durch einen Trick („Umkopieren") wird daraus ein seitenrichtiges „Schwarz-Weiß-Positiv". ▶3 Es zeigt den Gegenstand, wie du ihn tatsächlich siehst – bis auf die Farben.

Aufgaben

5 Wollt ihr selbst mit einer Lochkamera fotografieren? Die beiden Anleitungen zum Experimentieren geben euch viele nützliche Tipps.

6 Freunde der Lochkamera stellen jedes Jahr am „Tag der Lochkamera" ihre Fotos ins Internet. Wähle ein Foto aus der Galerie des letzten Jahrs aus und stelle es vor.

↻ 76–1 Experiment
Eine Lochkamera zum Fotografieren
Infotext Entwickeln und Fixieren

2 *Lochkamerafoto (Negativ)*

3 *Umkopiertes Foto (Positiv)*

Aus Natur und Umwelt   Sonnentaler

Solche runden Lichtflecke (Sonnentaler) zeichnet das Sonnenlicht oft auf den Waldboden. ▶4 Wenn der Wind die Äste des Baums bewegt, schwingen die Sonnentaler hin und her. Hier und da blinkt kurz ein neuer Sonnentaler auf. Die Lichtflecke bleiben dabei immer rund, obwohl die Lücken zwischen den Blättern nie rund sind. Das lässt sich so erklären: Die Sonnentaler sind Bilder der Sonne. Sie entstehen genauso wie die Bilder in der Lochkamera. Das Licht der runden Sonne fällt durch eine winzige Lücke zwischen den Blättern. Auf dem Boden zeichnet sich ein Bild der Sonne ab. Unter einer hohen Buche erreichen die Sonnentaler die Größe eines Kopfs. Unter Buschwerk sind sie klein wie Münzen.

Bei einer Sonnenfinsternis steht die Sonne sichelförmig am Himmel. Dann sind auch die Sonnentaler sichelförmig. ▶5

↻ 77–1 Bilderserie Sonnentaler

Aufgaben

7   Lukas sagt: „Im Wald gibt es viele riesige Lochkameras." Wie kommt er darauf?

8   Zeige mit einem Experiment, wie Sonnentaler entstehen. *Tipp:* Als „Sonne" kannst du eine mit Butterbrotpapier abgedeckte runde Taschenlampe verwenden.

9   Manche Sonnentaler sind groß, andere klein. Erkläre, wovon ihre Größe abhängt.

10   Manche Sonnentaler sind hell, andere dunkel. Welche haben die schärferen Ränder? *Tipp:* Denke an deine Erfahrungen mit der Lochkamera.

11* Fertigt ein Poster über Sonnentaler und ihre Entstehung an – mit eigenen Fotos, Zeichnungen und Erklärungen.

12   Linus und Laura halten ihre gekreuzten Hände in das Licht, das vom Dia ausgeht. ▶6 Im Schatten der Hände auf der Wand ist zu sehen, was zwischen den beiden läuft. Erkläre, wie die „Herztaler" entstehen.

4 *Lichtflecke auf einem Waldweg*

5 *Sichelförmige Sonnentaler bei einer Sonnenfinsternis*

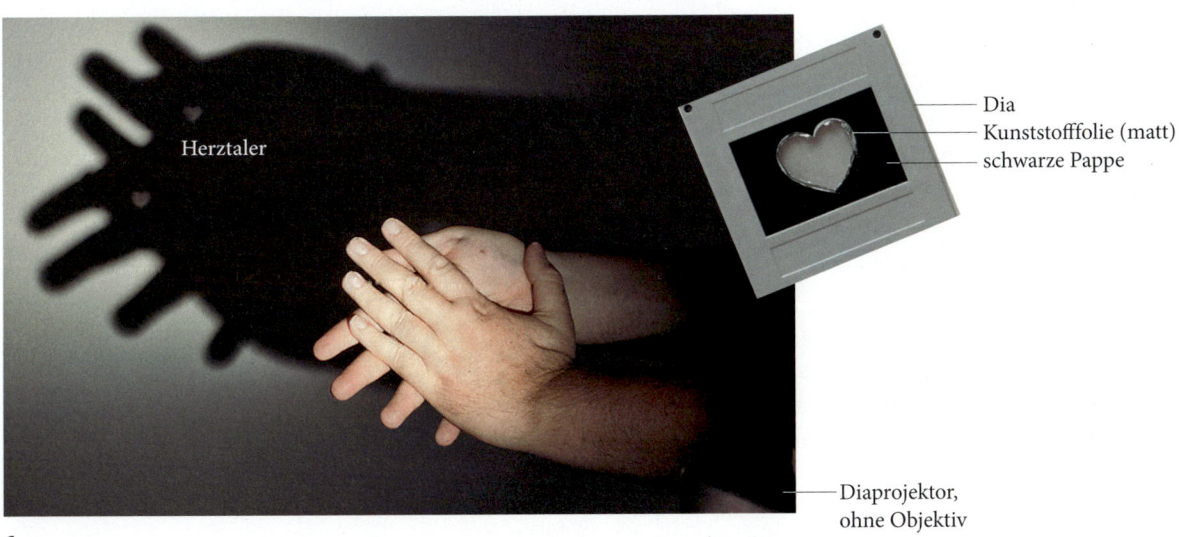

Herztaler

Dia
Kunststofffolie (matt)
schwarze Pappe

Diaprojektor, ohne Objektiv

6

Die Lochkamera wird zum Fotoapparat

▷ Mit einer Sammellinse zeichnet deine selbst gebaute Lochkamera viel schärfere und hellere Bilder. Die Linsenkamera funktioniert wie eine richtige Kamera. Auch die modernsten Digitalkameras, selbst die in Handys, haben Sammellinsen.

↻ 78–1 Simulation Lochkamera mit Linse
Simulation Fotoapparat

1

Untersuchen Experimentieren

Die folgenden Versuche eignen sich für das Stationenlernen.

1 Sammellinsen und Brennweite
a Versucht mit verschiedenen Sammellinsen im Sonnenlicht Papier „anzukokeln". Welche Sammellinse eignet sich dazu am besten?
b Haltet diese Linse so vor das Blatt Papier, dass der Lichtfleck möglichst klein und scharf begrenzt wird. ▶2 Messt jetzt den Abstand zwischen Linse und Papier. Er wird als *Brennweite* der Linse bezeichnet.

2 Sammellinsen sammeln Licht Ein Glühlämpchen steht 1 m vor einer Sammellinse. ▶3 Haltet ein Blatt Papier dicht hinter die Linse und entfernt es dann langsam. Beschreibt eure Beobachtung und zeichnet.

3 Die Lochkamera wird verbessert Ihr braucht eine Lochkamera mit verschiebbarer Mattscheibe. Das Loch darf einen großen Durchmesser haben. Klebt eine Sammellinse mit Klebestreifen vor die Lochblende. ▶1 Fertig ist eure Kamera!
a Betrachtet eine Kerze durch die Kamera. Verschiebt die Mattscheibe, bis das Bild scharf erscheint.
b Entfernt euch mit der Kamera ein wenig von der Kerze. Was beobachtet ihr? In welche Richtung müsst ihr die Mattscheibe verschieben, um wieder ein scharfes Bild zu bekommen?
c Geht nach draußen und betrachtet den Horizont. Verschiebt die Mattscheibe, bis das Bild scharf erscheint. Messt den Abstand zwischen Linse und Mattscheibe. Vergleicht ihn mit der Brennweite der Linse.

4 Bilder mit der Lupe erzeugen Eine Lupe kann man nicht nur zum Vergrößern benutzen. Sie ist eine Sammellinse. Ihr könnt also mit der Lupe auch Bilder auf einem Schirm erzeugen.
a Stellt euch in einigen Metern Abstand vor ein helles Fenster. Haltet direkt hinter die Sammellinse ein Blatt Papier. Entfernt es langsam von der Linse, bis ein scharfes Bild von Fenster und Landschaft entsteht. ▶4 Beschreibt das Bild.
b Haltet euren Blick auf das Bild gerichtet, während ihr den Schirm entfernt. Seht ihr das Bild auch ohne Schirm?

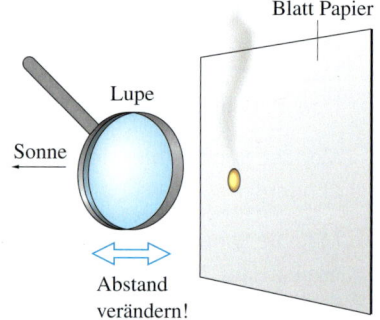

2

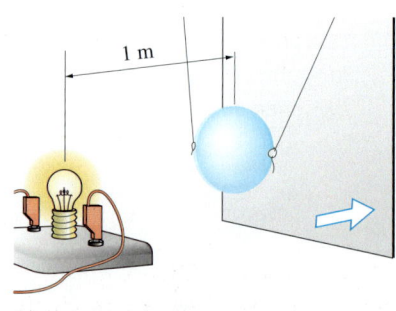

3

4

c Stellt eine Kerze 20 cm vor die Sammellinse. Haltet das Transparent-papier direkt hinter die Linse. Verschiebt es, bis ihr ein scharfes Bild seht. Rückt die Kerze weiter von der Linse weg. In welche Richtung wandert das Bild?

d Erzeugt mit einer Lupe ein möglichst großes Bild der Kerze.

5*Lichtwege zeichnen Wir erzeugen das Bild eines Glühlämpchens. Der Glühfaden ist (fast) eine punktförmige Lichtquelle. ▶5

a Stellt den Beobachtungsschirm dicht hinter die Linse. Schiebt ihn langsam weg. Wann ist der Lichtfleck auf dem Schirm am kleinsten? Lasst den Schirm in dieser Stellung.

b Denkt euch einen Strahl von der Lampenmitte zur Mitte des Lichtflecks. Durch welchen Punkt der Linse geht der Strahl? *Tipp:* Spannt zur Überprüfung eine Schnur neben Lampe und Schirmbild.

c Übertragt die Abbildung vergrößert ins Heft. Zeichnet einen Lichtstrahl von der Lampenmitte durch die Linsenmitte. Ergänzt das Lichtbündel, das den Bildpunkt erzeugt.

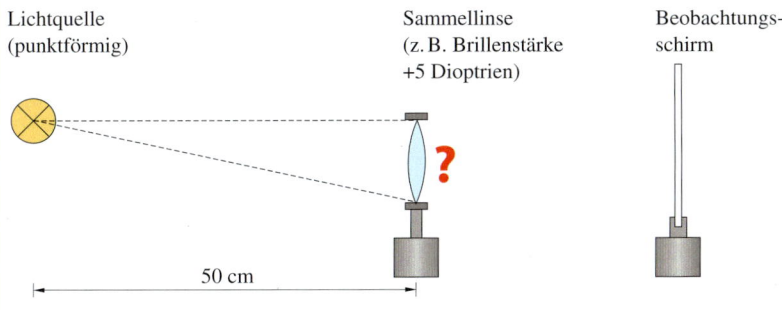

5

6*Tautropfenlinse Im Tautropfen seht ihr ein umgedrehtes Bild von Blumen. ▶6 Mit einer Glasmurmel, einer Kerze und einem Stück Trans-parentpapier könnt ihr selbst untersuchen, wo das Bild entsteht. Ihr werdet sehen: Mit und ohne Transparentpapier ist es an der gleichen Stelle. Es schwebt zwischen Kugel und Auge, dicht vor der Kugel.

6 *Bild der Blumen auf dem Tautropfen*

Grundlagen Sammellinsen führen Licht zusammen

Sammellinsen verändern die Richtung des Lichts. ▶7 Das Licht von ei-nem Punkt wird wieder in einem Punkt hinter der Linse zusammen-geführt. Rund um diesen hellen Punkt entsteht ein Schattenraum.

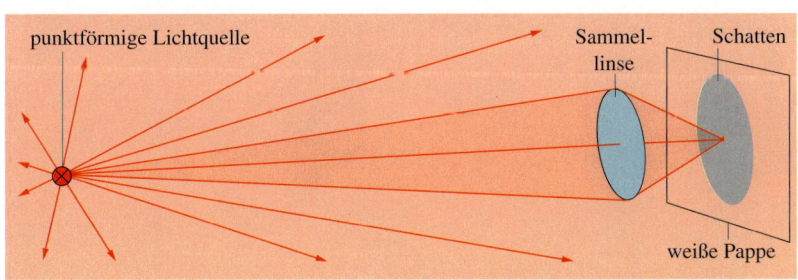

7

Grundlagen / Die Bilder der Sammellinse

Punkt für Punkt Von einer punktförmigen Lichtquelle geht Licht in alle Richtungen aus.

Eine *Lochblende* bildet punktförmige Lichtquellen als Bildflecke ab. Ein großes Loch erzeugt ein helles Bild. Je größer das Loch ist, desto größer sind die Bildflecke und desto unschärfer ist das Bild. ▶1

Bei der *Sammellinse* ist es anders: Das Licht einer punktförmigen Lichtquelle läuft hinter der Linse wieder in einem Punkt zusammen. Man erhält helle *und* scharfe Bilder. ▶2

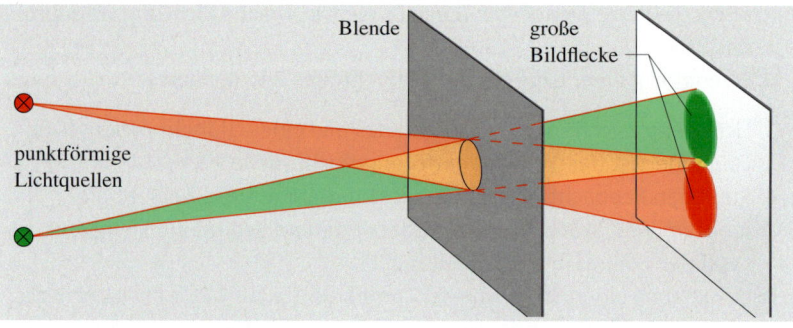

1 *Abbildung durch ein Loch*

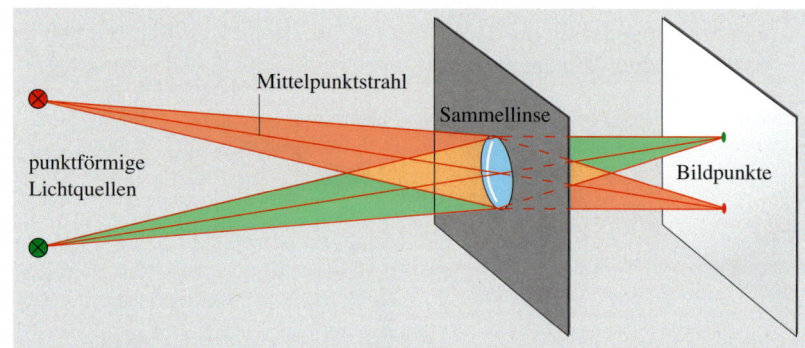

2 *Abbildung durch eine Sammellinse*

In welcher Richtung entsteht ein Bildpunkt? Das ergibt sich bei der Sammellinse aus dem Mittelpunktstrahl. Er verläuft geradlinig von der punktförmigen Lichtquelle durch die Linsenmitte zum Bildpunkt.

> Sammellinsen führen das Licht punktförmiger Lichtquellen wieder zusammen. Von jedem Punkt einer Lichtquelle entsteht dadurch ein Bildpunkt. Alle Bildpunkte zusammen ergeben ein Bild der Lichtquelle.

Sammellinsen erzeugen auch Bilder von beleuchteten Gegenständen. Wir stellen uns vor, dass die Gegenstände aus sehr vielen winzigen Punkten zusammengesetzt sind. Jeder Punkt streut das auftreffende Licht. Ein Teil des gestreuten Lichts fällt durch die Sammellinse. ▶3

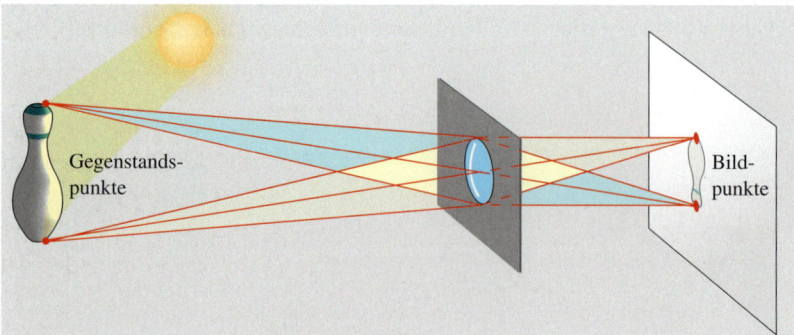

3 *Abbildung eines beleuchteten Gegenstands*

Grundlagen   Bildweite und Brennweite

Scharfe und unscharfe Bilder Ein scharfes Bild entsteht nur in einem
ganz bestimmten Abstand hinter der Linse. Dieser Abstand ist die *Bildweite*. ▸4 Davor und dahinter ist das Bild unscharf. Aus jedem Gegenstandspunkt wird dann nämlich ein Lichtfleck.

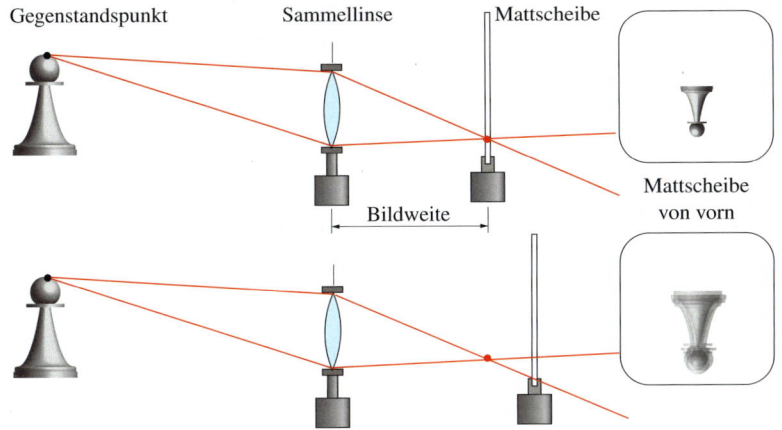

4 *Scharfes Bild nur in der Bildweite*

↻ 81–1 Simulation Lochkamera mit Linse

Die Brennweite Mit dem Brennglas kann man Papier oder Laub „anko-
keln". ▸5 Das Brennglas sammelt einfallendes Sonnenlicht und erzeugt
ein kleines Sonnenbild. Der Abstand des Sonnenbilds zur Linse heißt
Brennweite. Sie ist ein wichtiges Merkmal von Sammellinsen. Je stärker
eine Sammellinse gekrümmt ist, desto kleiner ist ihre Brennweite.

5 *Brennweite*

Erweiterung   Kleine Bilder – große Bilder

„Komm näher, damit du auf dem Foto nicht so winzig bist." Je näher die
Person an der Kamera steht, desto größer ist das Bild.
Für ein und dieselbe Sammellinse gilt: ▸6–7
– Wenn der Gegenstand weit von der Linse entfernt ist, sind Bildweite
 und Bild klein.
– Bei kleinem Abstand zwischen Gegenstand und Linse sind Bildweite
 und Bild groß.
Bei sehr weit entfernten Gegenständen liegt das Bild gerade in der
Brennweite. Näher kann es nicht an die Sammellinse heranrücken.

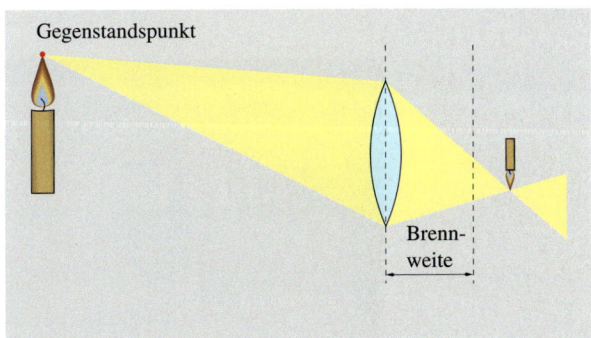

6 *Gegenstand weit weg – kleines Bild nah an der Linse*

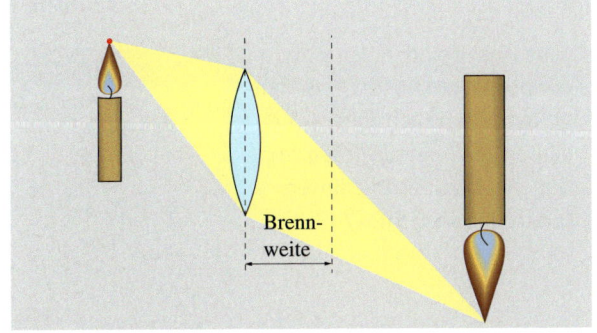

7 *Gegenstand nah – großes Bild weit weg von der Linse*

Aufgaben

1 Hier siehst du den Verlauf eines Lichtbündels hinter einer Sammellinse.▶1 Erkläre anhand des Bilds, warum bei der Sammellinse das Bild nur in einer ganz bestimmten Entfernung von der Linse scharf ist.

2 Die Bilder bei der Linsenkamera stehen „auf dem Kopf". Erkläre diese Beobachtung. Übertrage dazu die Zeichnung vergrößert in dein Heft und ergänze die Lichtwege.▶2

3 Die Lochkamera muss einen verschiebbaren Transparentschirm haben, wenn du sie zur Linsenkamera umbauen willst. Erkläre!

4 In einer Kiste liegen verschiedene Sammellinsen. Wie kannst du sie nach der Brennweite sortieren? Beschreibe dein Vorgehen. *Tipp:* Du brauchst ein Blatt Papier als Schirm und eine weit entfernte Lichtquelle (z. B. die Sonne oder eine Lampe in der anderen Ecke des Raums).

5* Fülle ein Reagenzglas vollständig mit Wasser und verschließe es. Halte das Glas waagerecht dicht über diesen Text. Betrachte die beiden farbigen Wörter durch das Reagenzglas. Beschreibe und erkläre deine Beobachtung.

ZAUBERER   **HEXE**

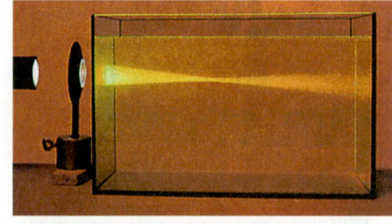

1 *Wirkung der Sammellinse (Das Licht wird an Badesalz gestreut.)*

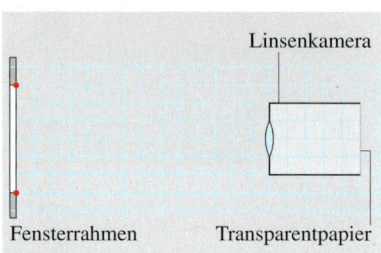

2

Aus der Technik Von der Glaskugel zur Linse

Glaskugeln erzeugen etwas verzerrte Bilder.▶3 Von der Kugel kommt man zu einer Sammellinse, wenn man oben und unten einen Teil der Kugel weglässt.▶4 Die Bilder sind dadurch weniger verzerrt. Der Teil zwischen der linken und der rechten Kugelkappe stellt eine dicke Glasplatte dar. Er kann ebenfalls entfallen, weil Platten das Licht nicht zusammenführen. Neben dieser Grundform gibt es für Sammellinsen auch andere Formen.▶5 Allen ist gemeinsam, dass sie in der Mitte dicker sind als am Rand.

3 *Abbildung mit einer Glaskugel*

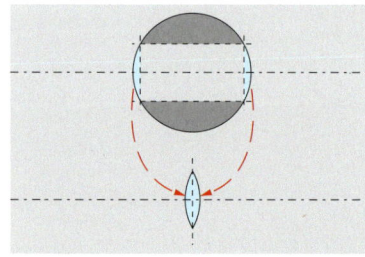

4 *Sammellinse als Teile einer Kugel*

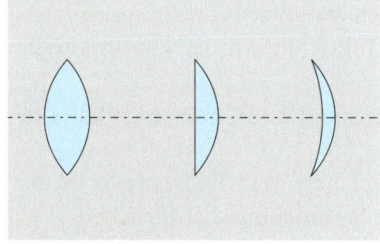

5 *Verschiedene Sammellinsen*

↻ 82–1 Experiment
Veränderbare Linse

Viele Linsen sind in der Mitte dünner als am Rand, z. B. Brillengläser für Kurzsichtige.▶6 Sie heißen *Zerstreuungslinsen*. Im Gegensatz zu Sammellinsen zerstreuen sie Licht.▶7

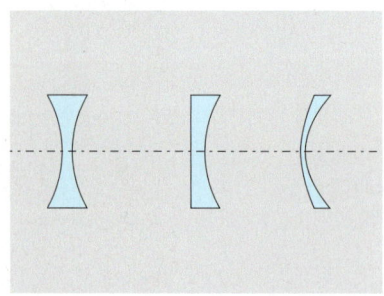

6 *Verschiedene Zerstreuungslinsen*

7 *Das Lichtbündel wird aufgeweitet.*

Überblick

Löcher erzeugen Bilder Wenn das Licht von einer punktförmigen Lichtquelle durch ein Blendenloch fällt, entsteht ein Lichtbündel. Auf einem Beobachtungsschirm entsteht ein Lichtfleck. Er hat die Form der Blendenöffnung. ▸8

Ein großes Loch erzeugt helle und unscharfe Bilder, weil das Bild aus großen Lichtflecken zusammengesetzt ist. Ein kleines Loch erzeugt scharfe, aber dunkle Bilder.

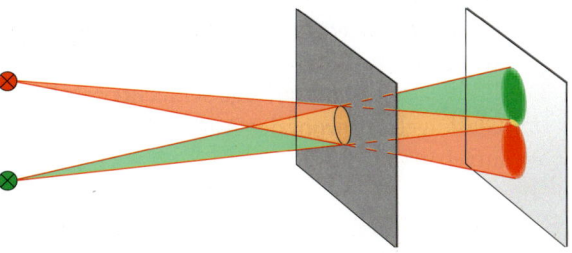

8 *Lochblende: vom Gegenstandspunkt zum Lichtfleck*

Sammellinsen erzeugen Bilder Sammellinsen führen das Licht so zusammen, dass von jedem Gegenstandspunkt ein Bildpunkt entsteht. Das Bild wird hell und scharf. ▸9

Das Bild entsteht in einer ganz bestimmten Entfernung hinter der Linse *(Bildweite)*.

Den Abstand des Sonnenbilds von der Linse nennt man *Brennweite*. ↻ 83-1

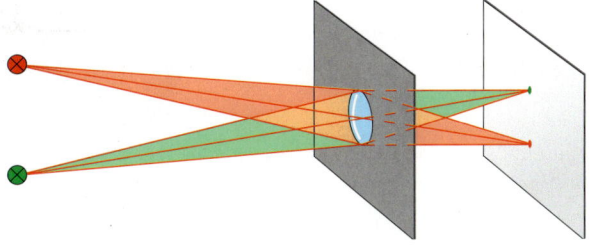

9 *Sammellinse: vom Gegenstandspunkt zum Bildpunkt*

Alles klar?

1 Die Sonne scheint durch die eckigen Löcher einer Jalousie. Erkläre, wieso auf dem Schirm lauter runde Lichtflecke entstehen. ▸10

2 Das untere Foto wurde mit einer Lochkamera aufgenommen. ▸11 Gräser und Bäume sind scharf zu erkennen, aber der Kater ist nur verschwommen zu sehen. Erkläre den Unterschied.

3 Du sollst auf einfache Weise die Brennweite einer Sammellinse bestimmen. Erkläre einem Mitschüler, wie du vorgehst.

4 Mehrere Sammellinsen haben den gleichen Durchmesser. Gib an, wie du die Linse mit der größten Brennweite nur durch Fühlen erkennst.

5 Mit einer Sammellinse kannst du scharfe und helle Bilder erzeugen. Erkläre, warum beides zugleich möglich ist.

6* Mit ein und derselben Sammellinse kann man vergrößerte und verkleinerte Bilder erzeugen. Beschreibe, wie das möglich ist.

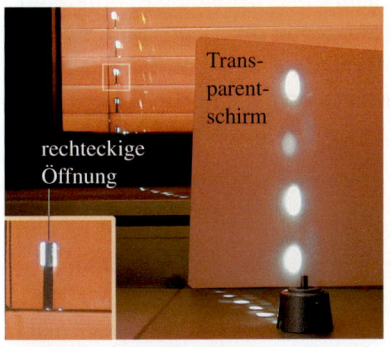

10

11

Auge und Wahrnehmung

Wie Bilder im Auge entstehen

▷ Die Bilder in unserem Auge sehen so ähnlich aus, wie wenn man auf eine Glaskugel schaut. ▶1–2 Die Bildqualität ist beim Auge schlechter als bei der Glaskugel – obwohl das Auge viel komplizierter aufgebaut ist.

1–2 *Bild auf der Netzhaut im Auge und Bild bei einer Glaskugel*

Beobachten Untersuchen

Die folgenden Versuche eignen sich gut zum Lernen an Stationen.

1 Der Aufbau des menschlichen Auges
Material: Modellauge (aus der Biologiesammlung)
Durchführung: Betrachtet den Querschnitt durch ein menschliches Auge. ▶3 Baut das Modellauge auseinander. Ordnet jedem Teil seinen Namen aus der Zeichnung zu. Baut das Auge am Ende wieder richtig zusammen.

2 Bilder auf der Netzhaut
Material: Kerze, Sammellinse und Transparentschirm
Durchführung: Stellt die Linse („Augenlinse") und den Schirm („Netzhaut") so auf, dass ein scharfes Bild der Kerze auf dem Schirm entsteht. ▶4
Auswertung: Vergleicht das Bild mit der Kerze: Wie ist das Bild orientiert? Ist das Bild vergrößert? ... Schreibt eure Beobachtungen auf.

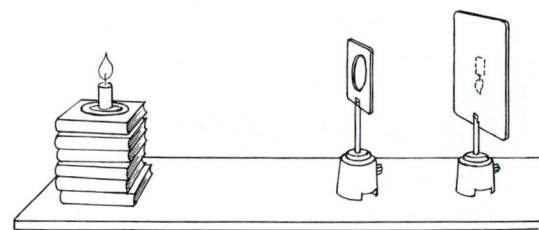

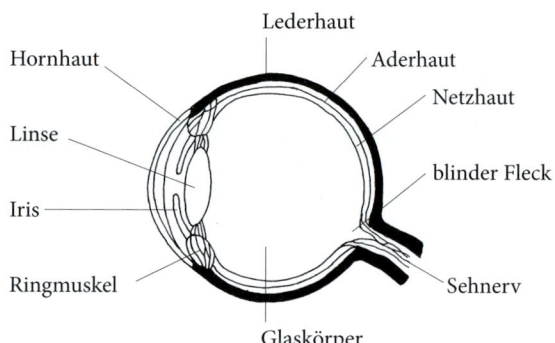

3 *Aufbau des Auges*

3 Nahpunkt und deutliche Sehweite
Material: Buch, Lineal
Durchführung:
a Geht mit den Augen so nahe an diesen Text heran, dass ihr ihn gerade noch lesen könnt. Messt in dieser Stellung die Entfernung zwischen Auge und Blatt („Nahpunkt"). ▶5
b Bei welchem Abstand zwischen Auge und Blatt lest ihr diesen Text ohne Anstrengung (deutliche Sehweite)?

4 Das Rätsel des verlorenen Punkts
Durchführung: Schließt das linke Auge. Blickt mit
dem rechten Auge starr auf den linken Punkt. ▶6
Geht mit dem Auge immer näher an das Buch heran.
Auswertung: Beschreibt eure Wahrnehmung.
Wie könnt ihr eure Beobachtung erklären? *Tipp:* Der
Name eines Augenteils führt auf die richtige Fährte.

5 Hell und dunkel – wie stellt sich das Auge darauf ein?
Durchführung: Für diese Aufgabe braucht ihr ein
„Gegenüber". Haltet die Augen für etwa eine Minute
geschlossen (deckt die Augen dabei mit euren
Händen ab). ▶7
Schaut euch dann gegenseitig in die Augen. Was
beobachtet ihr? ▶8

6 Was hilft gegen Kurzsichtigkeit?
Grundlagen: Bei Kurzsichtigkeit entsteht das Bild
weit entfernter Gegenstände schon vor der Netzhaut.
Material: Kerze, Sammel- und Zerstreuungslinsen,
Transparentschirm
Durchführung: Stellt mit der Sammellinse ein
scharfes Bild der weit entfernten Kerze auf dem
Schirm her. Verschiebt den Schirm dann etwas nach
hinten.
Probiert aus, mit welcher zusätzlichen Linse als „Brille"
das Weitsehen wieder scharf erfolgt. ▶9

6

7

8

Sammel-
linse

9

Grundlagen   **Das Auge – was geschieht beim Sehen?**

Du schaust auf eine Kerzenflamme. Von ihr geht Licht in alle Richtungen
aus. Ein kleiner Teil davon trifft auf die lichtdurchlässige *Hornhaut* des
Auges. ▶10 Von dort gelangt das Licht zur *Pupille*. Das ist ein Loch, das
von der *Iris* umgeben ist. Die Iris bestimmt deine Augenfarbe: blau,
braun oder grün. Iris und Pupille bilden eine Blende mit veränderbarem
Loch. Sie regeln, wie viel Licht ins Auge dringt. Bei hellem Licht ist die
Pupille nur 1–2 mm groß, in der Dunkelheit ist sie bis zu 8 mm groß.
Hinter der Pupille trifft das Licht auf die *Augenlinse*. Zusammen mit der
Hornhaut sorgt sie dafür, dass das Licht von jedem Punkt der Flamme in
jeweils einem Punkt auf der *Netzhaut* zusammenläuft. Auf der Netzhaut
entsteht ein umgekehrtes Bild der Kerzenflamme. Millionen von lichtempfindlichen *Sinneszellen* in der Netzhaut werden durch das Licht gereizt. Sie leiten Informationen über Helligkeit und Farbe über den *Sehnerv* an das *Gehirn*. Dort entsteht der Seheindruck von der Kerze: Du
siehst die Flamme.

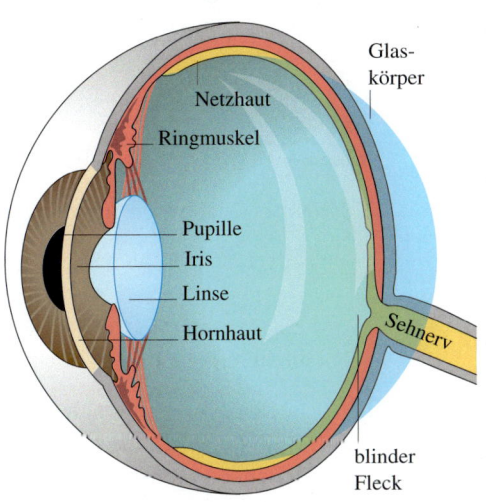

10 *Aufbau des Auges*

> **Das Licht fällt durch die Pupille in unser Auge. Hornhaut und
> Augenlinse erzeugen gemeinsam ein Bild auf der Netzhaut.**

Erweiterung   ## Wie das Bild auf der Netzhaut entsteht

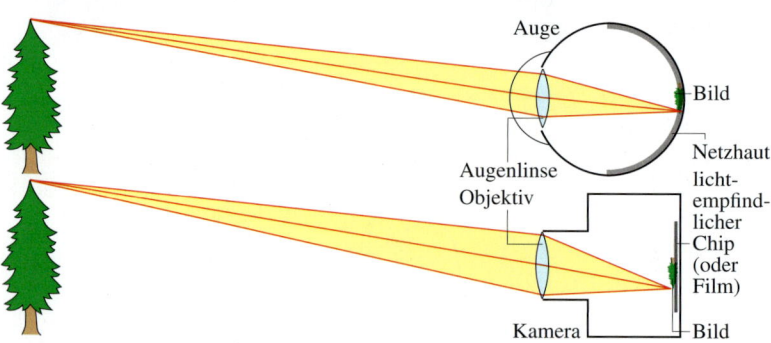

1 *Vergleich Auge – Kamera*

Bildentstehung Das Bild auf der Netzhaut entsteht ähnlich wie das Bild auf dem Chip des Fotoapparats. ▶1 Von jedem Punkt des Baums fällt Licht ins Auge. Dieses Licht wird durch Hornhaut und Linse in jeweils einem Bildpunkt auf der Netzhaut zusammengeführt. Alle Bildpunkte zusammen ergeben ein Bild des Baums.

Entfernungseinstellung Bei einer Sammellinse aus Glas wird das Bild unscharf, wenn sich der abgebildete Gegenstand entfernt oder annähert. Man muss den Schirm verschieben, um wieder ein scharfes Bild zu erhalten. Im Auge dient die Netzhaut als Schirm. Sie ist immer gleich weit von der Linse entfernt. Damit trotzdem scharfe Bilder entstehen, wird die Form der Augenlinse verändert:
– *Weit entfernter Gegenstand* Das Licht von einem Gegenstandspunkt, das ins Auge einfällt, läuft nur wenig auseinander. Die schwach gekrümmte Augenlinse erzeugt ein scharfes Bild auf der Netzhaut. ▶2
– *Naher Gegenstand* Das von einem Gegenstandspunkt einfallende Licht läuft stärker auseinander. Der Ringmuskel zieht sich zusammen. Die Augenlinse krümmt sich stärker. ▶3

↻ 86–1 Experiment Veränderbare Linse
Simulation Auge und Augenfehler

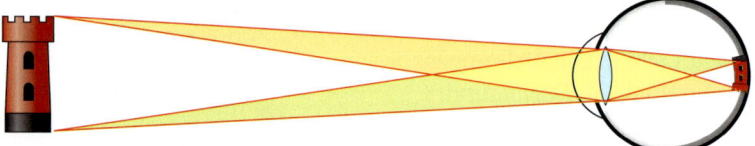

2 *Entfernter Gegenstand: schwach gekrümmte Augenlinse*

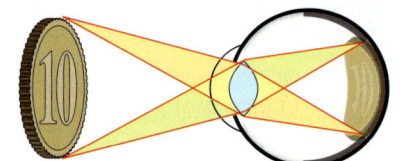

3 *Naher Gegenstand:
stark gekrümmte Augenlinse*

Aufgaben

1* Wie ist deine Augenlinse gewölbt, wenn du weit entfernte Gegenstände siehst? Wie ist sie beim Sehen naher Gegenstände gewölbt?

2* Auge und Fotoapparat sind ähnlich aufgebaut. ▶1 Übertrage die Tabelle ins Heft und fülle sie aus. ▶4 Setze ein: Auffangen des Bilds, Bilderzeugung, Chip, Iris, Linse verformbar, Linse verschiebbar, Objektiv, Regelung des Lichteinfalls.

Auge	Kamera	Aufgabe
Augenlinse	?	?
?	Blende	?
Netzhaut	?	?
?	?	Scharfstellung

4

Wenn das Bild auf der Netzhaut unscharf ist

Normalerweise beträgt der Abstand zwischen Hornhaut und Netzhaut rund 24 mm. ▶5
Bei *Kurzsichtigen* ist der Augapfel zu lang. ▶6 Scharfe Bilder von entfernten Gegenständen entstehen vor der Netzhaut. Bei entspanntem Muskel ist die Augenlinse noch zu stark gewölbt, um ein scharfes Bild auf der Netzhaut zu erzeugen. Hier hilft eine *Brille mit Zerstreuungslinsen*. Sie weiten die einfallenden Lichtbündel etwas auf. Dadurch vergrößert sich die Bildweite. Das scharfe Bild entsteht auf der Netzhaut.

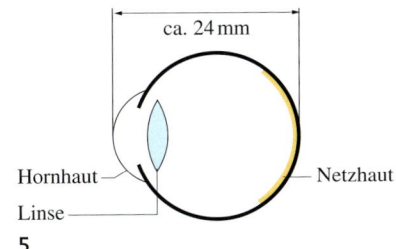

5

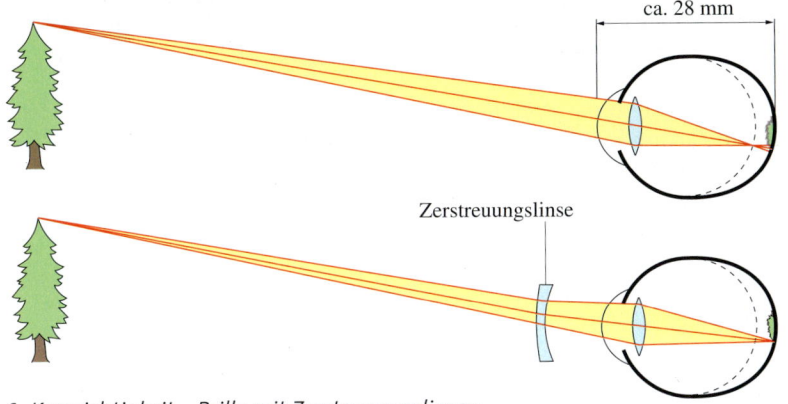

6 *Kurzsichtigkeit – Brille mit Zerstreuungslinsen*

Bei *Weitsichtigen* ist der Augapfel zu kurz. ▶7 Das scharfe Bild naher Gegenstände würde erst hinter der Netzhaut entstehen. Auch die größtmögliche Wölbung der Augenlinse ist noch zu gering, um das Bild scharf zu stellen. Eine *Brille mit Sammellinsen* korrigiert diesen Augenfehler.

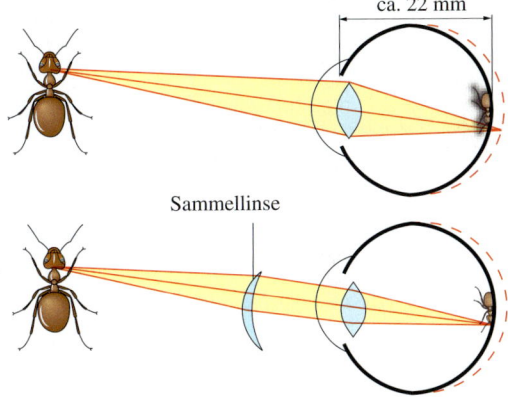

7 *Weitsichtigkeit – Brille mit Sammellinsen*

Aufgaben

3 Kurzsichtige sehen ferne Gegenstände unscharf. Erkläre, wie es dazu kommt.

4 Mit normalsichtigen Augen liest man in einem Abstand von 25 bis 30 cm. Manche Kinder beugen aber ihren Kopf beim Lesen viel tiefer über ein Buch. Worauf deutet dieses Verhalten hin?

5 Viele ältere Menschen sind altersweitsichtig. Ihre Augenlinsen sind nicht mehr elastisch. Wie wird dadurch das Sehen beeinträchtigt?

6 Was bewirken Kontaktlinsen? ▶8 Lasst Mitschüler berichten, die Kontaktlinsen tragen. Informiert euch über verschiedene Typen von Kontaktlinsen.

8 *Kontaktlinse wird eingesetzt.*

Das Gehirn bestimmt, was wir sehen

▷ Was wir sehen, hängt offenbar nicht nur vom Bild auf unserer Netzhaut ab!

1 *Ein Hase? Eine Ente?*

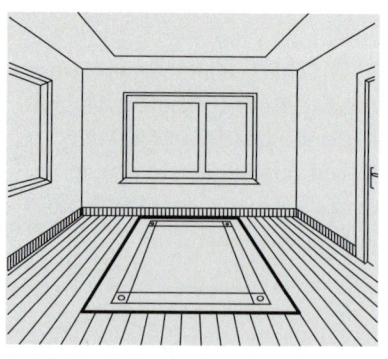

2 *Die Vorderkante des Teppichs ist genauso breit wie die Zimmerwand im Hintergrund. Miss nach!*

3 *Nur unregelmäßige schwarze Flecke – oder stellen sie etwas dar?*

Beobachten

1 Merkwürdige Treppen Was fällt euch auf? ▶4–5 Beschreibt es.

C 88–1 Simulation Drehwürfel

4

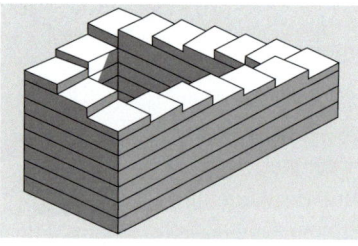

5

2 Ungewöhnliche Vase Seht ihr eine Vase oder zwei Gesichter? ▶6 Könnt ihr Vase und Gesichter gleichzeitig sehen? Beschreibt, wie ihr von der Vase zu den Gesichtern wechselt.

6

3 Auf den Kopf gestellt Dreht das Buch einmal auf den Kopf. ▶7 Warum fällt euch das Sonderbare nicht schon vorher auf?

4 Schachbrett mit Stufe?
a Was stimmt nicht an diesem Schachspiel? ▶8 Beschreibt es.
b*Was ihr als Stufe seht, ist ein ebenes Blatt Papier. Versucht das Blatt nachzuzeichnen, auf dem die Figuren stehen.

5 Vertracktes Dreieck Haltet bei dem Gegenstand eine Ecke zu. ▶9 Kann man ihn so nachbauen? Nehmt dann den Finger weg … Beschreibt, was ihr jeweils seht.

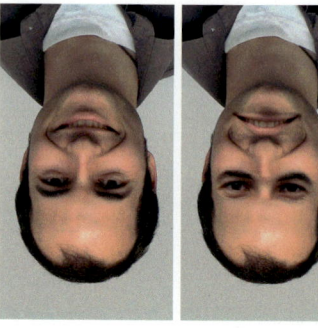

7

8

9

Grundlagen Sehen mit Auge und Gehirn

Das Netzhautbild der Blume steht auf dem Kopf. ▶10 Wir sehen die Welt aber aufrecht.

Der Seheindruck von unserer Umgebung entsteht im Gehirn.

Das Gehirn „betrachtet" das Netzhautbild nicht einfach wie ein Foto. Vielmehr wertet es die Signale der Netzhaut aus und vergleicht sie mit seiner bisherigen Erfahrung. Unsere Erfahrung ist, dass eine Blume aufrecht steht. Das Gehirn schließt daher aus dem umgekehrten Netzhautbild auf einen aufrecht stehenden Gegenstand.

Wir erkennen am Netzhautbild nur Dinge, mit denen das Gehirn „etwas anfangen" kann: Wenn ein Kind in einem Dorf im Senegal aufwächst, hat es vielleicht noch nie ein Motorrad gesehen. Die Flecke, in denen wir ein Motorrad erkennen, bleiben für das Kind nur schwarze Flecke. ▶3

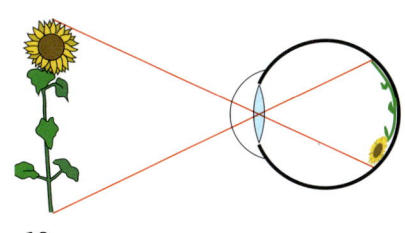

10

↻ 89–1 Bilderserie
Sehen – mit Auge und Gehirn

Aufgaben

1 Wir sehen Gegenstände aufrecht, obwohl das Netzhautbild in unserem Auge doch auf dem Kopf steht. Erkläre!

2 Mit einer Umkehrbrille siehst du oben und unten vertauscht. ▶11 Und augenblicklich kannst du weder lesen noch schreiben, etwas fangen, deine Schuhe anziehen ... Wie kommt das?

3 „Nur ein geschultes Auge kann kranke Bäume von gesunden unterscheiden", sagt ein Förster. „Man sieht nur, was man weiß", heißt ein Sprichwort. Erläutere, was damit jeweils gemeint ist.

11 *Fangversuch mit der Umkehrbrille*

blau	grün	rot	gelb	blau	gelb	grün	rot	blau	weiß	schwarz	weiß

12

4 Die Liste mit den Farbbezeichnungen hat es in sich. ▶12
a Lies nicht die Wörter vor, sondern nenne laut und möglichst schnell nur die Farben, in denen sie gedruckt sind. Schaffst du es ohne Fehler?
b Fünfjährige haben keine Schwierigkeiten mit dieser Aufgabe. Erkläre dies.

5*Schau dir die Zeichnung genau an. ▶13 Was stimmt daran nicht? Decke abwechselnd die untere und obere Hälfte ab. Klappe schließlich das Buch zu. Versuche die Zeichnung „auswendig" auf ein Papier mit Rechenkästchen zu übertragen. Beginne mit der oberen Bildhälfte. Das ist noch einfach ...
Notiere, wie oft du im Buch kurz nachschauen musst, um auch die untere Bildhälfte richtig zu zeichnen.

6*Sucht im Internet nach „optischen Täuschungen" und „Kippbildern". Druckt besonders beeindruckende Zeichnungen aus. Vielleicht organisiert ihr eine Ausstellung in der Schule? *Tipp:* Bewegte optische Täuschungen findet ihr mithilfe der Suchworte *optische Täuschungen Bach*.

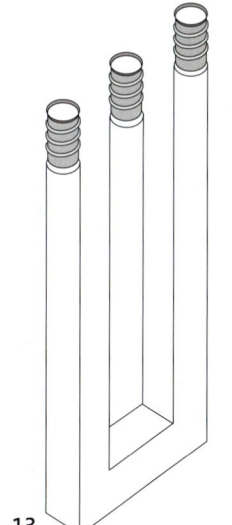

13

Sehen – mit beiden Augen

▷ Warum sehen wir eigentlich nicht alles doppelt? Wir haben doch zwei Augen und damit auch zwei Netzhautbilder.

▷ Bei diesem Versuch könnt ihr erleben, wie das Gehirn die beiden Netzhautbilder zu einem einzigen zusammenfügt. ▸1

1

Die Versuche sind für das Stationenlernen geeignet.

1 **Ein Loch in der Hand?** Haltet eine Röhre aus Papier vor ein Auge. Mit dem anderen Auge blickt ihr auf die Hand, die sich direkt neben der Röhre befindet. Schaut nun in die Ferne ... ▸1

2 **Einäugig zielen** Eine leere Flasche steht auf dem Tisch. Schließt ein Auge. Versucht von oben einen Stift in die Flasche zu stecken. Überprüft mit beiden Augen, warum es nicht gelingt. Erklärt!

3 **Doppelt sehen** Drückt vorsichtig mit dem Zeigefinger seitlich gegen ein Auge. Ihr seht nun alles doppelt. Überlegt, woran das liegen könnte.

4 **Fingerspitzen** Stellt euch ans Fenster. Bei gestreckten Armen sollen sich die Spitzen eurer Zeigefinger berühren. ▸2 Blickt nicht auf die Finger, sondern über sie hinweg zum Himmel. Zieht die Fingerspitzen etwas auseinander. Was seht ihr?

2

5 **Die springende Münze** Haltet eine Münze zwischen dieses Buch und eure Augen. Blickt sie abwechselnd mit dem rechten und dem linken Auge an. Was fällt euch auf?

6 **Stereobild** Stellt eine Postkarte auf die gestrichelte Linie der Zeichnung. ▸3 Blickt von der Oberkante der Postkarte mit dem rechten Auge auf den rechten Teil der Figur und mit dem linken Auge auf den linken Teil. Bei entspannten Augen verschmelzen die Teilbilder zu einer räumlichen Figur.

a Wo scheint der Kreis zu liegen?

b Zeichnet die Figur so in euer Heft, dass sich der Tiefeneindruck genau umkehrt.

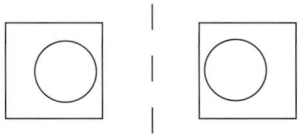

3

Grundlagen Räumlich sehen

Die Netzhautbilder, die unsere beiden Augen liefern, sind etwas verschieden. Gegenstände in der Nähe liegen vor anderen Stellen des Hintergrunds. ▶4-5 Unser Gehirn nutzt diesen Unterschied für die Erzeugung eines räumlichen Eindrucks.   ↻ 91-1

> Die beiden Netzhautbilder werden vom Gehirn zu einem gemeinsamen räumlichen Eindruck unserer Umwelt verarbeitet.

4 *Linkes Auge offen*   5 *Rechtes Auge offen*

Aus Natur und Umwelt Räumlich sehen im Tierreich

Das Chamäleon kann seine Augen unabhängig voneinander bewegen. Es sieht damit völlig unterschiedliche Teile der Umgebung. Die Unterschiede zwischen den Netzhautbildern ergeben keinen räumlichen Eindruck. Aber wenn das Chamäleon eine Fliege sieht, richtet es beide Augen darauf. Beide Netzhautbilder zeigen die Fliege in unterschiedlichen Positionen – das Chamäleon kann die Entfernung dann genau einschätzen. ▶6
Auch bei Vögeln sitzen die Augen seitlich am Kopf. Sie sehen mit jedem Auge etwas anderes. Die Blickfelder beider Augen können sich aber teilweise überschneiden. So sehen z. B. Greifvögel nach vorne mit beiden Augen. In diesem Bereich können sie gut räumlich sehen. ▶7
Katzen, Füchse und andere Beutegreifer müssen den Abstand zur Beute genau erfassen. Nur dann können sie die Beute mit einem Sprung packen. Sie besitzen zwei nach vorn gerichtete Augen, deren Blickfeld sich überlappt. Die unterschiedlichen Netzhautbilder lassen eine genaue Entfernungsbestimmung zu. ▶8
Für Beutetiere ist es lebenswichtig, Gefahren frühzeitig zu bemerken. Ihre Augen stehen links und rechts des Kopfs und können ein Blickfeld von fast 360° überschauen. Das räumliche Sehen ist nicht so wichtig. ▶9

6 *Chamäleon*

7 *Weißkopfseeadler*   8 *Rotfuchs*   9 *Präriehund*

Aus der Technik   In die Bilder kommt Bewegung

1

Jeder Film im Kino oder Fernsehen besteht aus einzelnen unbewegten
Bildern. ▶1 Die benachbarten Bilder unterscheiden sich nur wenig voneinander. Obwohl der Film aus lauter einzelnen Bildern besteht, nehmen
wir bei der Vorführung Bewegungen wahr.

Ein Lexikon von 1900 erklärt den Eindruck von Bewegung so: „Unsere
Augen reagieren träge. Schauen wir schnelle Bildfolgen an, von denen
jedes Einzelbild nur 0,05 Sekunden lang zu sehen ist, haben wir den
Eindruck eines Bewegungsablaufs."

Zu dieser Zeit gab es schon „bewegte Bilder". Beim „Schnellseher" liefen
hinter einem Guckloch 24 Einzelbilder schnell entlang – von hinten
beleuchtet. ▶2 Der „Kurzfilm" dauerte nur eine Sekunde und wiederholte
sich dann.

Bald verbesserten Erfinder aus aller Welt die Aufnahme- und Wiedergabe-
technik: Tausende Bilder wurden auf einem Filmstreifen angeordnet.
Löcher am Rand ermöglichten einen ruckweisen, schnellen Weitertrans-
port der Bilder. Aber noch war es ein langer Weg bis zum Kinofilm.

Zwei Dinge sind beim Film bis heute gleich geblieben:

– Pro Sekunde werden dem Zuschauer 24 einzelne Fotos gezeigt. Das
  Gehirn verschmilzt sie zu bewegten Bildern.
– Während die Bilder gewechselt werden, deckt eine Metallblende das
  Motiv für kurze Zeit ab.

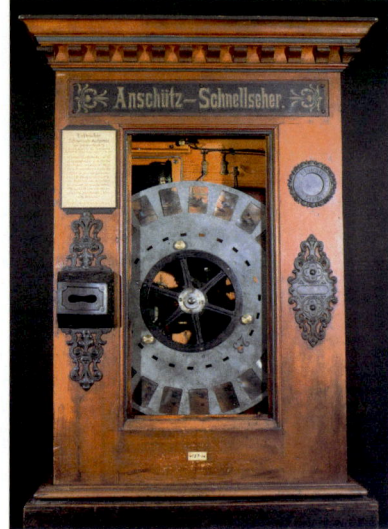

2 *Schnellseher (1882)*

Aufgaben

1 Die Trägheit des Auges

a Knicke einen 10 cm · 30 cm großen Papierstreifen in der Mitte. Klappe das
  obere Blatt zurück. Zeichne auf das untere eine einfache Figur. ▶3–4

b Wenn du das obere Blatt darüberklappst, schimmert die Figur durch.
  Male sie leicht verändert nach.

c Wickle das obere Blatt mit der zweiten Figur über einen Bleistift. Jetzt ist
  nur die erste Figur des unteren Blatts zu sehen.
  Rolle nun mit dem Bleistift die zweite Figur ganz schnell über die erste
  und zurück …

2 Was hat der „Schnellseher" mit dem heutigen Kino gemeinsam?

3 Langsamer als mit 18 Bildern pro Sekunde darf man keinen Film laufen
  lassen. Erkläre diese Regel.

4 Ein „Daumenkino": Nimm ein altes Taschenbuch. Zeichne in die obere
  Ecke einer Seite ein einfaches Bild – als erstes einer ganzen Bildfolge.
  Auf die nächste Seite kommt das zweite, leicht veränderte Bild usw.
  Zum Vorführen ziehst du den Daumen an den Ecken des geschlossenen
  Buchs entlang. Erkläre deine Beobachtung.

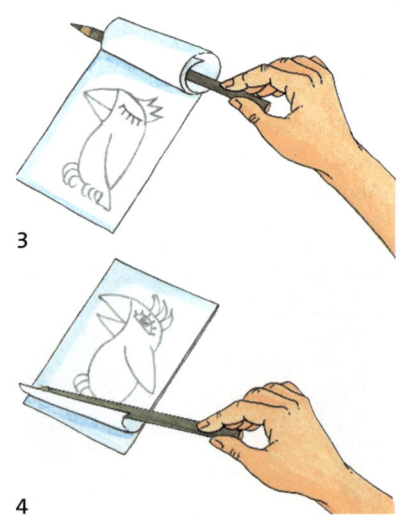

3

4

↻ 92–1 Simulation Film als Bilderfolge

Überblick

Wie das Auge funktioniert Wir sehen einen Gegenstand, wenn Licht von ihm ins Auge fällt. Hornhaut und Linse bilden ihn ab. Zu jedem Gegenstandspunkt entsteht ein Bildpunkt auf der Netzhaut.

Erweiterung: Entfernungseinstellung Der Abstand zwischen Augenlinse und Netzhaut lässt sich nicht verändern. Das Auge stellt Gegenstände in verschiedenen Abständen trotzdem scharf. Dazu wird die Form der Augenlinse verändert. ▸5

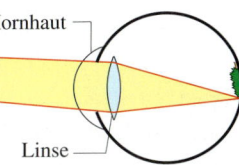
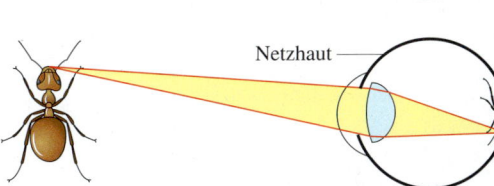

5 *Abbildung durch das Auge*

Die Rolle des Gehirns Die lichtempfindlichen Sehzellen auf der Netzhaut sind durch den Sehnerv mit dem Gehirn verbunden. Dort entsteht der Seheindruck. Das Gehirn entscheidet, was wir sehen. Dabei spielt die Erfahrung eine große Rolle. ↻ 93–1

Von einem Gegenstand in der Nähe entstehen in beiden Augen etwas verschiedene Bilder. ▸6 Das Gehirn nutzt diesen Unterschied, um einen räumlichen Seheindruck zu erzeugen.

linkes Auge   rechtes Auge

6 *Räumlich sehen*

Alles klar?

1 Vergleiche eine Fotokamera mit dem Auge.

a Lege eine Tabelle an und trage die Bauteile ein, die einander bei Kamera und Auge entsprechen.

b Es gibt einen wichtigen Unterschied in der Funktionsweise. Beschreibe ihn.

2* Du siehst ein Zimmer zunächst so wie im Bild ▸7 und dann so wie im Bild ▸8. Beschreibe, wie sich deine Augenlinse dabei verändert.

3 Du gehst von einem dunklen Raum auf die helle Straße. Wie ändert sich deine Pupille dabei? Beschreibe den Einfluss der Pupillenöffnung auf das Netzhautbild.

4 Die Netzhaut hat einen Bereich ohne lichtempfindliche Zellen („blinder Fleck"). Trotzdem nehmen wir einwandfreie Bilder wahr. Erkläre dies.

5* Wenn man in schwach beleuchteten Räumen mit Blitzlicht fotografiert, haben die Personen auf den Bildern oft rote Augen. Die Farbe stammt von den Blutgefäßen hinter der Netzhaut. Keine roten Augen gibt es, wenn die Fotos bei Sonnenlicht gemacht werden. Versuche, den Unterschied zu erklären.

7

8

Experimente mit Spiegeln

▷ Nadine und Philipp haben sich eine Vorführung ausgedacht, die an Zauberei grenzt: Philipps Kopf auf Nadines Körper! Die Zuschauer stehen hinter Philipp und sehen Nadine durch die Glasplatte.

1

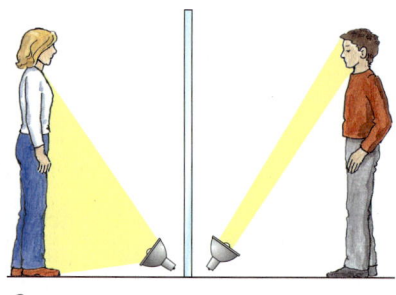

2

↻ 94–1 Bilderserie Spiegelungen

Untersuchen

1 Wo liegt das Spiegelbild? Ein Spiegel steht senkrecht auf dem Tisch. Ein Teller schaut hinter dem Spiegel hervor. ▶3 Stellt einen gleichen Teller vor den Spiegel. Sein Spiegelbild soll in den Teller hinter dem Spiegel übergehen. Messt die Abstände der beiden Teller vom Spiegel. Was stellt ihr fest?

2 Welche Richtung kehrt ein Spiegelbild um? Stellt eine Spiegelfliese senkrecht auf ein Blatt Papier. Zeichnet Pfeile, die in die gleiche Richtung wie ihre Spiegelbilder zeigen. Zeichnet auch Pfeile, die genau in entgegengesetzte Richtungen wie ihre Spiegelbilder weisen.

3 Spiegelschrift

a Schreibt das Wort SPIEGEL in euer Heft. Stellt eine Spiegelfliese senkrecht dahinter auf. Vergleicht Spiegelbild und Original.

b Schreibt euren Namen in großen Druckbuchstaben so auf, dass er im Spiegel richtig zu sehen ist.

4*Original und Spiegelbild Stellt euch hinter eine Person, die vor einem Spiegel steht. Wie seht ihr die Person im Original? Wie seht ihr sie im Spiegel?

5*Spiegelflirt Wo muss Klaus stehen, damit er Marie im Spiegel in die Augen blicken kann? ▶4 Probiert es aus. Kann Marie dann auch in Klaus' Augen blicken? Was passiert, wenn sie sich nach links bewegt?

3

4

6 Der Lichtweg am Spiegel Ihr benötigt eine Taschenlampe mit einem Spalt. Klebt dazu die Öffnung mit Klebeband ab.

a Legt die Lampe auf ein Blatt Papier. Haltet den Spiegel in den Lichtweg. ▶5 Zeichnet die Stellung des Spiegels und Punkte auf den Lichtwegen ein. Zeichnet dann den Lichtweg sorgfältig nach.

b Verändert den Winkel zwischen Licht und Spiegel. Zeichnet wieder.

c Was fällt euch auf?

5

7 Gespiegeltes Licht im Visier ▶6

a Dein Partner leuchtet mit der Taschenlampe durch seine Pappröhre auf den Spiegel. Verschiebe und drehe deine Pappröhre, bis Licht in dein Auge fällt.

b Verändert die Stellung der ersten Röhre. Suche wieder das umgelenkte Licht. Wie muss deine Röhre gehalten werden? Versucht Regeln aufzustellen.

6

8*Wie wird das Licht vom Rückstrahler reflektiert?
Als Lichtquelle dient ein Laserpointer. Der Verlauf des Lichts wird mit Kreidestaub sichtbar gemacht.
Achtung: Nicht in das Laserlicht blicken! Niemandem in die Augen leuchten!

a Untersucht, in welche Richtung ein Rückstrahler Licht reflektiert.

b Wie funktioniert ein Rückstrahler? Ihr könnt es euch mit einer Spiegelecke klarmachen. ▶7 Baut sie aus drei Spiegelfliesen (oder Taschenspiegeln) zusammen. Leuchtet in die Spiegelecke hinein. Wie verläuft das austretende Licht?

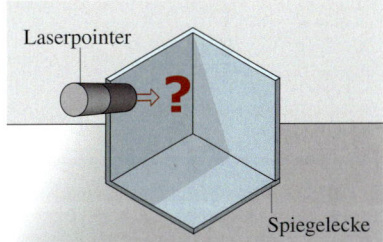

7

9*Anderen über den Kopf sehen Ihr möchtet auch in der größten Menschenmenge immer eine gute Aussicht haben? Erfindet ein einfaches Gerät dafür. Ihr braucht nur zwei Taschenspiegel, Pappe und Klebstoff.

Grundlagen / Eigenschaften von Spiegelbildern

Im Spiegel sehen wir Gegenstände an Orten, wo sie gar nicht sein können. Sie liegen hinter der Spiegelfläche – und dort befindet sich meist eine Wand. Von dort kann kein Licht in unser Auge gelangen. Spiegelbilder sind *Scheinbilder (virtuelle Bilder)*.
Hinter einer Sammellinse entstehen dagegen wirkliche Bilder *(reelle Bilder)*. In ihren Bildpunkten läuft das Licht vom Gegenstand zusammen.

> **Ein Spiegelbild ist genauso weit hinter dem Spiegel zu sehen, wie der Gegenstand vor dem Spiegel steht.** ▶8

Für einen senkrecht stehenden Spiegel gilt: Die rechte Seite des Gegenstands zeigt auch im Spiegelbild nach rechts, die linke nach links. Auch oben und unten bleiben erhalten. Aber die vordere Seite des Gegenstands liegt beim Spiegelbild hinten. ▶9

> **Der Spiegel kehrt immer die Richtung um, die senkrecht zur Spiegelebene verläuft.**

↻ 95–1 Simulation Spiegelbild

8 *Original und Spiegelbild*

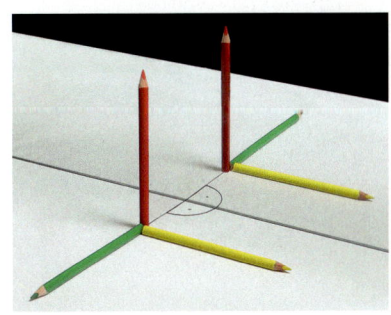

9 *Richtungen im Spiegelbild*

Grundlagen / Reflexion von Licht am Spiegel

Spiegel lenken das Licht um. Man sagt, das Licht wird *reflektiert*. Reflexion von Licht tritt an glatten Oberflächen auf, z. B. bei Metallen, Glas oder Flüssigkeiten. In welche Richtung das Licht umgelenkt wird, kannst du mit dem *Reflexionsgesetz* vorhersagen:

> **Der Einfallswinkel ist so groß wie der Reflexionswinkel:** ▸1
> **Einfallswinkel = Reflexionswinkel.**
> **Einfallender und reflektierter Lichtstrahl liegen in einer Ebene mit dem Einfallslot.** ▸2

Einfallswinkel und Reflexionswinkel misst man zwischen dem Licht und dem Einfallslot. Das Lot steht immer senkrecht auf der Spiegelebene.

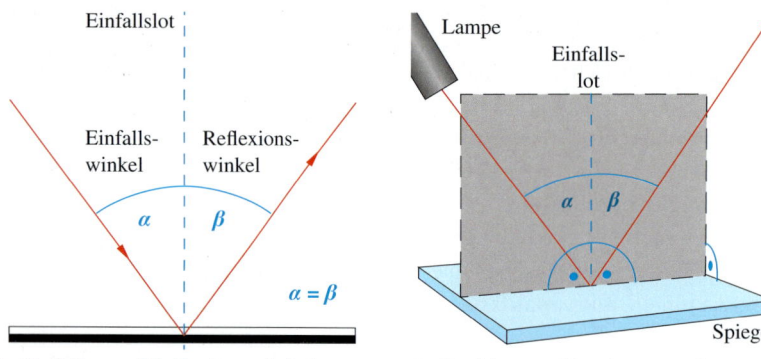

1 *Einfalls- und Reflexionswinkel*

2 *Strahlen und Lot in einer Ebene*

↻ 96–1 Simulation Reflexion

Erweiterung / Spiegelbilder

Eine Kerze sehen wir, wenn ihr Licht direkt in unsere Augen fällt. ▸3 Beim Spiegel macht das Licht einen Umweg. Es fällt auf den Spiegel, wird reflektiert und gelangt ins Auge. ▸4 Auf der Netzhaut entsteht ein reelles Bild. Wir nehmen die Kerze in der Richtung wahr, aus der das Licht in die Augen fällt. Es scheint, als würde die Kerze im gleichen Abstand hinter dem Spiegel stehen. Das Gehirn meldet: Ich sehe die Kerze hinter dem Spiegel. Vom scheinbaren Ort der Kerze geht aber in Wirklichkeit kein Licht aus. *Spiegelbilder sind Scheinbilder (virtuelle Bilder).* Sie lassen sich nicht auf einem Schirm auffangen wie die Bilder einer Sammellinse.

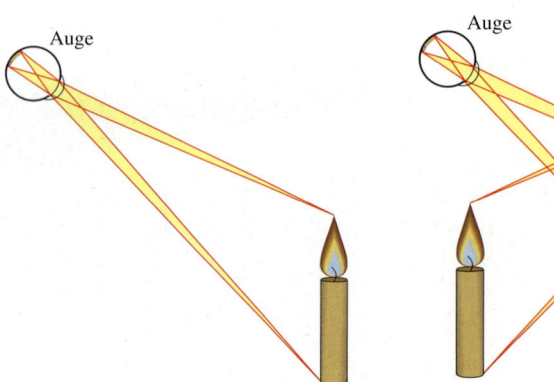

3 *Wir sehen die Kerze direkt.*

4 *Wir sehen das Spiegelbild der Kerze.*

Aufgaben

1 Eine Kerze brennt unter der Wasseroberfläche. ▶5 Erkläre den „Trick".

2 Tina sieht Martins Spiegelbild. ▶6 Wie gelangt das Licht von Martin zu ihr? So kannst du es herausfinden: Übertrage die Skizze ins Heft. Ermittle Martins Standort. Zeichne den Lichtweg von seiner Nase in Tinas Auge.

3 Beim *Winkelspiegel* stehen zwei Spiegel senkrecht aufeinander. ▶7 Übertrage die Zeichnung in dein Heft. Setze die Lichtwege fort. Was fällt dir auf?

5

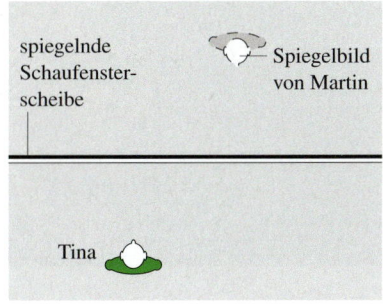

6 *Spiegelbild im Schaufenster*

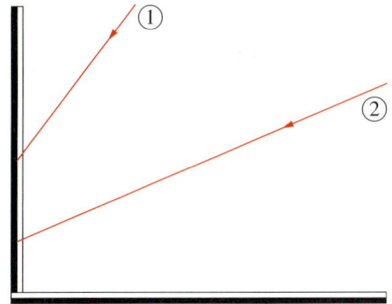

7 *Winkelspiegel*

Aus Umwelt und Technik Reflektoren und Spiegel für die Sicherheit

Reflektoren (Rückstrahler) sind für alle Fahrzeuge vorgeschrieben. Fahrräder müssen auch mit seitlichen Reflektoren ausgestattet sein. ▶8 Reflektoren werfen das Licht zurück – und zwar in die Richtung, aus der sie angestrahlt werden. Autofahrer können deshalb z. B. den Reflektor eines Fahrrads gut erkennen. Ein Reflektor, der von einem Autoscheinwerfer beleuchtet wird, ist heller als manches Fahrradrücklicht.
Der Reflektor beim Fahrrad besteht aus vielen kleinen Ecken. In jeder dieser Ecken stehen drei Spiegelflächen senkrecht zueinander. Die Wirkungsweise eines Reflektors kannst du dir deshalb am besten an einer Spiegelecke klarmachen. ▶9

Die Spiegelecke ist aus drei senkrecht zusammengeklebten Spiegeln aufgebaut. Wenn Licht auf die Spiegelecke trifft, wird es dreimal reflektiert. Dann fällt es genau in die Richtung zurück, aus der es kommt.
Rückspiegel helfen Autofahrern dabei, von hinten kommende Verkehrsteilnehmer zu sehen. Die Fahrer können aber nicht alles sehen, was sich hinter oder neben ihnen abspielt. ▶10 Der vordere Radfahrer befindet sich im „toten Winkel"; er ist im Rückspiegel nicht zu sehen. Hoffentlich biegt der Lastwagen nicht nach rechts ab ... Daher solltest du in solchen Situationen rechtzeitig anhalten – und zwar hinter dem Lastwagen und nicht neben ihm.

8 *Seitenreflektor*

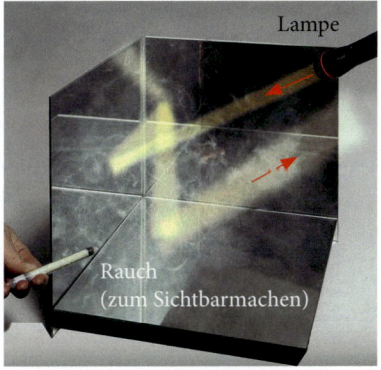

9 *Licht in einer Spiegelecke*

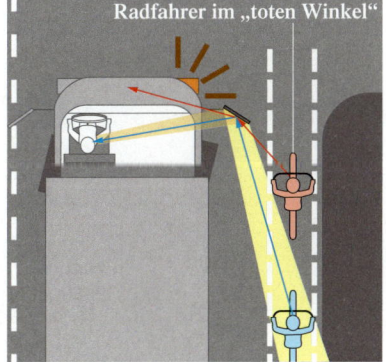

10 *„Toter Winkel"*

Scheinbilder durch Brechung

▷ Die Ureinwohner Australiens erlegen Fische vom Ufer aus mit einem Speer. Für diese Art zu fischen braucht man viel Erfahrung. Es ist gar nicht so einfach, einen Fisch zu treffen …

↻ 98-1 Simulation Fische jagen

1

Beobachten

1 **„Fische erlegen"** Zielt mit dem Glasrohr genau auf die Münze. Blickt dazu durch das Rohr. ▶2 Schiebt nun einen dünnen Stab als Speer durch das Rohr. Trefft ihr die Münze?
Leuchtet dann mit einem Laserpointer durch das Glasrohr …

2 **Die unsichtbare Münze** Legt eine Münze in eine Tasse. ▶3 Blickt so über den Rand, dass ihr sie nicht seht. Bewegt den Kopf nicht, während ihr Wasser eingießt. ▶4 Was beobachtet ihr?

3 **Lineal im Wasser** Füllt eine kleine Schale mit Wasser. Stellt ein Lineal senkrecht hinein. Schaut darauf – zuerst schräg, dann fast parallel zur Wasseroberfläche. Was fällt euch an der Skala des Lineals auf? ▶5

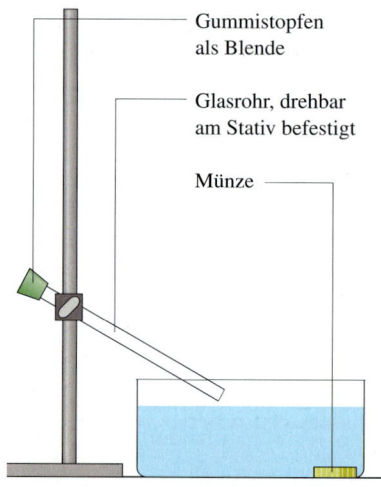

Gummistopfen als Blende

Glasrohr, drehbar am Stativ befestigt

Münze

2

3

4

5

Grundlagen Scheinbilder durch Brechung des Lichts

6 *Die Beine scheinen geschrumpft.*

7 *Sind die Schilfrohre geknickt?*

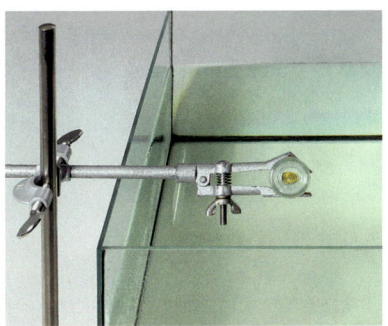

8 *Die Münze ist anvisiert.*

Scheinbar angehoben Im Wasser kannst du Seltsames sehen. ▶6–7 In einer Tasse siehst du eine Münze, die durch den Tassenrand verdeckt ist. ▶3–4 Du peilst eine Münze im Wasser durch ein Rohr an. ▶8 Wenn du aber einen Stab durch das Rohr schiebst, trifft er die Münze nicht. Bei all diesen Beobachtungen fällt eine Gemeinsamkeit auf:

| Beim Blick ins Wasser scheinen uns die Dinge angehoben.

Schützenfische spucken Wasser auf Insekten. ▶9 Die Beutetiere fallen ins Wasser und werden gefressen. Die Fische müssen unter die Stelle zielen, an der sie die Insekten sehen. Denn auch beim Blick aus dem Wasser scheint alles angehoben zu sein.

9 *Tiefer gezielt – und doch getroffen*

Der Knick im Licht – Brechung Warum siehst du die Münze durch das Glasrohr, obwohl der hindurchgeschobene Stab sie nicht trifft? ▶2 Zielst du mit einem Laserpointer durch das Rohr, so trifft das Licht die Münze! Das Licht verläuft nicht gerade wie ein Stab. Es hat an der Wasseroberfläche einen Knick. ▶10
Die Münze streut Licht. Auf dem Weg zum Auge wird das Licht an der Wasseroberfläche geknickt. ▶11 Unser Gehirn nimmt die Münze in der Richtung wahr, aus der das Licht ins Auge fällt. Wir sehen daher ein Scheinbild der Münze über ihrem richtigen Ort. ▶12
Die Richtungsänderung des Lichts an der Oberfläche von Wasser, Glas und anderen durchsichtigen Stoffen heißt *Brechung*.

| Licht wird beim Übergang von Wasser (oder Glas) in Luft oder von
| Luft in Wasser gebrochen.

Aufgaben

1 Beschreibe, was man unter der Brechung des Lichts versteht.

2 Die Beine des Jungen sehen verkürzt aus. ▶6 Erkläre diese Beobachtung.

3* „Wenn man in ein Aquarium blickt, sieht man nur Scheinbilder der Fische." Begründe die Aussage.

↻ 99–1 Animation Optische Hebung

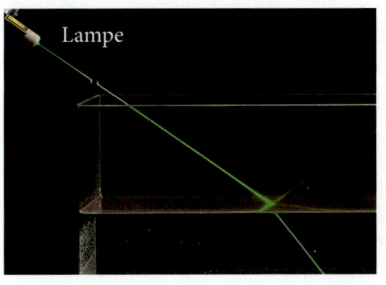

10–11 *Brechung an der Wasseroberfläche*

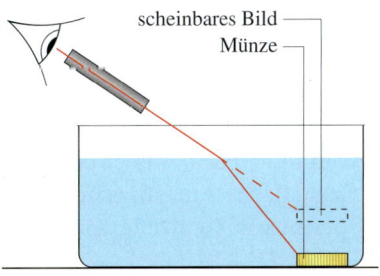

12 *Scheinbild durch Brechung*

Erweiterung: Die Totalreflexion

▷ Eine Hand im Aquarium –
von unten betrachtet …

1

Untersuchen

1 **Wasser als Spiegel?** Füllt ein Glas mit Wasser. Haltet einen Finger dicht über das Wasser. Blickt schräg von unten auf die Wasseroberfläche. Seht ihr den Finger? Taucht nun den Finger in das Wasser. Welche Teile des Fingers seht ihr, welche nicht?

2 **Silber im Reagenzglas?** Haltet ein leeres Reagenzglas in ein Glas mit Wasser. Betrachtet das Glas schräg durch das Wasser hindurch. Beschreibt eure Beobachtung.

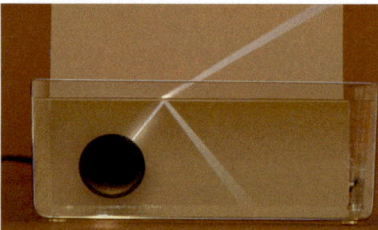

2

3 **Wasserspiegel** Lasst Licht vom Wasser in die Luft eindringen. ▶2 Richtet das Licht immer flacher auf die Wasseroberfläche. Was geschieht?

4***Licht im gebogenen Wasserstrahl** ▶3 Stecht mit einem Nagel zwei gegenüberliegende Löcher in einen Becher. Verschließt ein Loch wasserdicht mit durchsichtigem Klebeband. Leuchtet mit der Lampe durch beide Löcher hindurch. Wenn an der Wand dahinter ein Lichtfleck zu sehen ist, habt ihr beide Löcher getroffen. Füllt dann Wasser in den Becher. Vergesst nicht, das auslaufende Wasser aufzufangen. Notiert und erklärt eure Beobachtung.

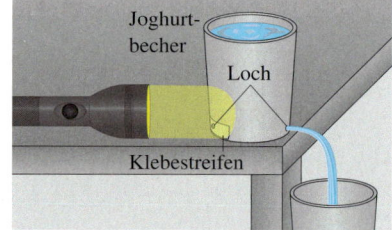

3

Grundlagen Brechung und Reflexion

Licht wird an der Oberfläche von Wasser oder Glas gebrochen. Die Brechung ist umso stärker, je flacher das Licht auftrifft. Aber das ist nicht alles: Ein Teil des Lichts wird immer auch reflektiert.
Beim Übergang des Lichts von Wasser oder Glas in Luft beobachtet man etwas Besonderes: ▶4 Wenn das Licht sehr flach auf die Oberfläche trifft, gelangt gar kein Licht nach außen. Das gesamte Licht wird reflektiert.

> **Wenn Licht aus Wasser oder Glas kommt und sehr flach auf die Grenzfläche zur Luft trifft, wird es vollständig reflektiert. Man spricht von Totalreflexion.**

Bei Totalreflexion wirken Wasser- oder Glasflächen wie Spiegel.

4 *Licht beim Austritt aus Wasser*

Glasfasern als Lichtleiter

Nachrichtenübertragung durch Glasfasern Wird Glas zu feinen Fasern gezogen, dann kann man es biegen. Wenn Licht an einem Ende in die Glasfaser eintritt, bleibt es im Innern und folgt jeder Biegung. Denn in der Glasfaser wird das Licht ständig total reflektiert und breitet sich in Richtung der Faser aus. Solche Glasfasern nennt man *Lichtleiter*. Viele sehr dünne Glasfasern bündelt man zu Glasfaserkabeln. ▶5–7

Glasfaserkabel übertragen Telefongespräche, Fernsehsignale und Daten für das Internet. Sprache oder Zeichen werden dazu in elektrische Signale und dann in Lichtblitze umgewandelt. Beim Empfänger werden die Informationen wieder zurückverwandelt. In modernen Glasfasernetzen können bis zu 30 Billionen Lichtblitze pro Sekunde übertragen werden. Bei größeren Entfernungen werden sie unterwegs von weiteren Lichtquellen erneuert und verstärkt.

Mit einer einzigen Glasfaser lassen sich Zehntausende von Telefongesprächen gleichzeitig führen. Im selben Leitungsnetz kann man auch Computerdateien, Fernseh- und Rundfunkprogramme übertragen.

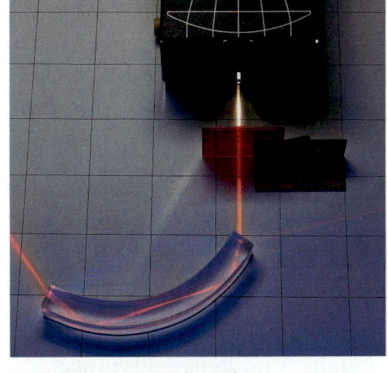

5 *Licht geht um die Ecke.*

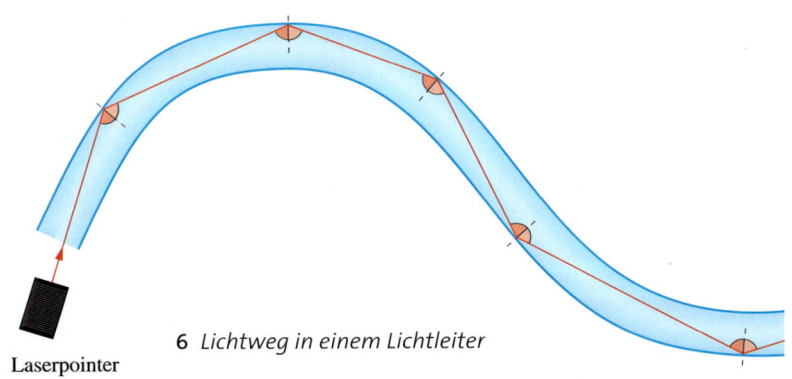

6 *Lichtweg in einem Lichtleiter*

Laserpointer

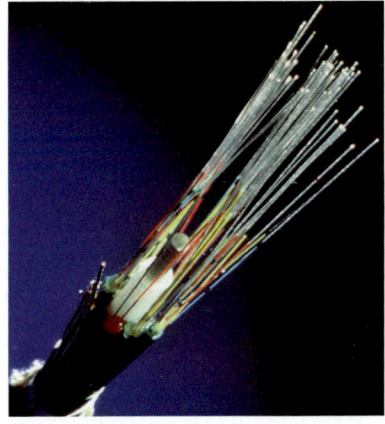

7 *Glasfaserkabel*

Blick in den Magen Manchmal müssen Ärzte einen Blick in den Magen werfen. Dazu benutzen sie ein *Endoskop*. Das schlauchartige Gerät wird über die Speiseröhre eingeführt. Es besteht im Wesentlichen aus zwei Glasfaserbündeln. ▶8 Durch das äußere Bündel wird Licht in den Magen geleitet (1). Vor dem Ende des inneren Glasfaserbündels befindet sich ein Objektiv (2). Es erzeugt ein Bild. Das Bild wird durch die Lichtleiter Punkt für Punkt übertragen. Am anderen Ende der Lichtleiter betrachtet es der Arzt mit einer Lupe. Oder das Bild wird mit einer winzigen Videokamera aufgenommen und auf einem Monitor betrachtet.

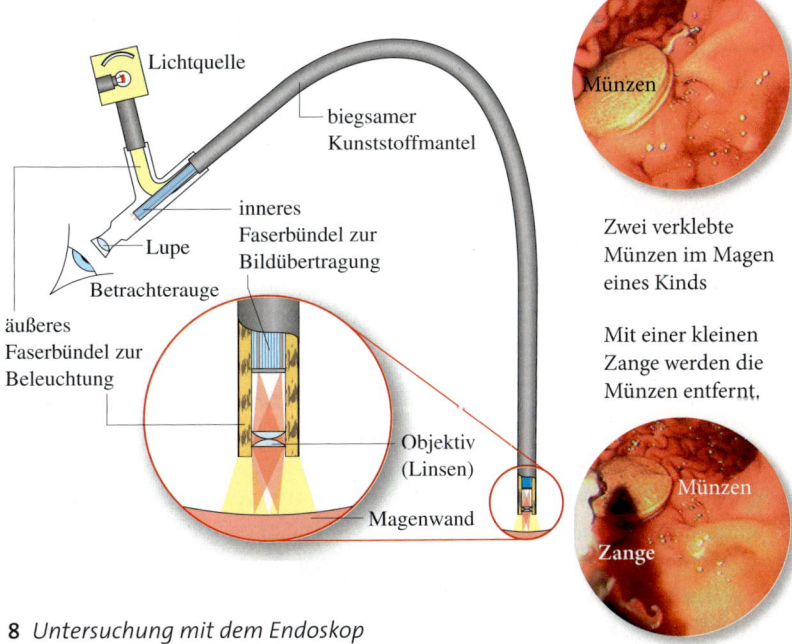

Lichtquelle

biegsamer Kunststoffmantel

inneres Faserbündel zur Bildübertragung

Lupe

Betrachterauge

äußeres Faserbündel zur Beleuchtung

Objektiv (Linsen)

Magenwand

Münzen

Zwei verklebte Münzen im Magen eines Kinds

Mit einer kleinen Zange werden die Münzen entfernt,

Münzen

Zange

8 *Untersuchung mit dem Endoskop*

Überblick

Eigenschaften von Spiegelbildern
Spiegelbilder sind Scheinbilder (virtuelle Bilder). Sie liegen hinter der Spiegelebene, also an einem Ort, von dem kein Licht in unser Auge gelangen kann.
Beim Spiegelbild wird die Richtung senkrecht zur Spiegelebene umgekehrt. Daher sind vorne und hinten vertauscht. ▸1

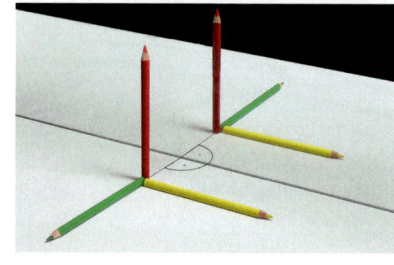

1 *Richtungen im Spiegelbild*

Das Reflexionsgesetz
Einfalls- und Reflexionswinkel sind gleich groß. Beide Lichtstrahlen und das Einfallslot liegen in einer Ebene. ▸2

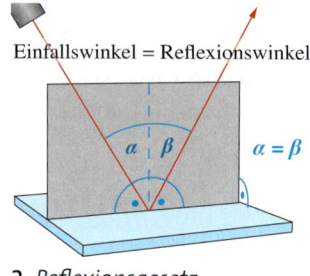

Einfallswinkel = Reflexionswinkel

α β $\alpha = \beta$

2 *Reflexionsgesetz*

Erweiterung: Warum wir Spiegelbilder sehen
Licht vom Gegenstand wird am Spiegel umgelenkt und gelangt ins Auge. Von der Reflexion merken wir nichts. Wir sehen den Gegenstand in der Richtung, aus der das reflektierte Licht ins Auge fällt. ▸3

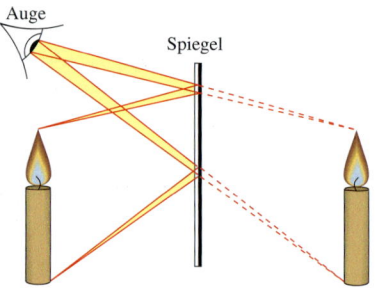

Auge

Spiegel

3 *Entstehung des Spiegelbilds*

Brechung an Grenzflächen
An der Grenzfläche zwischen Luft und Wasser (oder Glas) wird Licht aus seiner ursprünglichen Richtung abgelenkt. Es wird gebrochen. ▸4 Die Brechung ist umso stärker, je flacher das Licht auf die Grenzfläche fällt. ▸5

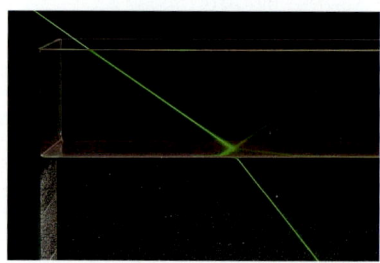

4 *Brechung beim Übergang des Lichts von Luft nach Wasser*

5 *Brechung beim Übergang des Lichts von Wasser nach Luft*

Scheinbilder durch Brechung
Wenn Licht nach der Brechung in unser Auge fällt, merken wir von der Ablenkung nichts. Wir sehen den Gegenstand in der Richtung, aus der das gebrochene Licht ins Auge fällt. Gegenstände im Wasser erscheinen uns daher angehoben und geknickt. ▸6

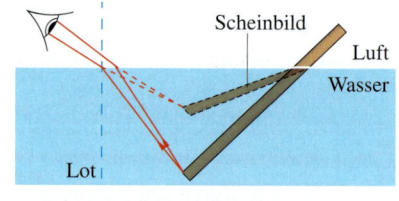

Scheinbild

Luft

Wasser

Lot

6 *Scheinbild durch Brechung*

Erweiterung: Totalreflexion
Wenn Licht aus Wasser (oder Glas) kommt und sehr flach auf die Grenzfläche zur Luft fällt, wird es *vollständig* reflektiert (Totalreflexion). ▸7

7 *Brechung und Totalreflexion*

Alles klar?

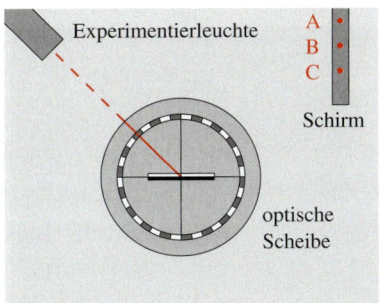

8 *Von wo gelangt Licht ins Auge?*

9 *Welcher Punkt wird getroffen?*

10 *Wo ist das Spiegelbild der Möwe?*

1 Der Physiker sagt: „Weiße Wände *streuen* das Licht, Spiegel *reflektieren* es." Beschreibe den Unterschied der beiden Begriffe.

2 In einem Kasten sind mehrere Spiegel angeordnet. ▶8 Welchen der drei Gegenstände kann das Mädchen sehen?

3 Auf welchen Punkt (A, B oder C) fällt das Licht? ▶9

4* Die Möwe spiegelt sich im Wasser. ▶10

a Wo sieht der Mann das Spiegelbild des Vogels? Löse die Aufgabe mit einer Zeichnung in deinem Heft. *Tipp:* Ein Spiegelbild ist genauso weit hinter dem Spiegel zu sehen, wie der Gegenstand vor dem Spiegel steht.

b Zeichne den Lichtweg von der Möwe bis zum Auge des Mannes in deine Zeichnung ein.

5 Beim Blick in den Rückspiegel sieht der Fahrer ein Auto. In welche Richtung wird es abbiegen? ▶11

11 *Wohin biegt das Auto ab?*

6* Ein einfacher Versuch zum Knobeln: Unter einer Lampe liegt ein Spiegel auf dem Boden. ▶12 Dicht über den Spiegel wird eine Hand gehalten. An der Decke sieht man *zwei* Schattenbilder der Hand. Erkläre, wie es dazu kommt.

7 Übertrage die Zeichnung in dein Heft und skizziere den weiteren Lichtweg. ▶13

8 Wohin muss der Taucher zielen, damit sein Freund auf dem Schiff das Licht sieht? ▶14 Begründe deine Antwort mit einer Zeichnung.

9* Glasfaserleuchten sind dekorativ. ▶15 Wo befindet sich die Lichtquelle? Warum leuchten fast nur die Faserenden? Erkläre es mit einer Zeichnung.

12 *Eine Hand – zwei Schatten*

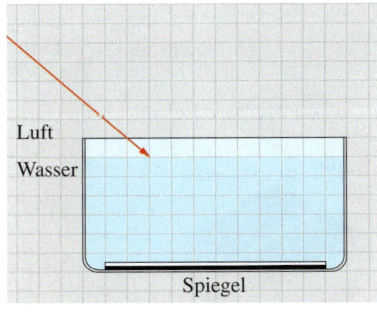

13

14

15

Sonnenlicht steckt voller Farben

▷ Woher kommen die Regen-
bogenfarben? Tautröpfchen,
Prisma und Sonnenlicht sind
doch farblos!

↻ 104–1 Bilderserie Farben in der Natur

1 *Tau auf einem Spinnennetz*

2 *Blick durch ein Prisma aus Glas*

Beobachten

1 Farben im Sonnenlicht? Stellt ein bauchiges Weinglas voll Wasser auf
einer Fensterbank in die Sonne. ▶**3** Lasst die Rollläden weit herunter. Das
Sonnenlicht soll gerade noch von oben auf die Wasserfläche fallen.
a Verfolgt das Lichtbündel hinter dem Weinglas mit einem weißen Blatt
Papier. Sucht die Stelle auf dem Fußboden, wo die Farben zu sehen sind.
b Skizziert euren Versuchsaufbau und die Stelle, an der die Farben auf dem
Fußboden zu sehen sind.

2 Weißes Licht fällt durch ein Prisma Ihr benötigt eine Lampe mit einem
Spalt. ▶**4** Legt die leuchtende Lampe auf ein Blatt Papier. Der Spalt soll
aufrecht stehen. Stellt das Prisma in den Lichtweg. Dreht es, bis ihr
Farben erkennen könnt. Zeichnet den Versuch und die Beobachtung auf.

3 Das Spektrum ▶**5** Im dunklen Raum wird der Projektor zunächst ohne
das Prisma so eingestellt, dass ein scharfes Bild des Spalts auf einer
Wand (Leinwand) entsteht. Nun wird das Prisma in das weiße Lichtbündel gehalten und ganz langsam gedreht. In einiger Entfernung vom
Spaltbild taucht links oder rechts ein farbiges Lichtband auf. Dann wird
das Prisma in dieser Position mit einem Stativ festgehalten.
a Was beobachtet ihr? Beschreibt es.
b Das farbige Lichtband, das ihr auf dem Schirm seht, heißt *Spektrum*.
Notiert die Spektralfarben in ihrer Reihenfolge.
c „Das Prisma färbt das Licht ein." Könnt ihr diese Behauptung wider-
legen? *Tipp:* Haltet ein Blatt weißes Papier direkt hinter das Prisma und
bewegt es auf den Schirm zu.
d Tauscht die Schlitzblende gegen eine Lochblende aus. Erklärt die Form,
die das Spektrum mit den verschiedenen Blenden hat.
e Lässt sich das Licht des Spektrums weiter auffächern? Haltet 50 cm vor
den Schirm ein zweites Prisma in den Lichtweg. Dreht es so, dass eine
Farbe nach oben aus dem Spektrum herausgelenkt wird.
f Reflektiert das ganze Spektrum mit einer Spiegelfolie auf eine weiße
Wand oder einen Schirm. Biegt die Folie nun so, dass die Farben zusammengeführt werden. Was beobachtet ihr?

3

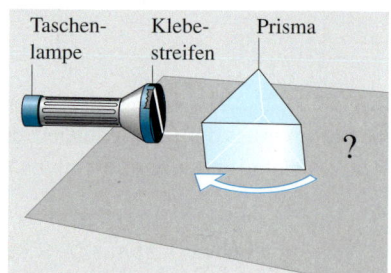

4

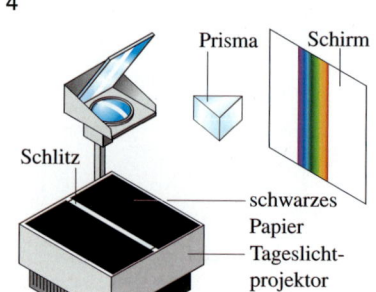

5

4 Sonnenlicht fällt auf eine CD

a Haltet eine CD ins Sonnenlicht. Sie schillert dort in bunten Farben – ähnlich wie eine Seifenblase.

b Geht in ein Zimmer, in das die Sonne direkt hineinscheint. Lasst die Rollläden so weit herunter, dass nur noch ein etwa 5 cm dickes Lichtbündel ins Zimmer fällt. Haltet die CD in dieses Licht und „spiegelt" es auf die Wand neben dem Fenster. Was seht ihr?

5*Bauanleitung: Das „Regenbogenguckloch" *Ihr braucht:* Multispektralfolie in der Größe 15 mm · 15 mm (ihr bekommt sie von eurer Lehrerin oder dem Lehrer), dünne Pappe (Längsstreifen von einer Postkarte, 15 cm · 2,5 cm), Locher für Akten, Klebstoff.

a Schneidet den Pappstreifen ab (1). ▶6
Knickt ihn in der Mitte und faltet ihn zusammen (2).
Locht den gefalteten Pappstreifen (3).
Klappt die Pappe auf und klebt die Folie ein. Tragt nur wenig Klebstoff um das Loch herum auf! Es darf kein Klebstoff auf die Folie im Guckloch kommen (4).

b Schaut durch das Regenbogenguckloch in verschiedene Lichtquellen: Lampen, LEDs, Kerzen ...

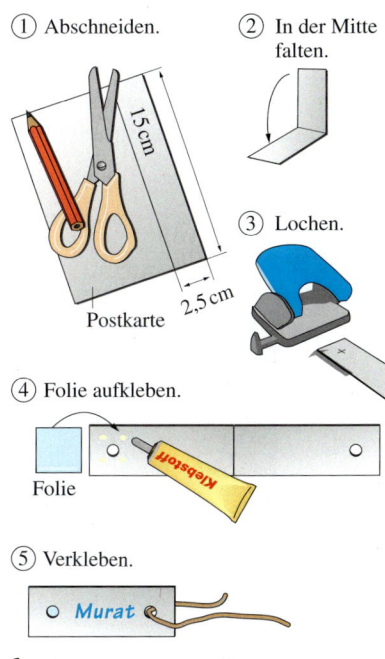

① Abschneiden. ② In der Mitte falten.

15 cm

③ Lochen.

2,5 cm

Postkarte

④ Folie aufkleben.

Folie   Klebstoff

⑤ Verkleben.

Murat

6

Grundlagen **Sonnenlicht wird zerlegt**

Wenn Sonnenlicht auf ein Prisma fällt, wird es zweimal in die gleiche Richtung gebrochen. Dabei wird es auch „gespreizt". ▶7 Dicht hinter dem Prisma sind auf einem Schirm bunte Ränder an der beleuchteten weißen Fläche zu erkennen. In einiger Entfernung entsteht ein buntes Lichtband auf dem Schirm: das *Spektrum*. Die farbigen Lichter des Spektrums heißen Spektralfarben. Das sichtbare Spektrum des Sonnenlichts reicht von Violett über Blau, Grün und Gelb bis zu Rot. ▶8

> **Weißes Licht ist aus den Spektralfarben zusammengesetzt.**
> **Hinter einem Prisma entsteht das Spektrum, weil die farbigen Lichter verschieden stark gebrochen werden. Violettes Licht wird am meisten abgelenkt, rotes Licht am wenigsten.**
> **Das Licht einer Farbe im Spektrum lässt sich nicht weiter zerlegen.**
> **Zusammenführen aller Spektralfarben ergibt weißes Licht.** ▶9

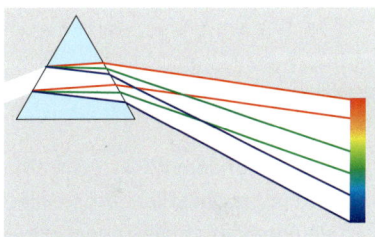

7 *Zerlegung von Sonnenlicht in die Spektralfarben*

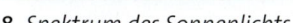

8 *Spektrum des Sonnenlichts*

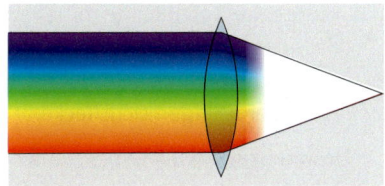

9 *Zusammenführen der Spektralfarben*

Aufgaben

1 Welche Spektralfarbe wird von einem Prisma am stärksten gebrochen, welche am schwächsten?

2 Prismen mit vielen kleinen Flächen sind als Fensterschmuck beliebt. Bei Sonnenschein sieht man auf den Wänden im Zimmer bunte Lichtbänder. Erkläre, wie sie entstehen.

3* Licht fällt von der Sonne auf ein Prisma. Auf einem Schirm dicht hinter dem Prisma sieht man eine weiße Fläche mit farbigen Rändern. Erkläre diese Beobachtung.

Wie entstehen die Farben beim Bildschirm?

▷ Vor 40 Jahren trug eine Mannschaft helle Trikots, die andere dunkle. Farben konnte das Fernsehgerät nicht zeigen.

▷ Heute gehört Farbfernsehen zum Alltag. Der Bildschirm kann Millionen Farben darstellen.

2

1

↻ 106–1
Simulation Additive Farbmischung mit Spotlampen
Simulation Monitorfarben
Simulation Farben mischen

Untersuchen

1 Farben auf dem PC Erzeugt auf dem Monitor weiße und unterschiedlich farbige Flächen. ▶3 Betrachtet sie mit einer starken Lupe. In welchen Farben leuchten die Leuchtpunkte?

2 Farbige Lichter mischen Drei farbige Spotlampen (40 W, mattiert) werden im Dreieck angeordnet. ▶4

a Haltet eine Lochblende mit ausgestrecktem Arm so, dass das Licht der Lampen durch das Loch auf einen durchscheinenden Schirm fällt. Erklärt die Anordnung der farbigen Lichtflecke.

b Nähert die Lochblende dem Schirm, bis sich die farbigen Lichtflecke teilweise überlappen. Welche Farbe ergibt sich aus der Mischung jeweils zweier Lampen? Welche Farbe hat die Stelle, auf die das Licht aller Lampen fällt?

c* Haltet statt der Lochblende einen Finger vor den Schirm. Wie viele verschiedene Farben könnt ihr in den Schatten erkennen? Erklärt, durch welches Licht die einzelnen Farben zustande kommen. *Tipp:* Testet es durch Ein- und Ausschalten einzelner Lampen.

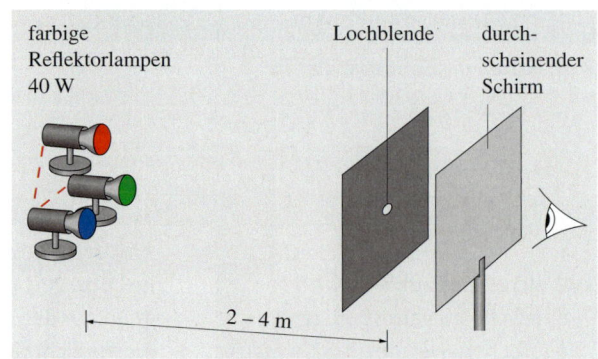

3

farbige Reflektorlampen 40 W   Lochblende   durch-scheinender Schirm

2 – 4 m

4

   ## Farbige Lichter und ihre Mischung

Bildschirme können Millionen verschiedener Farben darstellen. Aber
der Blick durch eine Lupe zeigt: Alle Farben des Bildschirms sind aus
roten, grünen und blauen Leuchtpunkten zusammengesetzt. ▶5

5

An den roten Stellen des Bildschirms leuchten nur die roten Punkte, an
den grünen nur die grünen Punkte …

Wenn benachbarte rote und grüne Punkte gleich hell leuchten, sehen wir
Gelb auf dem Bildschirm. Unsere Augen erkennen die winzigen Punkte
ohne Lupe nicht einzeln. Das Licht der Farbpunkte mischt sich zu Gelb.
Weiß sehen wir, wenn alle Farbpunkte hell leuchten. Auf grauen Flächen
leuchten auch alle Punkte gleich hell, aber schwächer.

Beim Bildschirm entstehen die verschiedenen Farben dadurch, dass die
Farbpunkte in ihrer Helligkeit verändert werden. Auch die dunklen Stellen zwischen den Farbpunkten tragen zum Farbeindruck bei.

Mischungen farbiger Lichter gibt es nicht nur beim Fernseher: Auch
wenn eine weiße Wand von rotem und grünem Licht beleuchtet wird,
leuchtet sie für uns gelb. ▶6–7

6 *Mischung farbiger Lichter*

Spektralfarben	Mischfarbe
Rot + Grün	Gelb
Rot + Blau	Magenta
Blau + Grün	Cyan
Rot + Grün + Blau	Weiß

> **Durch Mischen von rotem, grünem und blauem Licht kann man
> Licht in jeder Farbe erzeugen.**

7 *Mischungsregeln für farbige Lichter*

1 Kannst du überhaupt Rot und Grün unterscheiden? Führe den Farbsehtest
durch. ▶8 Notiere die Zahlen, die du siehst. Vergleicht eure Ergebnisse.

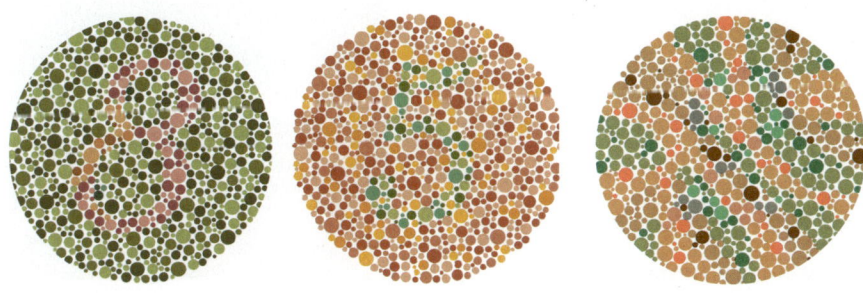

8 *Farbsehtest (vereinfacht)*

Untersuchen

1*Geänderte Beleuchtung

a Ein bunter Blumenstrauß ▶1 wird mit gelben Natriumflammen beleuchtet. Dazu werden mehrere Magnesiastäbchen in eine Kochsalzlösung getaucht und dann in die farblose Flamme von Gasbrennern gehalten. Der Raum ist verdunkelt. Beschreibt eure Beobachtung. Beobachtet auch die Farben anderer Gegenstände im Licht der „Kochsalzflammen". Welche Farben könnt ihr noch erkennen, welche nicht?

b Wie sähe die Welt wohl aus, wenn uns die Sonne kein weißes Licht senden würde? Der abgedunkelte Fachraum wird nacheinander mit einer roten, grünen, blauen ... Lampe beleuchtet.
Achtet auf die farbigen Gegenstände im Raum. Notiert jeweils, welche Farben ganz verschwinden.

1 *Blumenstrauß im Sonnenlicht*

Erweiterung
Warum sieht der Pullover blau aus?

„Das ist ja ein schreckliches Blau", stöhnt Anna. Dabei gefiel ihr die Farbe im Laden so gut. Kann sich die Farbe denn verändert haben? Wie kommen die Farben der Dinge zustande?

Wenn Sonnenlicht auf den Pullover fällt, verschluckt die Wolle viele Spektralfarben. Nur Blau wird gestreut, dazu etwas Grün und etwas Violett. Die Mischung dieser Lichter fällt in unsere Augen und ergibt die wahrgenommene Farbe. ▶2

Welche Farben wir sehen, hängt auch von der Beleuchtung ab: Bei Sonnenschein sehen Farben anders aus als bei gelber Straßenbeleuchtung. ▶3

Grünes, rotes oder blaues Licht sendet die Lampe gar nicht aus. Nur gelbes Licht kann gestreut werden.

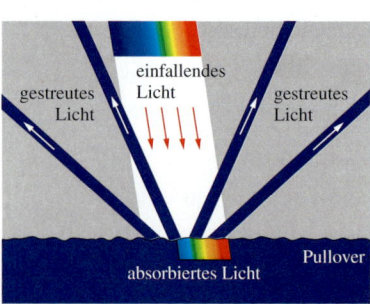

2 *Blau wird gestreut.*

3

Aufgaben

1*Im Sonnenlicht sehen Jeans blau aus.
a Erkläre, wie es zu diesem Farbeindruck kommt.
b In gelbem Licht sehen die Jeans schwarz aus. Erkläre den Unterschied.

2*Hier sehen wir die blauen Blüten nicht. ▶4 Erkläre den Unterschied. ▶1
Wieso sehen die gelben Blüten immer noch gelb aus?

4

Teste dich!

▷ Die Lösungen findest du im Anhang.

1 „Gesehen werden" bringt mehr Sicherheit im Straßenverkehr.

a Beurteile das Verhalten der Fußgänger. ▶**5** Was hätten sie noch besser machen können?

b Wodurch kann ein Radfahrer im Dunkeln seine Sicherheit erhöhen?

c „Wenn die Straßenlaternen leuchten, kann ich alles sehen. Da brauche ich doch kein Licht am Fahrrad." Bewerte diese Aussage.

2 Tim geht im Dunkeln an Straßenlaternen vorbei.

a Auf dem Gehweg ist ein Schattenbild zu sehen. Erkläre, wie es entsteht.

b Wann ist das Schattenbild kurz, wann lang? Unter welchen Umständen hat Tim zwei Schatten? Fertige als Antwort drei Zeichnungen an.

3 Löcher erzeugen Bilder.

a Beschreibe eine Lochkamera.

b Skizziere, wie in einer Lochkamera das Bild einer Tanne entsteht.

c Die Lochkamera soll einmal größere und einmal schärfere Bilder erzeugen. Beschreibe, wie man dazu vorgehen muss.

4 Sammellinsen erzeugen Bilder.

a Vor dem Loch einer Lochkamera wird eine Sammellinse befestigt. Nenne den wichtigsten Vorteil und Nachteil der Sammellinse.

b Beurteile das Regentropfenfoto: ▶**6**
Das ist eine Fotomontage mehrerer Bilder. (1)
Das Foto ist bearbeitet – das Haus ist verzerrt. (2)
Das Foto steht auf dem Kopf. (3)
Das Foto steht richtig. (4)

5 Sehen

a Benenne die Teile des Auges. ▶**7** Ordne ihnen eine Funktion zu.

b „Damit du eine Kerze sehen kannst, ist nicht nur das Auge wichtig." Verdeutliche diesen Satz an einem Beispiel.

6 Spiegel

a Sieht man im Spiegel alles seitenverkehrt? Gib an, was vertauscht wird.

b Chris ist größer als ihre Mutter. Wenn sie deren Auto fährt, verstellt sie die Spiegel. In welche Richtung?

c Man sieht sich selbst im Spiegel nicht, wenn man seitlich am Spiegel steht. Erkläre diese Beobachtung.

d Was ist das Besondere an einem „Rückstrahler"? Erkläre.

7 Lichtbrechung

a Im Bericht der Feuerwehr steht: „Ursache des Zimmerbrands war eine Vase auf der Fensterbank." Ist das möglich? Begründe deine Meinung.

b Wohin muss der Indianer zielen? ▶**8** Übertrage die Skizze in dein Heft und ergänze den Lichtweg vom Fisch zum Auge des Indianers. Erkläre.

8 Farben

a Sonnenlicht lässt sich mit dem Prisma in Spektralfarben zerlegen. ▶**9** Schreibe sie hintereinander auf.

b Aus welchen drei Spektralfarben entsteht auf dem Monitor weißes Licht?

c* Ein Hemd sieht im Sonnenlicht weiß aus, weil es schwarzes Licht absorbiert (1), keine Spektralfarben absorbiert (2), alle Spektralfarben streut (3). Welche Aussage ist falsch, welche stimmt? Begründe jeweils.

5

6

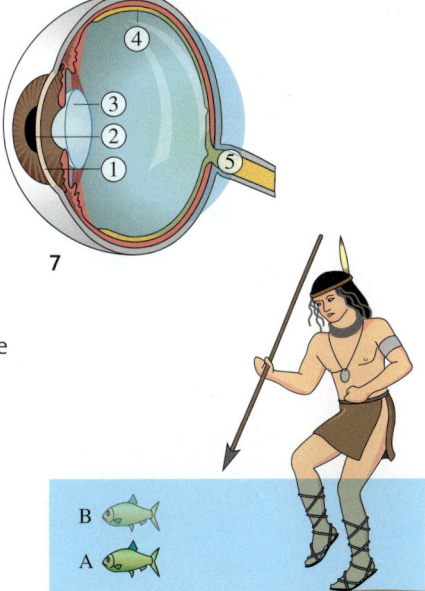

7

8

9

Rezept
für eisgekühlte Limonade

Zutaten:
0,3 l Leitungswasser,
Zucker (nach Geschmack),
1 Teelöffel Zitronensaft (Zitronensäure),
etwas Backpulver, Eiswürfel

Zubereitung:
Der Zitronensaft und der Zucker werden
in das Wasser eingerührt.
Anschließend gibt man eine Messerspitze
Backpulver hinzu.
Vor dem Trinken wird die Limonade
mit Eiswürfeln gekühlt.
Ein frisches Getränk – nicht nur
für heiße Sommertage!

Ein Gegenstand –
verschiedene Stoffe?

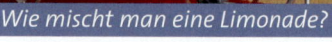

Wie mischt man eine Limonade?

Trinkwasser aus Meerwasser?

Wie schafft man es, Glas zu formen?

Alles aus Stahl. Welche
Eigenschaften hat Stahl?

Stoffe im Alltag

▷ Stoff – das ist nicht nur der Baumwollstoff deiner Jeans. Im Haushalt begegnen uns weit über 3000 verschiedene Stoffe. Dazu gehören auch Farbstoffe, Klebstoffe, Brennstoffe, Duftstoffe, Putzmittel, Medikamente, Werkstoffe, Lebensmittel, Baustoffe, Getränke …

▷ Die ganze Welt besteht aus Stoffen: Sand und Silber, Erdöl und Eichenholz, Zucker und Zitronenlimonade. Noch niemand hat gezählt, wie viele Stoffe es gibt. Aber man hat sie in Gruppen geordnet: Metalle, Hölzer, Kunststoffe …

▷ Jeder Stoff hat bestimmte Eigenschaften. Sie bestimmen, wofür man die Stoffe benutzt und wie man sie bearbeitet. Du wirst lernen, Stoffe an ihren Eigenschaften zu unterscheiden.

▷ Manche Stoffe sind miteinander vermischt: Kies und Sand, Wasser und Salz. Die Eigenschaften der Stoffe helfen uns, wenn wir sie trennen wollen.

Methode / Sicheres Experimentieren

Früher versuchten die Alchemisten, Eisen, Kupfer und andere Stoffe in Gold umzuwandeln. Diese Umwandlung ist ihnen niemals gelungen, aber sie entdeckten viele Stoffe und chemische Vorgänge.

Heute beschäftigt sich die Chemie mit der Herstellung von Kunststoffen, Düngemitteln, Arzneimitteln, Kunstfasern und Treibstoffen aus geeigneten Rohstoffen.

Damit bei chemischen Experimenten nichts passiert, musst du die Sicherheitsvorschriften beachten. Mit dem Laborführerschein weist du nach, dass du dich mit dem Arbeiten im Fachraum auskennst. ↻ 112–1

Vor dem Experimentieren

Vor dem Experimentieren den Tisch leer räumen. Die Versuchsanleitung genau lesen oder besprechen. Den Versuchsaufbau immer vom Lehrer bzw. von der Lehrerin kontrollieren lassen!

Immer eine Schutzbrille aufsetzen!

Lange Haare müssen zusammengebunden werden, sonst könnten sie vom Gasbrenner angezündet werden.

1 *Vorher Versuchsanleitung lesen.*

2 *Schutzbrille aufsetzen.*

3 *Lange Haare zusammenbinden.*

Beim Experimentieren

Achtung: In Fachräumen nicht essen oder trinken, auch nicht schminken! Probiert nie den Geschmack von Chemikalien!

Erhitzen von Flüssigkeiten im Reagenzglas: Haltet das Glas schräg. Schüttelt den Inhalt vorsichtig hin und her. Die Glasöffnung nie auf Personen richten!

Wollt ihr eine Geruchsprobe durchführen? Niemals die Nase direkt über das Gefäß halten! Fächelt euch aufsteigende Dämpfe zu.

Arbeitet immer nur mit kleinen Mengen! Schüttet Reste nie in die Gefäße zurück! Fasst Chemikalien nicht mit den Fingern an. Benutzt dafür einen sauberen Spatel (Löffel)!

Entsorgt Chemikalien nur in die dafür vorgesehenen Behälter. Meldet jede „Panne" sofort!

4 *Reagenzglas schräg und vom Körper weg halten.*

5 *Aufsteigende Dämpfe zufächeln.*

6 *Kleine Mengen verwenden. Chemikalien nicht anfassen. Nach dem Versuch Chemikalien entsorgen und nicht zurückschütten.*

7 *„Pannen" sofort melden.*

Nach dem Experimentieren

Räumt euren Arbeitsplatz auf. Wischt den Tisch ab. Wascht euch die Hände.

Methode / Bedienungsanleitung für den Gasbrenner

Es gibt unterschiedliche Arten von Gasbrennern. Deshalb können die Gasbrenner an eurer Schule anders aussehen als hier gezeichnet. Dann müsst ihr euch genau zeigen lassen, wie sie bedient werden. Das muss natürlich geschehen, bevor ihr damit arbeitet!

↻ 114–1 Animation Gasbrenner

1 *Wie funktioniert der Gasbrenner?*

1200 °C

1500 °C

300 °C

Luft
Gas

Luftzufuhr (2), geöffnet

Gaszufuhr (1), geöffnet

2 *Gasbrenner*

Bedienungsanleitung

Die Gaszufuhr (1) und die Luftzufuhr (2) müssen geschlossen sein. Überprüfe es!

Öffne den Gashahn am Tisch. Entzünde dann ein Streichholz oder ein Feuerzeug. Öffne die Gaszufuhr am Brenner und halte die Flamme von der Seite an das ausströmende Gas.

Mit der Gaszufuhr am Brenner stellst du die Höhe der rötlich gelben Flamme auf ca. 10 cm ein. Diese Flamme ist rund 1000 °C heiß; sie rußt stark.

Öffne nun vorsichtig die Luftzufuhr, bis die Flamme eine bläuliche Farbe hat. Die Flamme ist jetzt viel heißer (1200 bis 1500 °C) und rußt nicht mehr. Am heißesten ist sie etwas unterhalb der Spitze.

Vergiss nicht, Gaszufuhr und Luftzufuhr am Brenner nach dem Versuch zu schließen.

Sicherheitsmaßnahmen

Informiere dich für den Notfall, wo Feuerlöscher und Löschdecke sind. Du solltest auch wissen, wo sich der nächste „NOT-AUS-Knopf" befindet.

Schutzbrille tragen! ▶3

Lange Haare müssen zusammengebunden werden. ▶4

Lass offene Flammen nie unbeaufsichtigt.

Schließe den Gashahn, wenn die Flamme deines Brenners erlischt.

Beachte beim Wiederanzünden: Zuerst am Brenner die Gaszufuhr (1) und die Luftzufuhr (2) schließen!

Bei Gasgeruch: Schließe sofort den Gashahn und informiere die Lehrerin oder den Lehrer. Fenster öffnen!

3 *Schutzbrille tragen!*

4 *Lange Haare zusammenbinden!*

Mit Tauchsiedern wird nur Wasser erwärmt. ▶5 Im spiralförmigen Tauchsiederrohr wird ein Draht elektrisch erhitzt. Die entstehende Wärme muss sofort an das Wasser weitergegeben werden, sonst kann der Draht durchglühen.

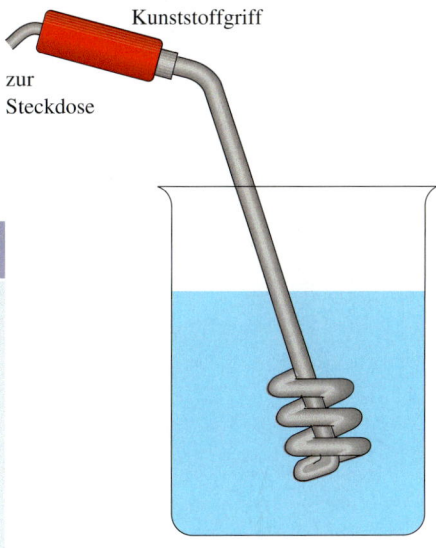

Kunststoffgriff

zur Steckdose

Bedienungsanleitung

Vor dem Anschließen muss der Tauchsieder in Wasser eintauchen. Seine Spirale muss immer ganz im Wasser stecken.

Wenn das Wasser ausreichend warm ist, ziehst du zuerst den Stecker aus der Steckdose (aber nicht am Kabel!). Dann erst nimmst du den Tauchsieder aus dem Wasser.

Sicherheitsmaßnahmen

Tauchsiedern sieht man es nicht an, ob sie heiß sind. Fasse sie deshalb immer nur an ihrem Kunststoffgriff an.

Der Stecker darf nicht nass sein und nicht mit nassen Händen in die Steckdose gesteckt oder aus ihr herausgezogen werden.

5 *Tauchsieder*

Aufgaben

1 Die Flamme eines Brenners darf man nicht wie eine Kerzenflamme ausblasen. Erkläre!

2 Zu den Grundregeln beim Experimentieren mit offenen Flammen gehören zwei wichtige Dinge:
   – Schutzbrille tragen. ▶3
   – Lange Haare zusammenbinden. ▶4
   Begründe diese Regeln.

3 *Prüfung für den Brennerführerschein* ▶6
   Wenn du die folgenden Fragen beantworten kannst, bestehst du die Prüfung bestimmt.

a Was musst du tun, bevor du den Brenner anzündest?

b Mit welcher Schraube regelst du die Gaszufuhr, mit welcher die Luft?

c Welche Flamme ist heißer, die gelbrote oder die blaue? Wo ist sie am heißesten und wie heiß ist sie ungefähr?

d Im Notfall musst du unbedingt wissen: Wo sitzt der nächste Not-Aus-Knopf? Wo sind Löschdecke und Feuerlöscher?

e Was musst du tun, wenn deine Flamme plötzlich erlischt?

MUSTER SCHULE

BRENNERFÜHRERSCHEIN

Der Schüler/Die Schülerin

Stefanie

hat die Prüfung für den Brennerführerschein bestanden und darf im Unterricht bei Experimenten den Gasbrenner benutzen.

10.10.2011
Ort, Datum

Unterschrift

6

Lernen an Stationen: Sicherheit beim Experimentieren

1 Arbeit mit dem Gasbrenner

Material: Gasbrenner, Schutzbrille, Zündhölzer

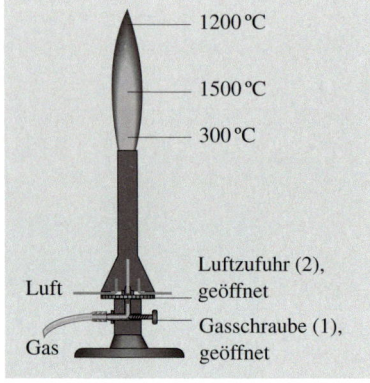

1200 °C
1500 °C
300 °C

Luftzufuhr (2), geöffnet
Luft
Gasschraube (1), geöffnet
Gas

Versuchsdurchführung:

a Lest euch die Bedienungsanleitung genau durch.

b Entzündet das Gas am Gasbrenner nach der Bedienungsanleitung.

c Stellt die leuchtende Flamme ein.

d Stellt die rauschende, nicht leuchtende Flamme ein.

e Beendet die Arbeit mit dem Brenner in der richtigen Reihenfolge.

Auswertung:

Wie heiß ist die nicht leuchtende Flamme?

Wann stellt ihr beim Arbeiten mit dem Gasbrenner die leuchtende Flamme ein?

Welche Sicherheitsvorkehrungen müsst ihr bei der Arbeit mit dem Gasbrenner noch treffen?

2 Erhitzen von Stoffen im Reagenzglas

Material: Gasbrenner, Schutzbrille, Reagenzgläser, Reagenzglasklammer, Reagenzglasständer, Zündhölzer, Wasser, Zucker

Versuchsdurchführung:

a Entzündet den Gasbrenner nach der Bedienungsanleitung.

b Füllt ein Reagenzglas zu einem Drittel mit Wasser. Befestigt die Reagenzglasklammer weit oben am Reagenzglas.

c Steht während des Versuchs. Haltet das Reagenzglas schräg in die nicht leuchtende Flamme und bewegt es immer leicht. Richtet die Reagenzglasöffnung nicht auf Personen!

d Stellt das Reagenzglas in den Ständer, wenn das Wasser zu sieden beginnt.

e Wiederholt die Versuchsabfolge mit Zucker statt Wasser. Stellt das Reagenzglas in den Ständer, sobald der Zucker karamellisiert.

Auswertung:

Warum muss die Reagenzglasklammer weit oben am Reagenzglas befestigt werden?

Warum soll das Reagenzglas beim Erhitzen leicht bewegt werden?

Erklärt, warum die Reagenzglasöffnung auf keine Person gerichtet werden darf.

3 Piktogramme für Gefahrstoffe

Material: Schulbuch, Nachschlage-werk, Chemikalienflaschen mit Piktogrammen, Merkblätter mit den neuen Piktogrammen

Information: Ihr seht hier sechs Piktogramme. Das mit dem Toten-kopf sagt aus: Schon kleine Mengen der Chemikalie führen beim Einatmen oder Verschlucken zu schweren gesundheitlichen Schä-den oder zum Tod.

Aufträge:

a Schlagt nach, was ein Pikto-gramm ist.

b Warum werden eurer Meinung nach gefährliche Chemikalien überall auf der Welt *gleich* gekennzeichnet?

c Findet die Bedeutungen für die anderen Piktogramme heraus. Schreibt sie auf.

d Schlagt für ein Piktogramm eurer Wahl die Gefahren- und Sicher-heitshinweise nach und notiert sie.

e Zeichnet ein weiteres Pikto-gramm auf. Erläutert seine Bedeutung.

f Auf dem Tisch stehen Stoffe (Chemikalien). Sucht den Stoff aus, der das Piktogramm „Ätzwirkung" auf seinem Etikett hat. Notiert den Stoff.

---

4 Sicherheitseinrichtungen der Fachräume

Material: Raumplan, Infoblatt „Sicherheitsausstattung des Fachraums"

Aufträge:

a Listet alle Sicherheitseinrichtun-gen eines Fachraums auf.

b Zeichnet in den Raumplan eures Fachraums ihre Lage ein.

c Lest den Fluchtplan. Schreibt den genannten Fluchtweg auf.

d Notiert Fragen, die ihr zur Sicherheitseinrichtung habt.

Hinweis auf Fluchtwege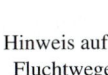

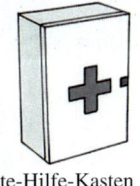

Feuerlöscher   Notfall-Telefon   NOT-AUS-Schalter   Erste-Hilfe-Kasten

Stoffe im Alltag

▷ Diese Gegenstände haben alle eines gemeinsam. ▶1

▷ Auch in Bild ▶2 gibt es eine Gemeinsamkeit. Es ist aber eine andere …

1

2

Beobachten Untersuchen

1 Stoffe raten

a Einer Schülerin (oder einem Schüler) wird ein Stoff „an die Stirn geschrieben" (Glas, Holz, Eisen, Kunststoff, Gold, Baumwolle …). ▶3 Sie weiß nicht, um welchen Stoff es sich handelt. Durch Fragen soll sie ihn herausfinden. Ihre Mitschüler dürfen nur Ja oder Nein antworten.

b Notiert Eigenschaften, nach denen gefragt wurde. Vielleicht könnt ihr einige Eigenschaften jeweils unter passenden Überschriften zusammenfassen (z.B. Farbe).

2 Verwendung von Stoffen

a In einer Tabelle schreibt ihr die Stoffe auf, die erraten wurden. Was wird aus ihnen hergestellt?

Stoff (Material)	Was daraus hergestellt wird
Holz	Stuhl
?	?

b Ein Gegenstand kann aus verschiedenen Stoffen hergestellt werden. ▶2 Sammelt dazu Beispiele in einer Tabelle.

Gegenstand (Körper)	Hergestellt aus (Stoff)
Tisch	Holz, Stahl, Plexiglas

3 Ein Stoff – verschiedene Formen

a Schaut euch zu Hause um, welche Gegenstände zum Teil oder ganz aus Glas bestehen. Erstellt eine Liste.

b Woran kann man erkennen, dass ein Gegenstand aus Glas und nicht aus Kunststoff ist?

c Wo wird Glas noch verwendet? Informiert euch z.B. in einem Lexikon.

d Welche Berufe haben mit dem Stoff Glas zu tun?

4 Verwendung und Eigenschaften
Campinggeschirr gibt es aus Metall (Aluminium oder Stahl) und Kunststoff. Welche Eigenschaften sprechen für Geschirr aus Metall, welche sprechen dagegen?

Glas

Bin ich biegsam?

Nein!

3 Stoffe raten

Grundlagen   Körper und Stoff

Körper Wir reden im Alltag davon, dass Tiere und Menschen einen Körper haben. In den naturwissenschaftlichen Fächern nennt man alle Gegenstände, Pflanzen und alle Lebewesen *Körper*.
Becher und Tassen sind Körper, genauso Bücher und Bäume … Man erkennt Körper an ihrer Form: Der Körper „Becher" ist innen hohl und oben offen. Ein „Baum" hat einen Stamm mit Ästen.

Stoffe Sämtliche Körper bestehen aus Stoffen. Der Körper „Becher" kann aus den Stoffen Porzellan, Keramik, Kunststoff, Glas oder Aluminium bestehen. ▸4 Als Stoff bezeichnet man in den Naturwissenschaften alle Materialien, nicht nur Stoffe für Kleidung (Wolle, Seide …).
Man kann viele Stoffe auch in Gruppen zusammenfassen: Metalle, Flüssigkeiten, Textilien …
Es gibt sehr, sehr viele Stoffe. Um sie zu unterscheiden, muss man ihre Eigenschaften kennen. Jeder Stoff hat nämlich Eigenschaften, die ihn von anderen Stoffen unterscheiden.
Es gibt Gegenstände, die aus verschiedenen Stoffen hergestellt sind. ▸5

> Als Körper bezeichnet man alle Gegenstände und auch Lebewesen.
> Stoffe nennt man die Materialien, aus denen Körper bestehen.

Körper: Luftballon

Stoffe: Gummi (Hülle), Luft (Inhalt)

Körper: Limonadenflasche

Stoffe: verschiedene Kunststoffe (Flasche, Deckel), Luft, Limonade, Papier, Druckfarbe und Klebstoff (Etikett)

Körper: Becher

Stoff: Keramik

Körper: Becher

Stoff: Kunststoff

4 *Beispiele für Körper und Stoffe*

↻ 119–1 Internet Eine Welt voller Stoffe

5 *Körper aus mehreren Stoffen*

Aufgaben

1 Jede Schülerin/Jeder Schüler der Klasse hat einen „Stoff" an die Tafel geschrieben. ▸6
a Da ist nicht alles richtig! Schreibt die Wörter auf, die wirklich Stoffe sind.
b Teilt die Stoffe in sinnvolle Gruppen ein und benennt die Stoffgruppen; *Beispiel:* Metalle.
c Sucht noch weitere Stoffe, die zu den Gruppen gehören.
d Sucht drei Stoffe heraus und schreibt auf, welche Körper man daraus herstellen kann.

2 Was versteht man im Alltag unter einem Stoff, was in der Fachsprache?

Eisen Glas Essig Holz Papier Blech Styropor
Büroklammer Apfelsaft Brett Watte Wasser
Kupfer Kette Silber Benzin Mehl Baum Zinn
Seifenlauge Diamant Draht Butter Baumwolle
Kerze

6

Den Stoffen auf der Spur

▷ Eine Tüte mit weißem Pulver im Handgepäck – für die Zollbeamten am Frankfurter Flughafen ist das Alltag. Waschpulver, Mehl, Zucker – es könnte harmlos sein.

▷ Im Kriminalfilm probiert der Kommissar solches Pulver oft mit dem Finger – in Wirklichkeit wird nicht probiert, das Pulver könnte giftig sein …

1 *Fund am Flughafen*

Untersuchen

1 Mehl oder Puderzucker Wie könnt ihr es herausbekommen, ohne zu schmecken?

2 Stoffe erkennen mit den Sinnen
a Versucht Stoffe mit den Sinnesorganen zu unterscheiden. Nicht probieren oder schmecken! Wählt aus jeder Gruppe einen Stoff aus. Beschreibt, an welchen Eigenschaften ihr ihn erkennt. Welche Sinnesorgane setzt ihr jeweils ein?
– Mehl, Puderzucker, Salz, Grieß, Reis, Brausepulver
– Zitronensaft, Apfelsinensaft, Apfelsaft, Salzwasser
– Eisen, Kupfer, Aluminium, Silber
– Seide, Wolle, Glaswolle
– Holz, Kohlenstoff
– Styropor, Glas
b Versucht für die Stoffgruppen Namen zu finden.

3* Stoffe erkennen – durch Versuche *Ihr braucht:*
Proben von Stoffen (Glas, Eisen, Holz, Salz, Papier, Kunststoff, Aluminium, Zucker, Wachs …) und Geräte. ▶2
Überlegt euch Versuche zu folgenden Stoffeigenschaften:
– hart/weich
– schmelzbar/nicht schmelzbar
– magnetisch/nicht magnetisch
– in Wasser löslich/nicht löslich
– brennbar/nicht brennbar
– elektrisch leitend/nicht leitend
Jede Gruppe schreibt zu einem Stoffeigenschaftspaar ein Versuchsprotokoll. ▶3

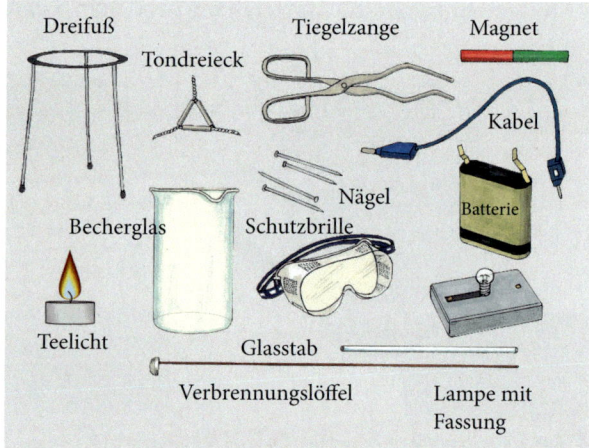

2 *Mögliche Versuchsgeräte*

> **Versuchsprotokoll** Namen: Deniz, Vanessa
>
> Untersuchte Eigenschaft: hart – weich
> Untersuchte Stoffe: Glas, Holz, Eisen …
> Versuchsaufbau und -durchführung:
> Mit einem Nagel versuchen wir, Muster in den Stoff zu ritzen.
> Versuchsergebnis:
> Stoffe vom härtesten zum weichsten angeordnet: Glas …

3 *Versuchsprotokoll (Muster)*

4 Gesucht wird … Wählt einen Stoff aus. Schreibt über ihn auf OH-Folie einen ausführlichen Steckbrief. ▶4 Dann deckt einer von euch die Folie auf dem OH-Projektor schrittweise ab. Erraten die anderen Gruppen schon, welcher Stoff gemeint ist? Oder sind noch mehr Tipps nötig?

↻ 121–1

Steckbrief

Gesucht wird ein Stoff mit folgenden Eigenschaften:

Farbe	*weiß*
Zustand bei Raumtemperatur	*fest*
Oberfläche	*glatt*
Härte	
Verhalten gegen Wasser	

4

Grundlagen Stoffeigenschaften

Jeder Stoff hat viele Eigenschaften. Kennt man einige dieser Eigenschaften, so hat man eine Art „Fingerabdruck". Mit ihm kann man den Stoff von anderen unterscheiden und erkennen. Form oder Größe spielen dabei keine Rolle. So ist Zucker (ob als Würfelzucker oder als Zuckerwatte) immer wasserlöslich und schmeckt immer süß.

Einige Eigenschaften von Stoffen können wir mit unseren Sinnesorganen erkennen: ▶5 So nehmen wir mit der Nase seinen Geruch wahr. Wir stellen fest, ob der Stoff stechend riecht oder geruchlos ist.

Für andere Eigenschaften brauchen wir Hilfsmittel: ▶6 Zum Beispiel stellen wir mit dem Brenner fest, ob ein Stoff brennbar ist oder schmilzt.

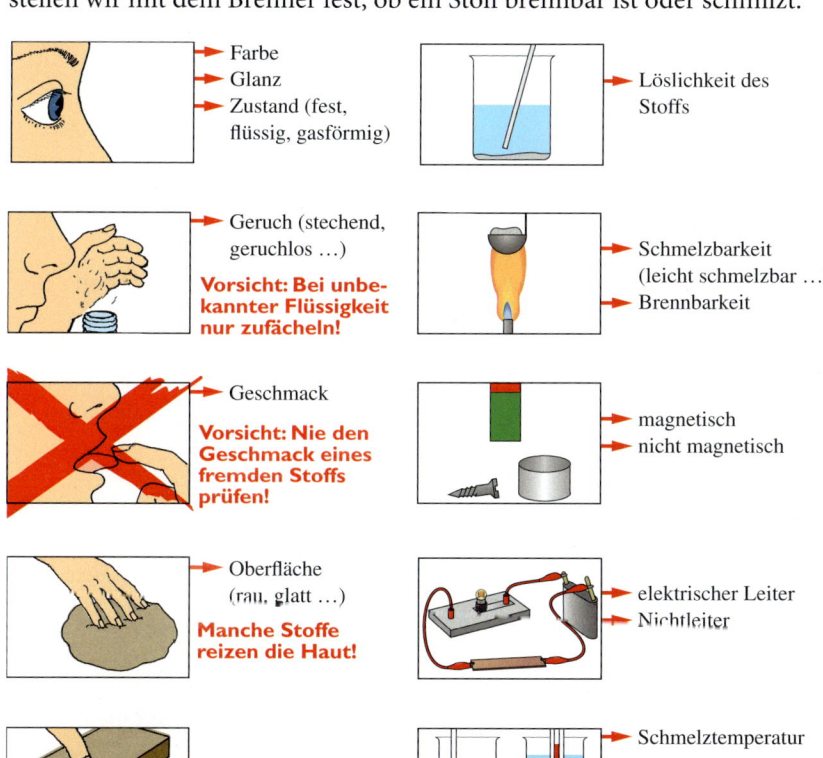

- Farbe
- Glanz
- Zustand (fest, flüssig, gasförmig)

- Löslichkeit des Stoffs

- Geruch (stechend, geruchlos …)
  Vorsicht: Bei unbekannter Flüssigkeit nur zufächeln!

- Schmelzbarkeit (leicht schmelzbar …)
- Brennbarkeit

- Geschmack
  Vorsicht: Nie den Geschmack eines fremden Stoffs prüfen!

- magnetisch
- nicht magnetisch

- Oberfläche (rau, glatt …)
  Manche Stoffe reizen die Haut!

- elektrischer Leiter
- Nichtleiter

- Härte

- Schmelztemperatur
- Siedetemperatur

5 *Stoffe erkennen mit Sinnesorganen*   **6** *Stoffe erkennen mit Versuchen*

Aufgaben

1 Welche Sinne werden hier genutzt, um Stoffeigenschaften zu erkennen? ▶5 Schreibe so: „Mit den Augen kann man …"

2 Worin unterscheiden sich Kandiszucker und Salz? Worin stimmen sie überein?

3 Zum Knobeln: „Unter etwas Alufolie verbirgt sich ein dunkelbrauner Stoff. Er lässt sich leicht ritzen, schmilzt allmählich bei Handtemperatur und schmeckt gut …"

a An welchen Stoffeigenschaften hast du diesen Stoff erkannt?

b*Wähle selbst einen Stoff zum Knobeln aus. Beschreibe seine Stoffeigenschaften möglichst genau. Wer erkennt deinen Stoff?

Lernen an Stationen: Stoffeigenschaften

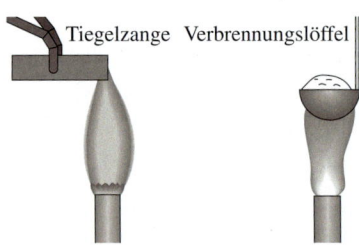

Tiegelzange   Verbrennungslöffel

1 Welcher Stoff ist brennbar?

Material: Schutzbrille, Brenner, feuerfeste Unterlage, Tiegelzange, Verbrennungslöffel, Messer (zum Säubern);
Proben: Wolle, Alufolie, Watte, Stahlwolle, Kunststoffe (mit den Zeichen PE oder PS), Kohlenstoff (Bleistiftmine), Holzkohle, Salz, Mehl, Reis

Versuchsdurchführung: Haltet den Stoff in die Spitze der Flamme oder legt eine kleine Menge davon in den Verbrennungslöffel.
Beginnt der Stoff zu brennen? Brennt er außerhalb der Flamme weiter?
Legt danach die Reste auf die feuerfeste Unterlage und schaut sie euch an. Säubert die Zange und den Verbrennungslöffel mit dem Messer.

Versuchsauswertung: Schreibt eure Beobachtungen in eine Tabelle nach folgendem Muster:

Stoff	brennt / brennt nicht	brennt ohne Brenner weiter	Verbrennungsreste (Aussehen)
Papier	brennt	ja	Papierreste und Asche, schwarz, grau
...	...	...	...
...	...	...	...

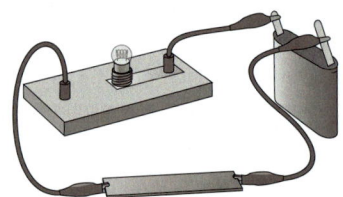

2 Leiter oder Nichtleiter?

Material: Batterie oder Trafo, Experimentierkabel, Lampe;
Proben: Eisen, Kupfer, Aluminium, Zink, Glas, Kunststoff, Kohlenstoff (Bleistiftmine, Kohlestab)

Versuchsdurchführung: Klemmt die Körper aus den unterschiedlichen Stoffen nacheinander zwischen die Krokodilklemmen ein.
Beobachtet die Lampe: Wenn die Glühlampe leuchtet, leitet der untersuchte Stoff die Elektrizität. Er ist dann ein *elektrischer Leiter*.

Versuchsauswertung: Schreibt eure Beobachtungen auf. Sammelt sie am besten in einer solchen Tabelle:

Körper	Stoff	Leuchtet die Lampe?	Leiter oder Nichtleiter?
Nagel	Eisen	ja	Leiter
...	...	...	...

Erweiterung: Wenn ihr Zeit habt, prüft weitere Körper (Schmuckstücke ...). Überlegt, aus welchem Stoff sie bestehen könnten.

3 **Welcher Stoff löst sich in Wasser?**

Material: Bechergläser mit Wasser, Glasstäbe zum Umrühren, Papier-handtücher;

Proben: Papier, Eisenpulver, Würfelzucker, Kreide, Holzkohlepulver, gemahlener Kaffee, Instantkaffee, Tee, Hartschaum (Styropor) …

Tipp: Wenn ihr kleine Stoffportionen nehmt, erhaltet ihr eure Ergebnisse schneller.

Versuchsauswertung: Notiert eure Beobachtungen in einer Tabelle.

Körper	Stoff	Löst sich in Wasser auf?		
		vollständig	teilweise	nicht
Salzkrümel	Salz	…	…	…
…	…	…	…	…
…	…	…	…	…

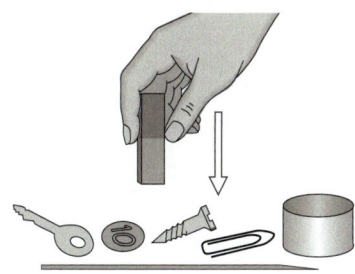

4 **Welcher Stoff ist magnetisch?**

Material: Magnete; *Proben:* unterschiedliche Büroklammern, Nägel, Eisenblech, Kupferblech, Aluminiumblech (Teelichtbecher), unterschiedliche Stricknadeln, Schmuck, Münzen, verschiedene Stifte, Lineale

Versuchsdurchführung: Prüft mit dem Magneten, welche Körper angezogen werden. Ordnet die Körper dann zu zwei Haufen an und tragt sie in eine Tabelle ein (siehe Muster).

Wenn ihr die Stoffe erkennt, aus denen die Körper bestehen, schreibt sie in die zweite Spalte der Tabelle.

Versuchsauswertung: Schreibt eure Beobachtungen auf. Sammelt sie am besten in einer solchen Tabelle:

Körper	Stoff	Wird angezogen?	Magnetisch?
Lineal	Kunststoff	nein	nein
…	…	…	…

Die untersuchten Körper, die vom Magneten angezogen wurden, können zwar unterschiedlich aussehen – sie enthalten aber alle ein und denselben Stoff.

Wie heißt dieser Stoff?

Metalle und andere Werkstoffe

▷ Aus vielen Stoffen werden Gebrauchsgegenstände hergestellt. Man bezeichnet sie als *Werkstoffe*. Metalle, Holz, Glas und Textilien gehören zu unseren wichtigsten Werkstoffen.

▷ Ihr sollt einige Werkstoffe möglichst selbstständig erkunden. Bildet dazu Gruppen, die sich jeweils mit einem Werkstoff beschäftigen. Auf den folgenden Seiten findet ihr Informationen und Anregungen.
Ihr solltet aber auch andere Quellen wie Bücher und Internet nutzen oder Experten (Handwerker) befragen.

▷ Stellt eure Arbeitsergebnisse zu einer Ausstellung zusammen. Sie könnte so aussehen:
– ein Plakat „Vor- und Nachteile unseres Werkstoffs"
– eine Collage „Unser Werkstoff ist sehr vielfältig verwendbar"
– selbst gemachte Gegenstände aus eurem Werkstoff

↻ 124–1 Bilderserien Eisen, Aluminium, Kupfer

1 *Metalle – eine vielseitige Stoffgruppe*

Grundlagen Die Stoffgruppe der Metalle

Zur Gruppe der Metalle gehören als wichtigste Werkstoffe: Eisen (Stahl), Aluminium und Kupfer. Zu dieser Stoffgruppe gehören auch die „Edelmetalle" Gold und Silber sowie das flüssige Quecksilber. Für Metalle sind zwei Eigenschaften typisch: Sie leiten die Elektrizität und sie haben eine metallisch glänzende Oberfläche (wenn sie gesäubert ist).
In anderen Eigenschaften unterscheiden sich die Metalle:
– Nur Eisen ist magnetisch (neben den seltenen Cobalt und Nickel).
– Farbe und Härte sind verschieden.
– Sie sind unterschiedlich schwer. ▶3 So wiegt 1 cm³ Aluminium 2,7 g, 1 cm³ Eisen 7,9 g und 1 cm³ Gold 19,3 g.
– Einige Metalle wie z. B. Aluminium bilden an der Oberfläche eine Schicht, wenn sie mit Wasser und Luft in Berührung kommen.

2 *Welche Metalle lassen sich gut sägen?*

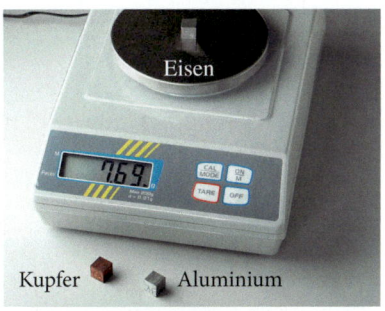

3 *Wie schwer sind die Metalle?*

Erweiterung Bronze – eine Legierung

Glocken bestehen aus Bronze. Zum Gießen der Glocken werden die Metalle Kupfer und Zinn zusammengeschmolzen und vermischen sich. Bronze ist viel härter und fester als Kupfer und Zinn. In der Bronzezeit wurde es zur Herstellung von Waffen und Werkzeugen benutzt. Solche Metallmischungen nennt man *Legierungen*.

Untersuchen Experimentieren

Entscheidet euch, ob ihr euch mit Eisen, Kupfer und Aluminium beschäftigen wollt oder ob euch andere Metalle mehr interessieren.

1 Sammlungen Sammelt Metallproben und Gegenstände, die aus dem Metall bestehen (oder Bilder davon). Benennt die Metalle.

2 Untersuchungen Versucht Unterschiede und Gemeinsamkeiten der einzelnen Metalle festzustellen. ▶4 Stellt eure Ergebnisse z. B. auf einem großen Plakat in Form einer Tabelle dar.

4 *Die Metalle im „Wassertest"*

	Eisen	Kupfer	Aluminium
Farbe	?	?	?
Oberfläche	?	?	?
Dichte	?	?	?
Veränderungen			
an der Luft	?	?	?
im Wasser	?	?	?

3*Arbeiten mit Metall Ihr könnt die „Zitterhand-Schaltung" bauen. ▶5
Der Ring muss über den Draht geführt werden, ohne den Draht zu berühren. Ein Summer meldet, wenn die Hand zittert.
Aus Metallresten und Metallschrott könnt ihr auch „Kunstgegenstände" herstellen. Lasst eurer Fantasie freien Lauf! ▶6
Aber vielleicht habt ihr auch eine ganz andere Idee, was ihr aus Metall bauen wollt.

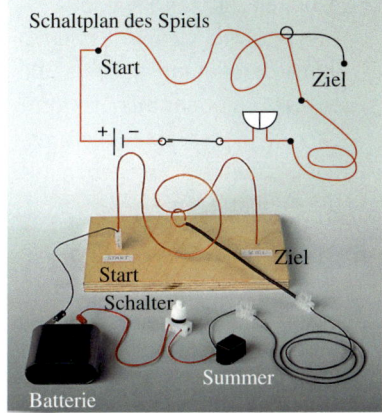

5 *Die „Zitterhand-Schaltung"*

6 *Lokomotive aus Metalldosen*

Glas – ein besonderer Werkstoff

▷ Das Besondere am Glas ist: Wenn man es erwärmt, wird es weich. Glas ist dann ein Werkstoff, der nicht mehr fest, aber auch noch nicht flüssig ist. Es lässt sich biegen, ziehen und zu Kugeln aufblasen.

2 *Glas – zerbrechlich und schön*

1 *Glas – sehr stabil*

3 *Glas – verformbar*

4 *Glas – biegsam*

Untersuchen Experimentieren

1 **Arbeiten mit Glas** Tragt beim Arbeiten Schutzbrille und Handschuhe! Vielleicht schafft ihr es, den Anfangsbuchstaben eures Vornamens aus Glasröhrchen zu biegen. Eine Anleitung zur Glasbearbeitung geben euch die Abbildungen. ▶5–8

2 **Überall Glas** Glas ist ein Werkstoff – nicht nur für Gläser und Vasen. Stellt in einer Fotoausstellung die verschiedenen Verwendungsmöglichkeiten von Glas vor.

3***Kunstgegenstände aus Glas** Erstellt dazu ein Fotoplakat.

4***Glasbläser – ein interessanter Beruf** Besucht einen Glasbläser. Erstellt einen Bericht mit Bildern davon.

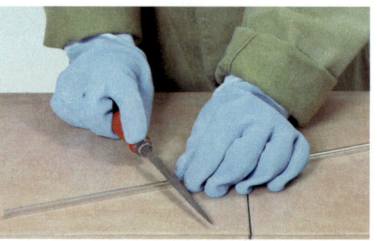

5 *Mit der Feile einkerben*

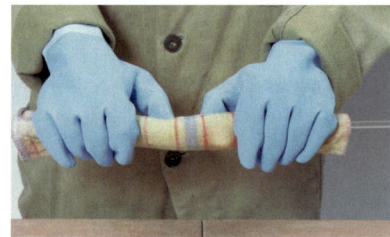

6 *Brechen – vom Körper weg!*

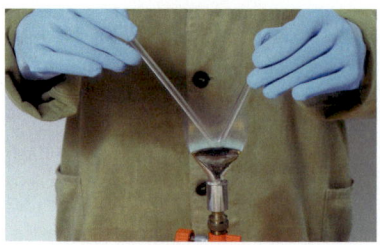

7 *Erhitzen und drehen, dann biegen*

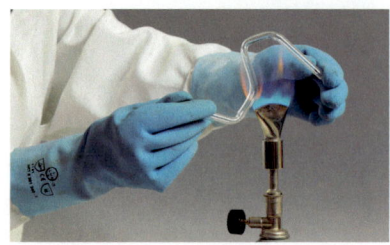

8 *Sabine hat es einfach.*

Glas – einer der ältesten Werkstoffe

Gefäße aus Glas Dieser wunderschöne Glaskelch ist rund 3500 Jahre alt. Er wurde im Grab eines ägyptischen Pharaos gefunden.▶9
Vermutlich wurde Glas schon vor mehr als 5000 Jahren durch Zufall „erfunden". In einer Feuerstelle auf sandigem Boden fanden Menschen nach dem Erkalten Glasperlen. Glas besteht hauptsächlich aus geschmolzenem Sand. Trotzdem ist seine Herstellung nicht ganz einfach. Zum Schmelzen von Sand sind nämlich Temperaturen von fast 2000 °C nötig. Solch hohe Temperaturen waren mit Holzfeuern nur sehr schwer zu erreichen.
Im Lauf der Zeit fand man heraus, dass Sand mit Zusatzstoffen (Salze, Asche von salzhaltigen Pflanzen, Kalk ...) bei viel niedrigeren Temperaturen schmilzt. So wurde es möglich, Glas in größeren Mengen herzustellen. Glas hat nicht nur den Vorteil, dass der Rohstoff Sand überall auf der Erde vorhanden ist. Es ist auch einfach zu bearbeiten – viel einfacher als Metalle. Das liegt daran, dass Glas nicht bei einer ganz bestimmten Temperatur erstarrt, sondern ganz langsam beim Abkühlen härter wird. Während dieser Zeit lässt es sich leicht formen – durch Blasen, Pressen, Walzen und Ziehen. Mit weiteren Zusatzstoffen erhält man Glas in vielen schönen Farben.

Herstellung von Fensterglas Die ersten Glasfenster stellten vermutlich die Römer vor rund 2000 Jahren her. Sie gossen geschmolzenes Glas in eine nasse Holzform. Nach dem Erstarren lösten sie das Glas vorsichtig aus der Form.▶10 Die Scheiben waren bis zu 70 cm · 100 cm groß. Fenster aus Glasscheiben waren damals ein Zeichen von Reichtum und Luxus.
Bei uns sind Glasscheiben etwa seit 1000 Jahren bekannt. Sie wurden aber ganz anders angefertigt: Ein Glasbläser formte große Zylinder, die aufgeschnitten, geglättet und gewalzt wurden.▶11
Heute findet man riesige Glasscheiben in vielen Gebäuden. Sie werden im Fließverfahren hergestellt. Das flüssige Glas fließt in eine Wanne mit flüssigem Zinn. Dort kühlt es langsam ab, bis es auf Rollen laufen kann. So entsteht ein breites, endloses Glasband, das in verschiedene Größen geschnitten wird.▶12

9 *Glaskelch eines Pharaos*

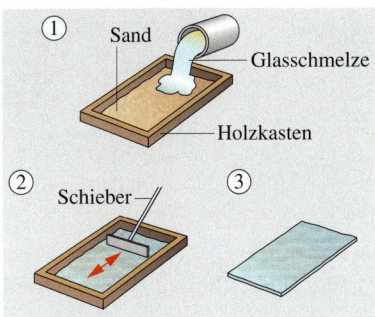

10 *Gießen von Glasscheiben*

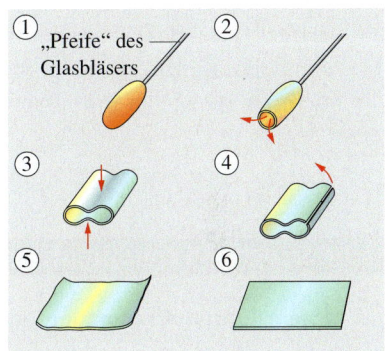

11 *Scheiben aus geblasenem Glas*

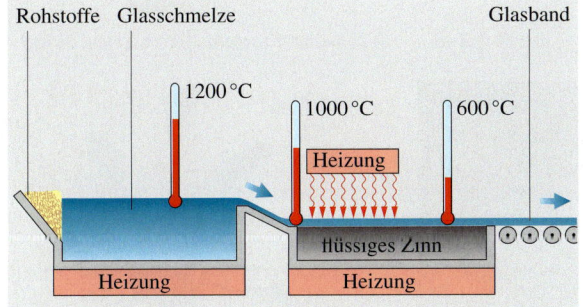

12 *Herstellung von Glasscheiben heute*

Aufgaben

1 Der Rohstoff Sand ist überall vorhanden. Trotzdem war die Glasherstellung zunächst schwierig. Beschreibe das Problem.

2 Glas lässt sich leichter bearbeiten als Metalle. Erkläre den Unterschied.

3*Beschreibe die Herstellung von Glasscheiben bei den Römern (im Mittelalter).

4*Beschreibe, wie Glas im Fließverfahren hergestellt wird.

Kunststoffe – Eigenschaften nach Wunsch

1 *Gegenstände aus Plexiglas*

2 *Kunststoffe – für unsere Sicherheit*

3 *„Isomatte" aus Schaumstoff*

4 *Verpackung aus Styropor und Elektrogerät mit Kunststoffgehäuse*

▷ Je nach Verwendungszweck werden Kunststoffe mit den gewünschten Eigenschaften hergestellt. ▸1–4
  – *Harte Kunststoffe* werden auch beim Erhitzen nicht weich (Griffe von Töpfen).
  – Andere Kunststoffe werden weich und schmelzen, wenn man sie erhitzt (Plexiglas, Verpackungsmaterial Styropor).
  – *Elastische Kunststoffe* kann man zusammendrücken – danach nehmen sie wieder ihre ursprüngliche Form an (Schaumstoff).

Untersuchen Experimentieren

1 **Unsere Kunststoffsammlung** Stellt die Kunststoffe in einer Glasvitrine aus.

2 **Kunststoffe im Test** Vergleicht die Stoffeigenschaften. ▸5–6

3 **Selbstgemachtes aus Kunststoff** Sicherlich habt ihr eigene Ideen. ▸7–8

7 *Wackelhund aus Kunststoffabfall*

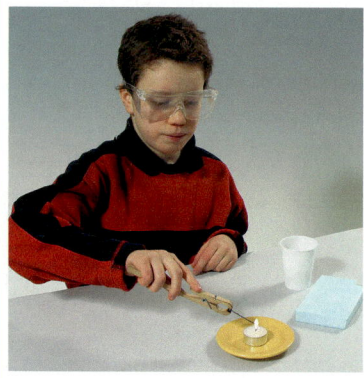

5 *Was richtet der heiße Nagel an?*

6 *Kunststoff wird erwärmt.*

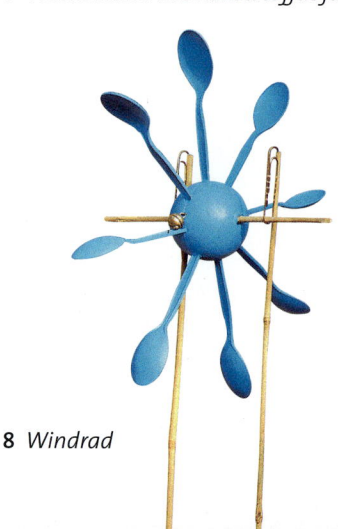

8 *Windrad*

Aus Umwelt und Technik / Kunststoffe im Alltag

Kunststoffe ersetzen heute in vielen Bereichen natürliche Stoffe. Bei Tüten und Umschlägen ersetzen sie Papier. Für Fußböden, Fenster und Möbel werden sie statt Holz verwendet. Für Wasserrohre, Gehäuse von Geräten und Lampen wurden früher Metalle verwendet, heute nimmt man Kunststoffe.

Manche Kunststoffe haben aber Nachteile: Sie können schädlich für die Gesundheit und für die Umwelt sein. Die vielen verschiedenen Kunststoffe können wir kaum unterscheiden. Daher werden die unterschiedlichen Gruppen von Kunststoffen mit Symbolen gekennzeichnet. ▶**9** Sie sollen vor allem dabei helfen, die Kunststoffe zu trennen und zu verwerten. Nur Kunststoffe aus den gleichen Gruppen können nämlich wieder zu den gleichen hochwertigen Kunststoffen verarbeitet werden. Aus unsortierten Kunststoffabfällen lassen sich nur minderwertigere Kunststoffprodukte wie Zaunpfähle oder Parkbänke herstellen.

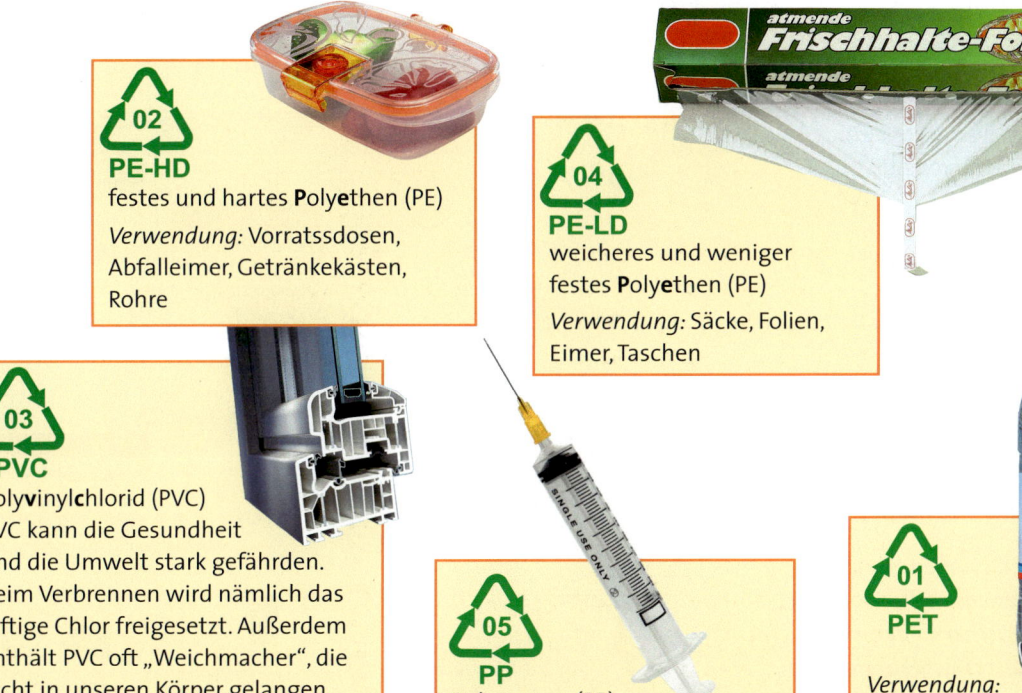

02 PE-HD
festes und hartes **P**oly**e**then (PE)
Verwendung: Vorratsdosen, Abfalleimer, Getränkekästen, Rohre

04 PE-LD
weicheres und weniger festes **P**oly**e**then (PE)
Verwendung: Säcke, Folien, Eimer, Taschen

03 PVC
Poly**v**inyl**c**hlorid (PVC)
PVC kann die Gesundheit und die Umwelt stark gefährden. Beim Verbrennen wird nämlich das giftige Chlor freigesetzt. Außerdem enthält PVC oft „Weichmacher", die nicht in unseren Körper gelangen dürfen. Spielzeug darf deshalb nicht aus PVC hergestellt werden.
Verwendung: Fensterrahmen, Rohre, Flaschen für Chemikalien, Fußbodenbeläge, Dachrinnen, Schlauchboote

05 PP
Poly**p**ropen (PP)
Verwendung: Stoßstangen, Verkleidungen im Autoinnenraum, Sitzbezüge, medizinische Geräte

01 PET
Verwendung: Folien, Getränkeflaschen, Verpackungen für Lebensmittel

9 *Verschiedene Kunststoffe*

06 PS
Poly**s**tyrol
Verwendung: Joghurtbecher, Gehäuse von Geräten, Spielzeug, Schalter, elektrische Isolierungen

Aufgaben

1 Was bedeutet das Dreieck mit den Pfeilen? ▶**9**

2 Welcher Kunststoff kann erhebliche Schäden anrichten? Begründe!

3 Warum sind Kunststoffprodukte mit Symbolen gekennzeichnet?

4* Nenne 10 Produkte aus Kunststoff, die du in eurer Küche findest. Versuche herauszufinden, aus welchem Kunststoff sie hergestellt sind. Stelle die Gegenstände deinen Mitschülern vor.

Überblick

Körper und Stoff

Man unterscheidet zwischen Körpern (Gegenständen) und den Stoffen (Materialien), aus denen sie bestehen.
Es gibt Tausende von Stoffen: lebenswichtige (Luft, Wasser), nützliche (Kunststoffe, Metalle), angenehme (Duftstoffe), giftige (Lösemittel).

Stoffeigenschaften

Stoffe erkennt man an ihren Eigenschaften. Dadurch kann man sie voneinander unterscheiden.
Mit unseren Sinnesorganen erkennen wir die *Farbe* eines Stoffs, seinen *Geruch*, die Beschaffenheit seiner *Oberfläche* …
Mit Hilfsmitteln bestimmen wir in Experimenten die *Härte* und die *Reißfestigkeit* eines Stoffs. Wir ermitteln, ob ein Stoff *magnetisch* ist, sich *in Wasser löst* oder *brennbar* ist.
Mit einem elektrischen Stromkreis kann man feststellen, ob ein Stoff ein *elektrischer Leiter* ist.
Viele Stoffe lassen sich anhand der *Siedetemperatur* und der *Schmelztemperatur* unterscheiden.

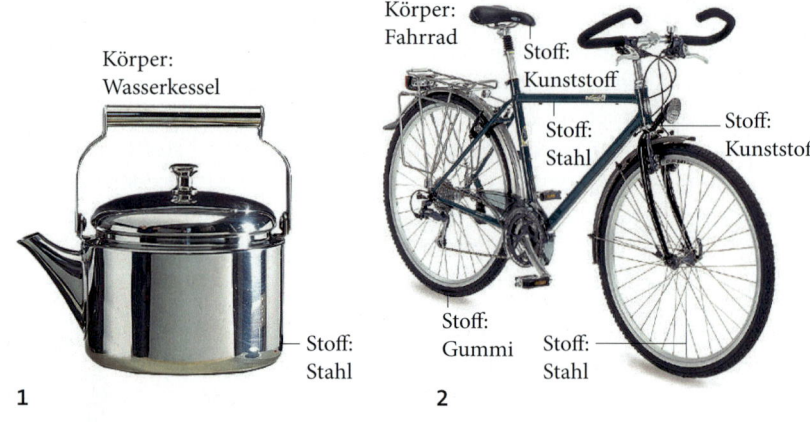

1

2

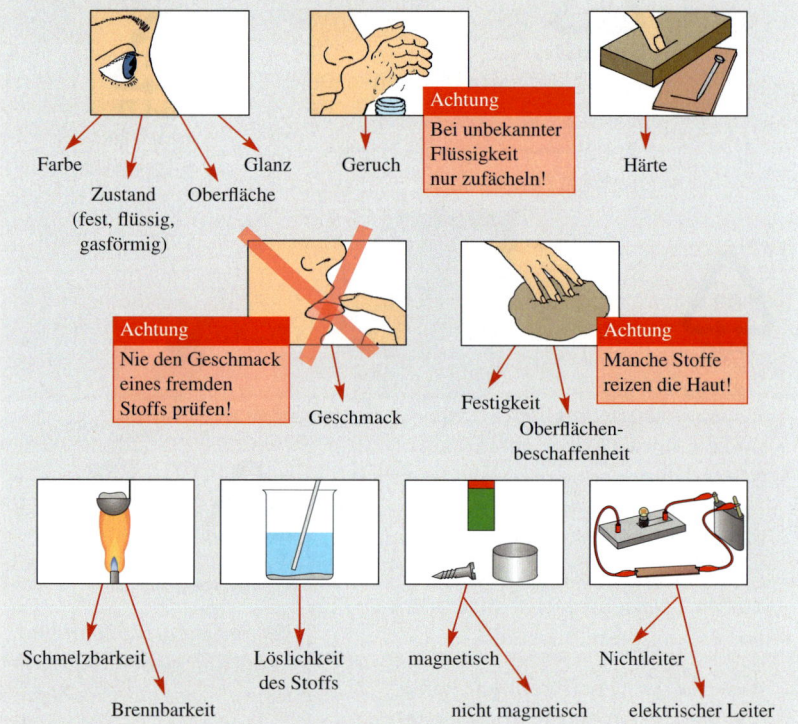

3

Einige Stoffgruppen

Stoffe mit ähnlichen Eigenschaften kann man zu Stoffgruppen zusammenfassen.

Glas

Glas besteht hauptsächlich aus Sand. Es kann zerbrechlich und schön, aber auch sehr stabil sein. Wenn man Glas erhitzt, wird es formbar.

Steckbrief *Glas*

Farbe	*durchsichtig*
Oberfläche	*glatt*
Härte	*ziemlich hart*
Verhalten beim Erwärmen	*wird weich und formbar*
magnetisch	*nein*
Glas besteht hauptsächlich aus Sand.	

4

Metalle
Alle Metalle haben eine glänzen-
de, „metallische" Oberfläche und
leiten Elektrizität und die Wärme.
Nur Eisen ist magnetisch (auch
Cobalt und Nickel).

Kunststoffe
Textilien stellt man aus Natur-
fasern (z. B. Baumwolle) oder aus
Chemiefasern (z. B. Polyamid)
her.
Die Fasern unterscheiden sich
z. B. in ihrer Reißfestigkeit, ihrer
Saugfähigkeit, ihrem Verhalten
gegenüber Hitze und ihren
Wascheigenschaften.

Eisen (Stahl)
Eigenschaften:
– grau
– recht hart
– magnetisch
– rostet
– schmilzt bei 1536 °C

Beispiele für die Verwendung:
Schienenbau,
Brückenbau

Aluminium
Eigenschaften:
– silbrig
– recht hart
– nicht magnetisch
– nicht rostend
– schmilzt bei 659 °C

Beispiele für die Verwendung:
Fensterrahmen,
Fahrradrahmen

Kupfer
Eigenschaften:
– rötlich
– recht weich
– nicht magnetisch
– nicht rostend
– schmilzt bei 1083 °C

Beispiele für die Verwendung:
elektrische
Kabel, Dächer

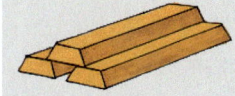

Gold
Eigenschaften:
– goldgelb
– weich
– nicht magnetisch
– nicht rostend
– schmilzt bei 1064 °C

Beispiele für die Verwendung:
Zahnkronen,
Schmuck,
Medaillen

5

Alles klar?

1 Zähle Stoffeigenschaften auf, die wir mit unseren Sinnesorganen wahrnehmen können.

2 Worauf musst du achten, wenn du beim Experimentieren eine Kerze oder einen Gasbrenner einsetzt?

3 Woran erkennt man Metalle? Nenne einige Beispiele.

4 Blech, Röhre, Kupfer, Holz, Wasser, Baum: Gib an, welches davon Stoffe sind und welches Körper.

5 Die Metalle Zink und Eisen sehen ziemlich ähnlich aus. Beschreibe einen einfachen Versuch, mit dem man sie sofort voneinander unterscheiden kann.

6 Wie kann man feststellen, ob ein fester Stoff Elektrizität leitet? Beschreibe einen Versuchsaufbau. Lege auch eine Skizze an.

7 Zähle fünf Stoffe auf, die Elektrizität nicht leiten.

8 Ein Eisentor wird gestrichen oder mit einer Schutzschicht überzogen – ein Topf aus Kupfer, der im Garten steht, jedoch nicht. Erkläre den Unterschied.

9* Bei Weltmeisterschaften und Olympischen Spielen erhalten die drei ersten Sportler Medaillen. Woraus werden die Medaillen jeweils hergestellt? Handelt es sich bei allen wirklich um reine Metalle? Erkläre!

10 Martina hat in der Küche eine Tüte mit einem weißen Stoff gefunden, vermutlich Salz oder Zucker. Beschreibe, wie sie – ohne zu kosten – feststellen kann, um welchen Stoff es sich handelt.

11* Die Minen von Bleistiften bestehen meist aus dem Stoff Graphit. Graphit leitet den elektrischen Strom.
a Untersuche Graphit genauer. Ist Graphit ein Metall? Erkläre deine Antwort.
b Entwirf einen Steckbrief für Graphit.

12* Getränke werden in Flaschen oder Kartons verpackt. Aus welchen Stoffe können solche Verpackungen bestehen? Nenne Vor- und Nachteile.

↻ 131–1 Übung Stoffe und Nicht-Stoffe

Wasser ist nicht immer flüssig

▷ Viermal Wasser, das seinen Zustand ändert
oder gleich ändern wird …

1   2

3

4

↻ 132–1 Bilderserien

Untersuchen Experimentieren

1 Wasser und Wasserdampf beim Kartoffelkochen
a Messt mit einem Messbecher, wie viel Wasser ihr zum Kartoffelkochen
nehmt. Notiert den Wert.
b Warum hebt sich der Deckel, wenn die Kartoffeln kochen?
c Haltet einen kühlen Spiegel oder Deckel über den Topf.
d Wartet, bis die Kartoffeln gar sind. Gießt dann das Wasser vorsichtig in
einen anderen Topf ab.
Achtung: Das Wasser ist heiß! Nehmt Topflappen und den Deckel zu Hilfe.
e Messt, wie viel Wasser übrig geblieben ist. Wo könnte das restliche
Wasser geblieben sein?

2 Wo bleibt das Wasser? Gebt einen Esslöffel Wasser auf eine Untertasse.
Stellt das Ganze an einen warmen Platz. Wie lange dauert es, bis alles
Wasser verschwunden ist? Was ist mit dem Wasser geschehen?

3*Wie heiß kann Wasser werden? Erhitzt Wasser, bis es siedet. ▶5 Nach
dem Sieden erhitzt ihr es noch zwei Minuten weiter.
a Lest alle 30 Sekunden die Temperatur ab. Tragt die Messwerte in eine
Tabelle ein. Was fällt euch auf?
b Stellt die Werte in einem Diagramm dar. Zeichnet die Messkurve ein.

4*Wie kalt kann Wasser werden? Ein Becherglas wird mit einer Mischung
aus zerstoßenem Eis und Kochsalz gefüllt. In das Becherglas wird ein
Reagenzglas mit Wasser gestellt. ▶6 Messt alle 30 Sekunden die Temperatur und rührt hin und wieder um. Notiert die Messwerte in einer
Tabelle. Was fällt euch auf?

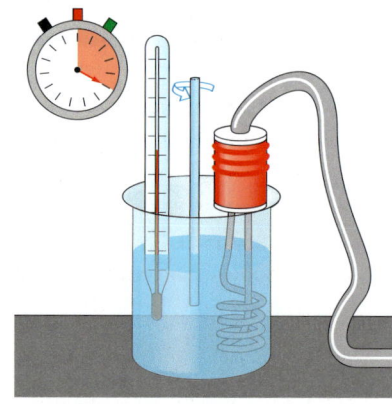

5 *Erhitzen von Wasser*

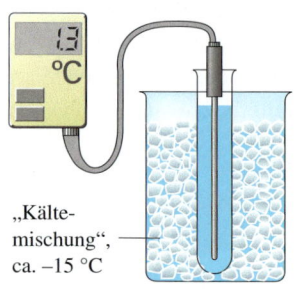

„Kälte-
mischung",
ca. −15 °C

6 *Abkühlen in einer Kältemischung*

Zeit in s	0	30	60	90	120	150	180	210	240	270
Temperatur in °C	16	25	39	49	58	69	75	83	89	94

Anna und Markus haben Wasser mit dem Tauchsieder erwärmt und alle 30 s die Temperatur abgelesen. Die Messwerte haben sie in eine Tabelle eingetragen.
Eine Messwerttabelle ist recht übersichtlich. Wie sich die Temperatur im Lauf der Zeit ändert, lässt sich aber besser in einem Diagramm erkennen. ▶7 Am besten eignet sich ein DIN-A4-Blatt mit Millimetereinteilung.

1 **Achsen zeichnen und beschriften**
– Die senkrechte Achse ist die Temperaturachse. Sie reicht von 0 °C bis 100 °C. Geeigneter Maßstab: 1 cm entspricht 10 °C.
– Die waagerechte Achse ist die Zeitachse. Sie reicht von 0 s bis 270 s. Maßstab: 1 cm entspricht 30 s.

2 **Messpunkte einzeichnen**
Zeichne die Messwerte ein.
Beispiel: Zeit 90 s, Temperatur 49 °C
– Suche auf der Zeitachse 90 s. Ziehe mit Bleistift und Geodreieck von dort aus parallel zur Temperaturachse eine dünne Gerade.
– Suche auf der Temperaturachse 49 °C. Zeichne durch diesen Punkt eine Parallele zur Zeitachse.
– Der Schnittpunkt der beiden Geraden wird mit einem Kreuz markiert. Hier liegt der Messpunkt.
Zeichne alle Messpunkte ein. Auf die dünnen Hilfslinien kannst du auch verzichten.

3 **Messkurve zeichnen**
Die Folge der Messpunkte zeigt, wie die Temperatur im Lauf der Zeit ansteigt. Zeichne eine Messkurve ein. Sie veranschaulicht den Temperaturverlauf.

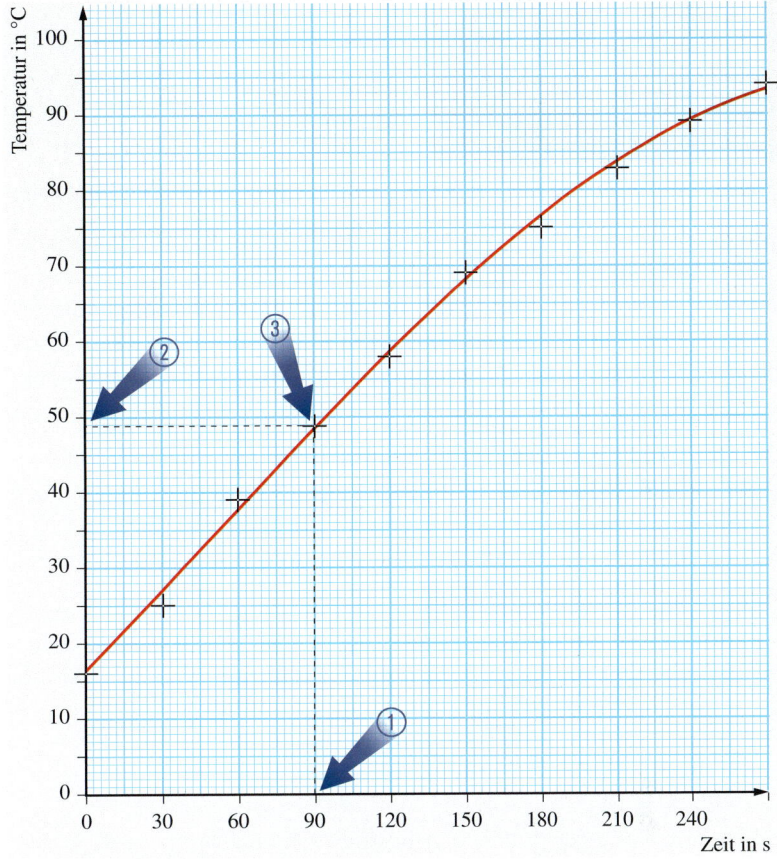

7 *Diagramm zum Temperaturverlauf beim Erhitzen von Wasser*

Hinweise zum Zeichnen der Messkurve:
– Temperaturen und Zeiten werden meist nicht ganz genau gemessen. Eine weitere Messung ergäbe andere Messpunkte. Sie wären z. B. etwas nach rechts oder nach oben versetzt. Die Kurve muss daher nicht durch jeden Messpunkt verlaufen.
– Wir nehmen an, dass die Temperatur gleichmäßig ansteigt. Für plötzliche Temperaturänderungen gibt es keinen Grund. Daher legen wir durch die Messpunkte eine möglichst glatte Kurve ohne Ecken und Knicke.
– Zeichne die Kurve ganz dünn vor. Über und unter der Kurve sollen etwa gleich viele Messpunkte liegen. Erst wenn deine Kurve gleichmäßig zwischen den Punkten verläuft, verstärkst du sie.

Grundlagen / Fest – flüssig – gasförmig

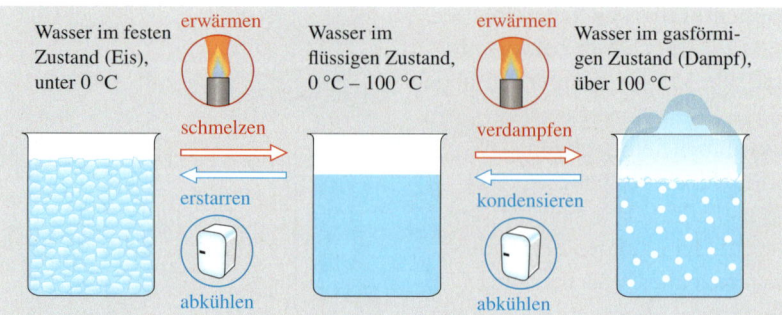

Wasser im festen Zustand (Eis), unter 0 °C — erwärmen — schmelzen / erstarren — abkühlen — Wasser im flüssigen Zustand, 0 °C – 100 °C — erwärmen — verdampfen / kondensieren — abkühlen — Wasser im gasförmigen Zustand (Dampf), über 100 °C

1 *Wachs: fest, flüssig und gasförmig*   2 *Zustandsformen von Wasser und ihre Änderung*

Aggregatzustände Wachs, Wasser und viele andere Stoffe können fest, flüssig oder gasförmig sein. ▶1 Man spricht von *Aggregatzuständen* (oder *Zustandsformen*). Der Aggregatzustand eines Stoffs hängt von der Temperatur ab. *Beispiel:* Unterhalb von 0 °C ist Wasser fest (Eis). Zwischen 0 °C und 100 °C ist es flüssig. Oberhalb von 100 °C liegt es als gasförmiger Wasserdampf vor. ▶2

Schmelzen und Erstarren Wenn man Eis oder andere feste Stoffe erwärmt, werden sie flüssig. Die Stoffe *schmelzen*. Die Temperatur, bei der ein Stoff flüssig wird, heißt *Schmelztemperatur*.
Beim Abkühlen *erstarrt* der Stoff bei der gleichen Temperatur. Eis schmilzt bei 0 °C und Wasser erstarrt bei 0 °C.

Verdampfen und Kondensieren Bei 100 °C *siedet* Wasser. Seine *Siedetemperatur* beträgt 100 °C. Im Innern der Flüssigkeit bilden sich Dampfblasen. Das flüssige Wasser wird zum Gas, es *verdampft*.
Das Regenwasser in einer Pfütze wird auch unterhalb seiner Siedetemperatur zu Wasserdampf. Das Wasser *verdunstet*.
Beim Abkühlen wird Wasserdampf wieder flüssig, er *kondensiert*.
Auch andere Stoffe gehen bei einer bestimmten Siedetemperatur in den gasförmigen Zustand über.

Schmelz- und Siedetemperatur als Stoffeigenschaft Eis schmilzt bei 0 °C, Alkohol bei –115 °C. Andere Stoffe schmelzen bei anderen Temperaturen. Auch die Siedetemperaturen sind je nach Stoff verschieden.

| **Viele Stoffe lassen sich anhand der Schmelz- und Siedetemperaturen unterscheiden.** ▶3

↻ 134–1 Bilderserie Aggregatzustände

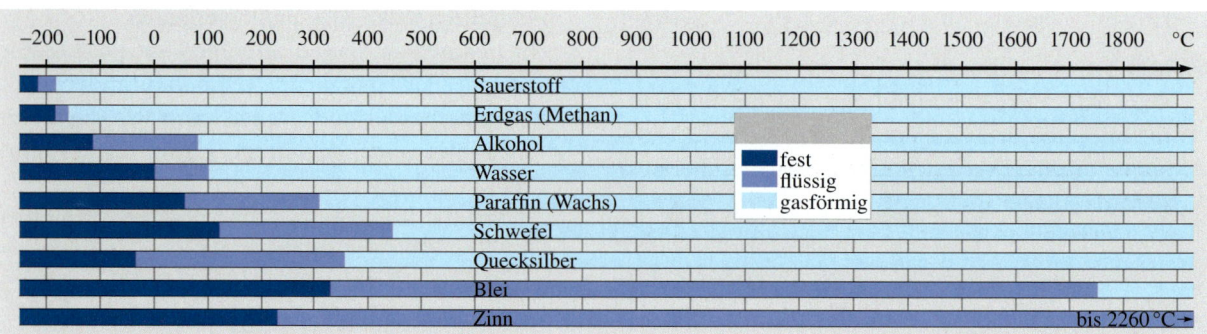

3 *Aggregatzustände (Zustandsformen) einiger Stoffe*

Aufgaben

1 Wenn man als Brillenträger im Winter von draußen in eine warme Wohnung kommt, beschlägt die Brille. Erkläre die Beobachtung.

2 Der Zustand von Alkohol ändert sich bei –115 °C und bei 78 °C. Wie heißen diese Temperaturen? Welche Zustandsänderungen treten bei diesen Temperaturen ein?

3 Du findest eine unbeschriftete Flasche mit einer farblosen Flüssigkeit. Wie kannst du testen, ob es Wasser sein könnte? Schmecken darfst du nicht.

4 Schmelz- und Siedetemperaturen können sehr unterschiedlich sein. ▶3
a Welche Stoffe sind bei 20 °C (Zimmertemperatur) flüssig?
b Welche Stoffe sind bei 150 °C gasförmig?
c Welche Stoffe sind bei 1000 °C (Brennerflamme) flüssig?

Aus der Umwelt Der Wasserkreislauf

Wasser ist für Pflanzen, Tiere und Menschen unentbehrlich. Ohne Nahrung kann ein Mensch zwei Wochen auskommen, ohne Wasser nur 2–3 Tage.
Der allergrößte Teil des Wassers auf der Erde füllt die Ozeane. Ständig verdunstet irgendwo auf der Welt Wasser. An anderen Stellen kondensiert der Wasserdampf in der Luft. Wenn die Wolkentröpfchen groß genug sind, kann es regnen oder schneien. ▶4

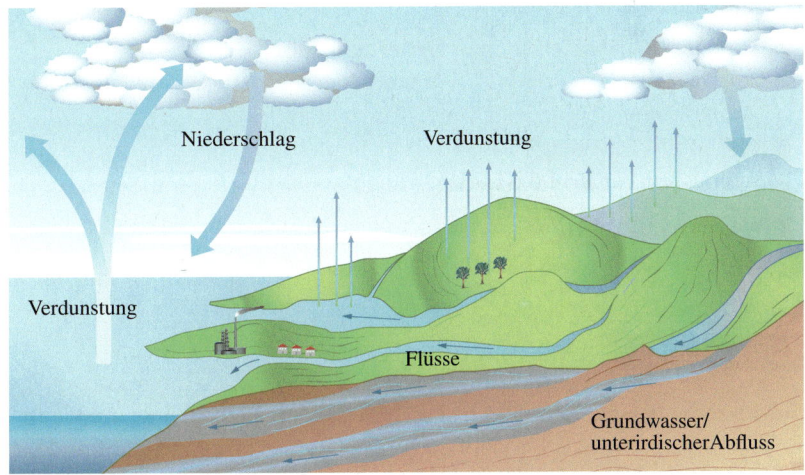

4 *Wasserkreislauf*

↻ 135–1 Schaubild Wasserkreislauf

Aufgaben

5 Wie kommt das Wasser in einen Bergsee?

6 Die folgenden Sätze zum Wasserkreislauf sind durcheinandergeraten. ▶4 Schreibe sie in der richtigen Reihenfolge auf.
a Aus den Wolken fällt Niederschlag.
b An Land versickert ein Teil des Regenwassers.
c Beim Aufsteigen kühlt die feuchte Luft ab. Dabei kondensiert Wasserdampf zu winzigen Tröpfchen. Es entstehen Wolken.
d An Land verdunstet ein großer Teil des Wassers über die Blätter der Pflanzen.
e Über den Ozeanen verdunstet ständig Wasser. Die dafür benötigte Energie liefert die Sonne.
f Der Rest bildet Bäche und Flüsse und fließt wieder ins Meer.

Vom inneren Aufbau der Stoffe

▷ Ein und derselbe Stoff kann in verschiedenen Aggregatzuständen auftreten. Er kann fest, flüssig oder gasförmig sein, bleibt aber immer derselbe Stoff. Wie ist das möglich?

▷ Wie kann man sich den inneren Aufbau von Stoffen vorstellen?

1

1 Kann man Salzkristalle immer weiter zerlegen?
a Zerschlagt einen Salzkristall. Betrachtet die Bruchstücke. Zerkleinert ihn immer weiter. Benutzt eine Lupe. Was stellt ihr fest?
b Löst Salz in Wasser auf. Das Salz ist nicht mehr zu sehen, aber zu schmecken. Versucht die Beobachtung zu erklären.

2 Fein verteilte Düfte Versprüht ein wenig Parfüm. Prüft, ob ihr es im ganzen Raum riechen könnt.

Grundlagen Das Teilchenmodell

Salzbrocken lassen sich durch Zerstoßen oder Zerschlagen in kleine Bruchstücke zerlegen. Gibt man Salz in Wasser, so löst es sich auf und ist nicht mehr zu sehen. Das Salz muss aber noch vorhanden sein, weil wir es schmecken. Um solche Beobachtungen zu erklären, brauchen wir Vorstellungen vom inneren Aufbau der Stoffe.

Wir stellen uns vor, dass alle Gegenstände aus kleinsten Teilchen aufgebaut sind.

2

In festen Gegenständen haben die Teilchen einen starken Zusammenhalt wie Legosteine in einem „Bauwerk". ▶2
In Flüssigkeiten können wir mit einem Löffel rühren. Eine Wasserpfütze verschwindet „von selbst". Die Teilchen in Flüssigkeiten sind nämlich leicht voneinander zu trennen. Sie haben keinen so festen Zusammenhalt. In Flüssigkeiten sieht es aus wie auf einer sehr vollen Tanzfläche. ▶3
Der Duft von Parfüm ist überall im Zimmer zu riechen. Wasserdampf verteilt sich in der Küche. In Gasen haben die Teilchen keinen festen Zusammenhang. Sie verteilen sich wie ein Mückenschwarm im ganzen Raum.

3

Aggregatzustände im Teilchenmodell

Ein und derselbe Stoff kann fest, flüssig oder gasförmig sein. Im Teilchenmodell können wir uns die Aggregatzustände so vorstellen:

Stoffe im festen Zustand	Stoffe im flüssigen Zustand	Stoffe im gasförmigen Zustand
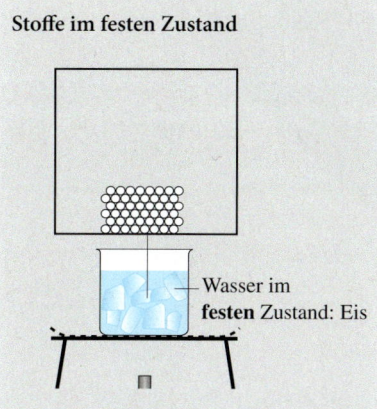 Wasser im **festen** Zustand: Eis	Wasser im **flüssigen** Zustand	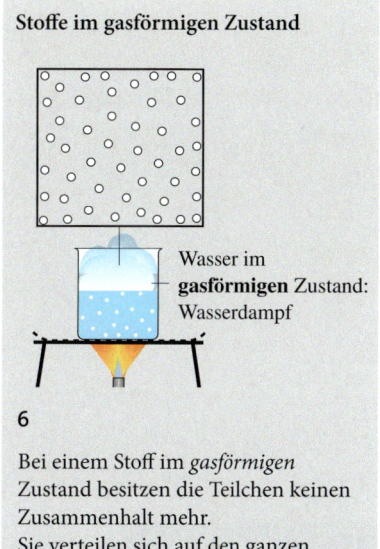 Wasser im **gasförmigen** Zustand: Wasserdampf
4	**5**	**6**
Bei einem Stoff in *festem* Zustand liegen die Teilchen, aus denen er besteht, dicht zusammen. Die Teilchen haben einen starken Zusammenhalt. Sie können ihren Platz nicht verlassen.	Auch im *flüssigen* Zustand besitzen die Teilchen einen Zusammenhalt. Er ist aber nicht so groß wie im festen Zustand. Die Teilchen haben nun keine festen Plätze mehr. Sie können sich gegeneinander verschieben.	Bei einem Stoff im *gasförmigen* Zustand besitzen die Teilchen keinen Zusammenhalt mehr. Sie verteilen sich auf den ganzen Raum, der ihnen zur Verfügung steht.

Modelle helfen verstehen Du kennst Spielzeugmodelle von Autos. Solch ein Modellauto zeigt, wie ein Kraftfahrzeug aussieht. Trotzdem ist es nur ein Modell. Die Karosserie ist nicht aus Blech, das Modell besitzt weder Motor noch Bremsen. Es gibt nur Teile der Wirklichkeit wieder, in diesem Fall Farbe und Form.

Mit dem Teilchenmodell machen wir uns von unsichtbaren Dingen und Vorgängen eine Vorstellung. Das Teilchenmodell hat sich in der Physik bewährt. Obwohl es eine einfache Vorstellung vom Aufbau der Stoffe ist, kann man mit ihm viele Eigenschaften der Stoffe erklären.

Wir werden das Teilchenmodell nach und nach durch neue Erkenntnisse erweitern und so immer besser verstehen, wie die Körper im Innern aufgebaut sind.

Wie groß sind die Teilchen?
Die Teilchen verschiedener Stoffe sind unterschiedlich groß. Aber alle sind winzig klein: Auf dem Lineal siehst du, wie groß 1 Millimeter ist. Stell dir im Vergleich dazu eine Strecke von 1 Kilometer vor. Dasselbe Größenverhältnis besteht zwischen einem Wasserteilchen und einem Millimeter! Die Teilchen sind etwa 1 millionstel Millimeter groß.

Aufgaben

1* Das „Teilchenspiel": Einige Schülerinnen und Schüler sollen die verschiedenen Aggregatzustände eines Stoffes spielen. Jeder stellt ein Teilchen dar. Sie sammeln sich an einer freien Stelle des Klassenzimmers.
a Macht Vorschläge, wie sie den festen Zustand spielen können. (Lest euch den Text unter den Bildern oben durch.)
b Jetzt sollen der flüssige und der gasförmige Zustand gespielt werden. Was muss sich ändern?

2* „Ein Haus sieht anders aus als die Steine, aus denen es gebaut ist." Diskutiert, ob diese Aussage auch auf Gegenstände und die Teilchen passt, aus denen sie bestehen.

Erweiterung: Wie das Thermometer zu einer Skala kommt

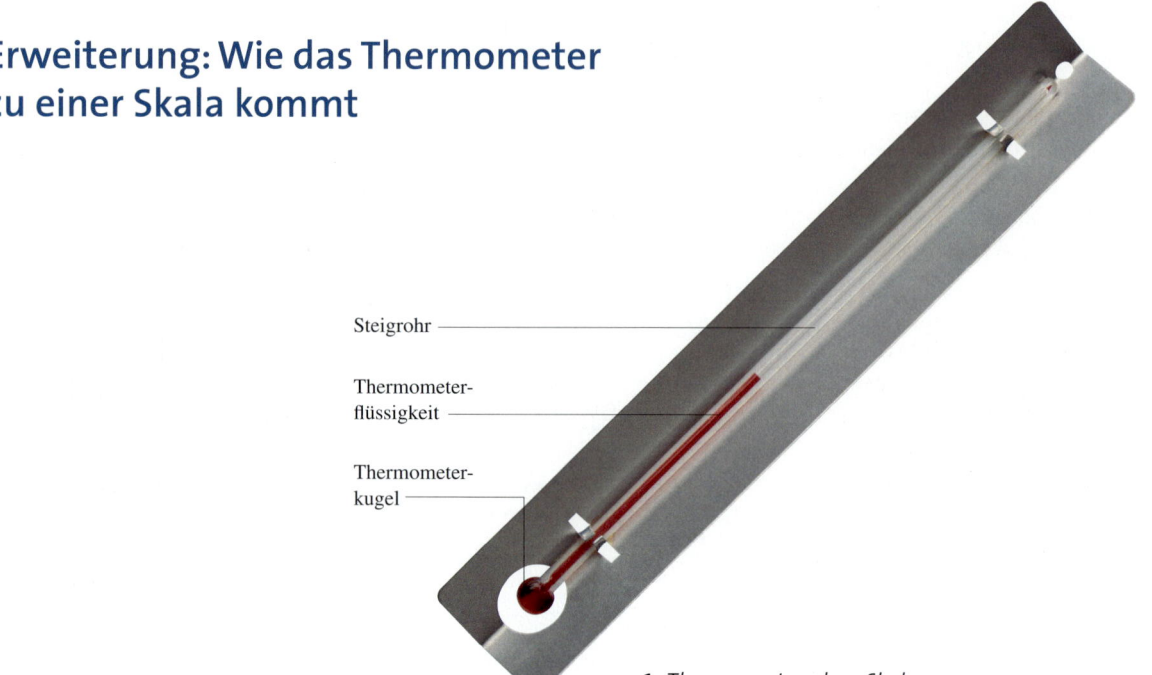

Steigrohr

Thermometer-
flüssigkeit

Thermometer-
kugel

1 *Thermometer ohne Skala*

Experimentieren

1 Zwei „Fixpunkte" für die Thermometerskala Wasser siedet immer bei einer bestimmten Temperatur. Eis schmilzt immer bei einer bestimmten anderen Temperatur. Diese beiden Temperaturen stehen fest und eignen sich als Fixpunkte der Skala eines Thermometers (lat. *fixus*: fest).

a *Schmelztemperatur von Eis* Ein Thermometer ohne Skala steht in zerkleinertem Eis. ▶2
Beobachtet die Thermometerflüssigkeit, während das Eis schmilzt. Markiert den Stand der Thermometerflüssigkeit. ▶3

b *Siedetemperatur von Wasser* Das Thermometer steht im Wasser. ▶4 Das Wasser wird bis zum Sieden erhitzt. Beobachtet die Thermometerflüssigkeit. Das Wasser im Glas siedet bereits eine Zeit lang. Markiert die Stelle, an der die Thermometerflüssigkeit zum Stehen gekommen ist. ▶5

c *Wie entsteht daraus die Skala?* Ihr habt jetzt zwei Temperaturen auf eurer Skala: die Schmelztemperatur von Eis (0 °C) und die Siedetemperatur von Wasser (100 °C). Wie könnt ihr die Skala weiter unterteilen? Überlegt euch Lösungsmöglichkeiten.
Tipps: Probiert die Möglichkeiten auf Papierstreifen aus. Messt am Thermometer den Abstand zwischen Schmelztemperatur und Siedetemperatur; übertragt ihn dann auf den Papierstreifen. Wie geht's weiter?

Hinweise zur Benutzung des Gasbrenners findest du auf Seite 114.

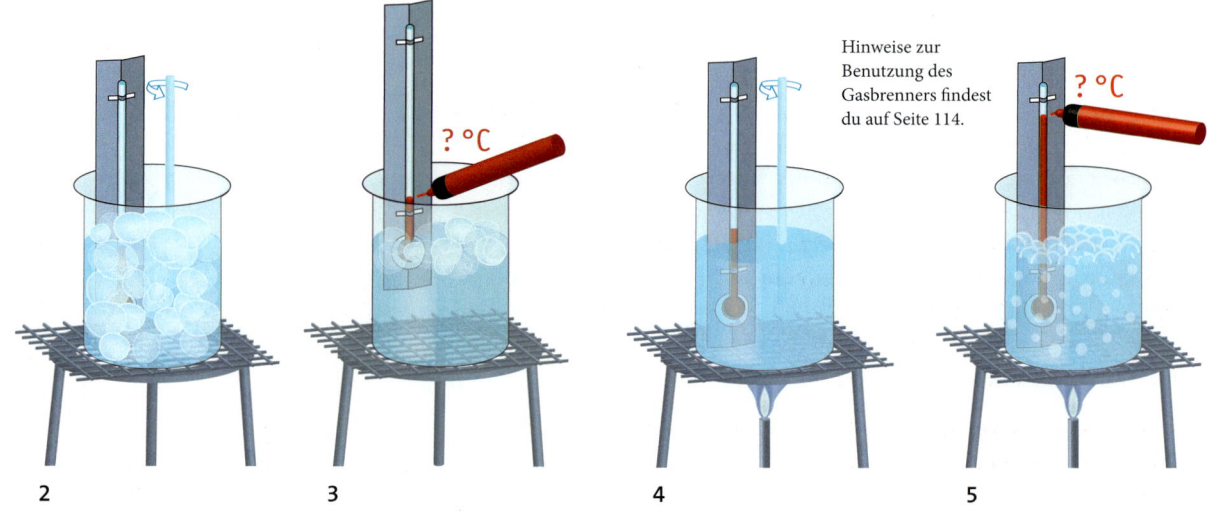

? °C   ? °C   ? °C

2   3   4   5

So entstand die Thermometerskala

Rechts siehst du ein sehr langes, ungewöhnliches Thermometer. Es wurde vor etwa 300 Jahren in Florenz (Italien) hergestellt. ▶6 Die Glaskugel an seinem unteren Ende entspricht der Thermometerkugel. Sie enthält Alkohol. Das dünne Steigrohr ist fast einen Meter lang. Auf das Rohr sind viele kleine Glasperlen aufgeschmolzen; sie stellen die Skala dar.

Das Thermometer von Celsius Viele Bemühungen gab es, ein „allgemein verwendbares" Thermometer zu erfinden. Den Durchbruch schaffte schließlich der Schwede *Anders Celsius* (1701–1744). Celsius wählte zwei Fixpunkte für seine Skala:
1. die Schmelztemperatur von Eis
2. die Siedetemperatur von Wasser
Diese Fixpunkte konnte man überall auf der Welt ermitteln. Der erste Fixpunkt wurde 0 Grad genannt, der zweite 100 Grad. Den Abstand zwischen den beiden Fixpunkten teilte Celsius in 100 gleiche Teile ein. ▶7 Mit gleichen Abständen konnte er die Skala nach unten fortsetzen (z. B. bis –10 Grad). Genauso konnte er sie nach oben verlängern (z. B. 120 Grad).
Seit jener Zeit erinnert auf den meisten Thermometern ein „C" an Celsius. Außerdem werden Temperaturen in „Grad Celsius" (°C) angegeben.

6 *Kunstvolle Thermometer aus Florenz*

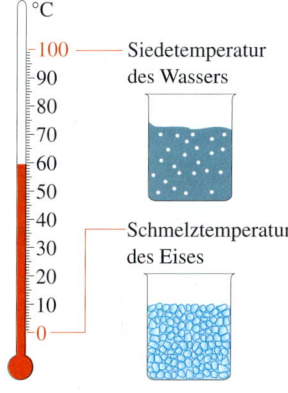

7 *Die Celsiusskala*

Aufgaben

1 Auf der Thermometerskala spielen zwei Temperaturen eine besondere Rolle. Welche sind das?

2 In dem Versuch oben wird das Wort „Fixpunkt" erwähnt.
a Erkläre, was man darunter versteht.
b*Die Schmelztemperatur von Eis und die Siedetemperatur von Wasser eignen sich als Fixpunkte. Erkläre diese Aussage.

3*Angenommen, man würde die Körpertemperatur des Menschen als Fixpunkt wählen. Schreibe auf, welche Probleme dadurch entstehen würden.

4 Alex soll eine Thermometerskala entwickeln. Das macht er so: Er nimmt ein Thermometer mit Skala und überträgt die Skala einfach auf das Thermometer ohne Skala. ▶8
a Hältst du das für eine gute Methode? Begründe deine Antwort.
b Anja hat eine andere Idee: Sie stellt das Thermometer ohne Skala zunächst in Schmelzwasser. Sie markiert den Stand der Flüssigkeitssäule und schreibt „0 °C" daran.
Dann trägt sie jeweils 1 cm darüber die Werte 10 °C, 20 °C usw. ein. Was hältst du davon? Begründe deine Meinung.

5*Eine Strecke von 0 m hat keine Ausdehnung. Wenn der Zeiger einer Waage auf „0 g" steht, ist nichts in der Waagschale. Wie ist das bei der Thermometerskala?

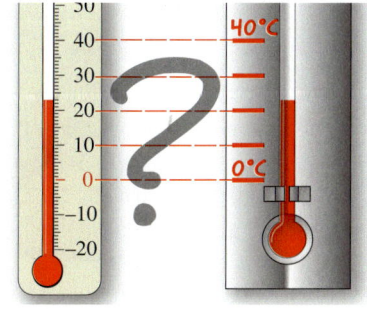

8

Auf die Mischung kommt's an

In der Küche wird gemischt

▷ Auch beim Backen kommt es auf die richtige Mischung an!

1

Untersuchen Experimentieren

1 Wir stellen eine Limonade her Auf Seite 110 findet ihr das Rezept. Beim Zubereiten könnt ihr einiges beobachten: Was geschieht, wenn ihr den Zucker in Leitungswasser gebt und umrührt?
Was passiert, wenn ihr Zitronensaft und Backpulver dazugebt?

2 Orangensaftkonzentrat entsteht *Ihr braucht:* Orangensaft, einen kleinen Kochtopf, eine Herdplatte, Wasser.
a Probiert, wie der gekaufte Orangensaft schmeckt. Hebt euch ein bisschen davon auf.
b Füllt etwas Orangensaft in den Topf. Stellt ihn auf die Herdplatte. Dampft den Saft auf die Hälfte ein.
c Was geschieht während des Erwärmens mit dem Orangensaft? Schreibt eure Beobachtungen auf.
d Gebt in den abgekühlten, eingedampften Orangensaft wieder Wasser. Habt ihr jetzt den gleichen Saft wie zuvor?
e* Was ist der Unterschied zwischen eurem eingedampften Orangensaft und dem Konzentrat aus der Saftfabrik? Stellt Vermutungen an.

3 Ein Softdrink für die Party *Ihr braucht:* je ein Glas mit Orangensaft, naturtrübem Apfelsaft, Ananassaft sowie eine Scheibe von einer Orange.
Gießt die Säfte mit einigen Eiswürfeln in ein Gefäß und rührt kräftig um. Füllt den Drink in das Glas. Schneidet die Orangenscheibe bis zur Mitte ein und steckt sie auf den Glasrand. ▶2

4 Einen Badezusatz mischen *Ihr braucht:* einen sauberen Becher, Messbecher, Teelöffel und Esslöffel, Schneebesen oder Gabel zum Rühren, ca. 50 ml Schlagsahne (oder 100 ml Milch), einen Esslöffel Olivenöl, einen Teelöffel Badezusatz sowie einige Tropfen ätherisches Öl (z. B. Lavendel).
a Gebt die Sahne und das Öl in den Becher und rührt kurz. Vermischt nun das Ganze mit dem Badezusatz zu einer einheitlichen Masse. Das ätherische Öl kann nach Belieben hinzugefügt werden, muss aber nicht. Testet das Sahnebad in einer Schüssel Wasser und taucht die Hände ein. Wie fühlt es sich an?
b Erforscht, warum der Badezusatz zugegeben wird: Wie mischt sich etwas Öl mit Wasser? Wie mischen sich Öl und Wasser mit einigen Tropfen Badezusatz?

2 *Orangensaft – selbst gemacht*

Grundlagen / Gemische

Um Schokolade herzustellen, röstet man die Bohnen aus den Früchten des Kakaostrauchs. Sie liefern die Stoffe Kakaopulver und Kakaobutter. Außerdem wird Zucker hinzugefügt. Kakaopulver und Kakaobutter bestehen wiederum aus mehreren anderen Stoffen, die der Schokolade ihren Geschmack geben. Schokolade ist ein Gemisch aus verschiedenen Stoffen, ein *Stoffgemisch*.

In unserer Umwelt gibt es fast nur Stoffgemische. ▶3 Für Brausepulver, oder Tütensuppen werden verschiedene Stoffe miteinander gemischt. Auch *Lösungen* wie Limonade oder Salzwasser sind Stoffgemische.

| **Gemische bestehen aus mindestens zweierlei Stoffen.**

Reine Stoffe wie Zucker, Salz oder Gold kommen in der Natur selten vor und müssen oft erst aus Stoffmischungen abgetrennt werden. Ein reiner Stoff enthält keine zusätzlichen Stoffe mehr.

3

Aufgabe

1 Zähle Gemische auf, die es in eurer Küche gibt. Nenne die Stoffe, aus denen sie bestehen.

Aus der Umwelt / Woher kommt der Orangensaft?

Unser Orangensaft kommt meist aus Brasilien, dem größten Land Südamerikas. Dort werden die Orangen in großen Plantagen angebaut und von Mai bis Januar geerntet. Alle müssen mithelfen, auch die Kinder. Ein Plantagenarbeiter pflückt in der Woche 10 000 kg Orangen. Der Lohn von rund 25 Euro reicht gerade für die wichtigsten Dinge.

Nach der Ernte werden die Orangen sortiert, gewaschen und ausgepresst. Dem Saft wird Aroma und Wasser entzogen, es entsteht ein Sirup. Die Aromastoffe und das Konzentrat werden tiefgekühlt in Schiffen nach Deutschland transportiert. Hier werden das Aroma und Wasser dem Konzentrat wieder hinzugefügt. Je nach Menge des Wassers entstehen *Orangensaft*, *Orangennektar* oder *Orangensaftgetränk*.

Wenn gerade die entzogene Menge an Wasser zugesetzt wird, entsteht wieder *Orangensaft*. Auf den Verpackungen steht dann: „100 % reiner Orangensaft – aus Konzentrat hergestellt". Wenn der Zusatz „aus Konzentrat hergestellt" fehlt, wurde der Orangensaft selbst transportiert. Der Transport ist aber teuer.

Fruchtnektar klingt zwar gut, doch enthalten 100 ml Nektar nur 25 bis 50 ml Orangensaft. Der Rest ist Wasser und vielleicht etwas Zucker.

Orangensaftgetränk enthält am wenigsten Orangensaft: Für ein Trinkglas voll Getränk werden nur vier Teelöffel Orangensaft verwendet. Das Getränk besteht vor allem aus Wasser und etwas Zucker.

Aufgabe

2*Beschreibe, wie man in Saftfabriken Orangensaftkonzentrat herstellt.

4 *Orangenbäume*

Trinkwasser aus Meerwasser?

▷ Gestrandet auf einer Insel – zwar mit Proviant und ein paar Küchengeräten, doch ohne Trinkwasser! Das Meerwasser ist ja ungenießbar …

▷ Warum können die Schiffbrüchigen das Meerwasser nicht trinken oder zum Kochen verwenden?
Werden die drei schließlich verdursten müssen?
Was könnten sie probieren?

1 Ob sie tatsächlich noch Trinkwasser bekommen?

Untersuchen Experimentieren

1 „Meerwasser" reinigen

a Schüttet etwas sauberen Sand und Salz in ein Gefäß mit Wasser. Rührt alles kräftig um und stellt so ein Wasser-Sand-Salz-Gemisch her.
Welche Gruppe schafft es, die drei Stoffe wieder voneinander zu trennen?
Ihr könnt die abgebildeten Geräte verwenden. ▶2

b Beschreibt genau, wie ihr die Aufgabe gelöst habt.

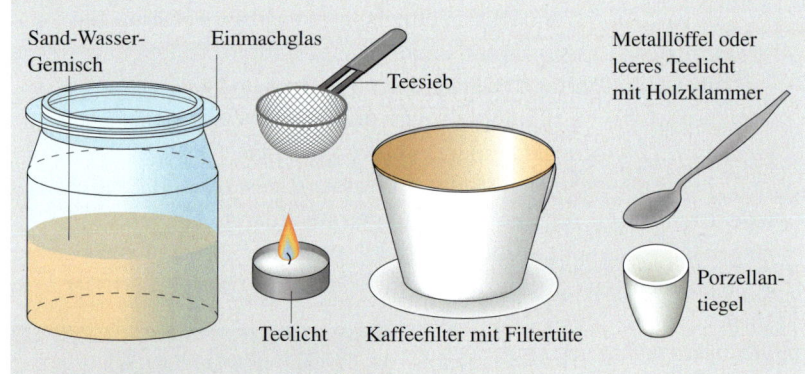

2 Versuchsgeräte zum „Reinigen" von Meerwasser

2 **Trinkwasser – durch Verdampfen?** Etwas Salzwasser befindet sich in einer Schale, die auf einem Dreifuß steht.

a Erhitzt das Wasser mit einem Brenner, bis es verdampft ist. Beschreibt das Ergebnis.
Würden die Schiffbrüchigen mit diesem Verfahren ihr Problem lösen?

b Einer der Schiffbrüchigen hat einen Vorschlag, wie sie salzfreies Wasser bekommen können. Könnt ihr euch denken, was er vorhat? Plant dazu einen Versuch mit den abgebildeten Geräten. ▶3 Zeichnet den Versuchsaufbau ins Heft. Führt den Versuch durch.

c Nehmt statt des „Meerwassers" auch Wasser, das mit etwas Tinte angefärbt wurde.

3 Versuchsgeräte

Grundlagen　Wie man Lösungen trennen kann

Ein Sand-Wasser-Gemisch (eine *Aufschlämmung*) kann man leicht in seine Bestandteile zerlegen: Man lässt das Gemisch durch einen Filter laufen, man *filtriert* es. Mit Lösungen (z. B. Salz in Wasser) geht das nicht so einfach. Wenn man das Salz gewinnen will, muss man die Lösung *eindampfen*. ▶4 Man kann die Lösung auch einfach stehen lassen; so verdunstet das Wasser mit der Zeit.

Beim Eindampfen geht das Wasser verloren. Was kann man tun, wenn man gerade das Wasser gewinnen will?

Man hält ein kaltes Gefäß in den Wasserdampf. An der kalten Gefäßwand kondensiert der Wasserdampf. Salzfreies Wasser tropft herab. Man nennt es *destilliertes Wasser*. Um das Verfahren zu verbessern, kühlt man den Wasserdampf ab. ▶5 Dieses Trennverfahren heißt *Destillation*.

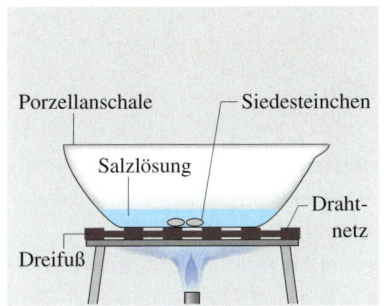

4 *Eine Lösung wird eingedampft.*

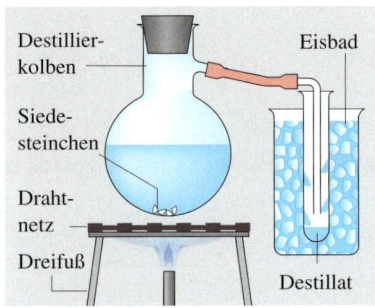

5 *Salzwasser wird destilliert.*

Aufgaben

1 Beschreibe, wie man hier destilliertes Wasser erhält. ▶5

2 In einem Porzellanschälchen wird Salzwasser eingedampft. ▶4

a Beschreibe, was dabei passiert.

b Wie muss der Versuch abgeändert werden, damit man das Wasser erhält? Beschreibe es.

c* Das erzeugte Wasser unterscheidet sich von unserem Trinkwasser. Erkläre! *Tipp:* Lies das Etikett einer Mineralwasserflasche.

3 Es gibt einen natürlichen Wasserkreislauf mit Wolken, Regen, Flüssen und Meeren.

a An welcher Station dieses Kreislaufs entsteht destilliertes Wasser?

b* Wie gelangen die Mineralsalze ins Trinkwasser? *Tipp:* Trinkwasser wird meistens aus Grundwasser gewonnen, das aus dem Erdboden kommt.

Aus der Technik　Trinkwassergewinnung

Menschen brauchen ausreichend Trinkwasser. Das ist in vielen Ländern ein großes Problem. Meerwasser kann zu Trinkwasser aufbereitet werden. ▶6 Dazu lässt man die Sonne das Wasser erwärmen, bis es verdampft. Der Wasserdampf wird abgekühlt. Man erhält reines Wasser ohne Zusatzstoffe. Vor dem Trinken wird das Wasser noch mit Mineralien angereichert.

Auf ähnliche Weise kann man auch im kleinen Maßstab Trinkwasser gewinnen. Man stellt Plastikhauben auf feuchten Boden oder über Schalen mit Schmutzwasser. ▶7 Die Sonne lässt das Wasser verdunsten. Der Wasserdampf wird durch die Hauben aufgefangen. An ihrer Innenwand bilden sich Tropfen, die in einer Rinne aufgefangen werden.

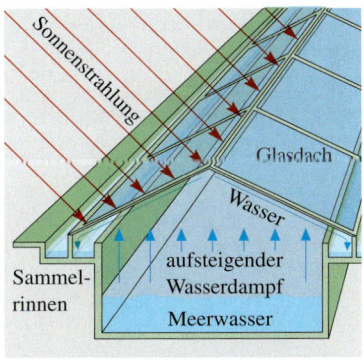

6 *Trinkwasser aus Meerwasser*

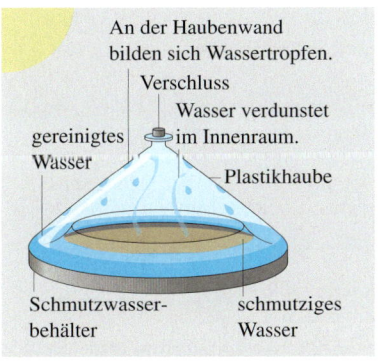

7 *Trinkwasser aus Schmutzwasser*

↻ 143–1 Animation Meerwasserentsalzungsanlage

„Was ist da drin?"

▷ Ein mehrfarbiger Halbedelstein?

▷ Dieser unbekannte Gegenstand besteht aus unterschiedlichen Stoffen. Woran erkennst du das? Wie viele verschiedene Stoffe sind es mindestens?

1

Untersuchen Experimentieren

1 Inhaltsstoffe von Smarties und Schokolade
Informiert euch über die Inhaltsstoffe von Smarties und von Vollmilchschokolade. Schaut auf der Verpackung nach.

2 Smarties zerlegen ▸2 Wir versuchen das Gemisch „Smartie" zu zerlegen – nämlich durch Lösen in Wasser und anschließendes Eindampfen.

a Schwenkt ein blaues Smartie in sehr wenig kaltem Wasser (ein Esslöffel voll). Wendet es gegebenenfalls, bis der Farbstoff sich vollständig gelöst hat. Durch vorsichtiges Abgießen wird das überstehende Wasser vom Smartie abgetrennt.

b Schwenkt das Smartie kurz in etwas heißem Wasser, bis es seine weiße Farbe verliert. Gießt die Lösung ab und dampft sie vorsichtig ein. Welcher Stoff bleibt zurück?

3 Schokolade in ihre Bestandteile trennen

a So trennt ihr das Fett ab: Rührt ein Stück Schokolade so lange in 50 ml warmem Nagellackentferner (feuergefährlich, gesundheitsgefährlich), bis keine Stückchen mehr zu sehen sind. Filtriert dann das Gemisch in ein Becherglas. ▸3
Lasst das Becherglas einige Tage offen stehen. Der Nagellackentferner verdunstet, das Fett bleibt übrig.

b Enthält auch die Schokolade Zucker? Haltet den Filter mit dem Rückstand über ein zweites Becherglas. Gebt langsam und in kleinen Schritten 50 ml warmes Wasser durch den Filter. Dabei wird der Zucker gelöst. Wenn das Wasser verdunstet ist, bleibt der Zucker im Becherglas. Den nicht gelösten Rückstand im Filter lassen wir trocknen. Dies ist das Kakaopulver.

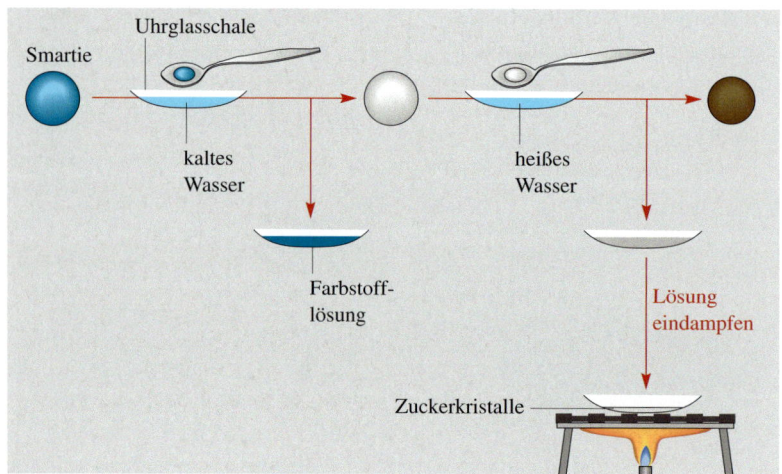

2

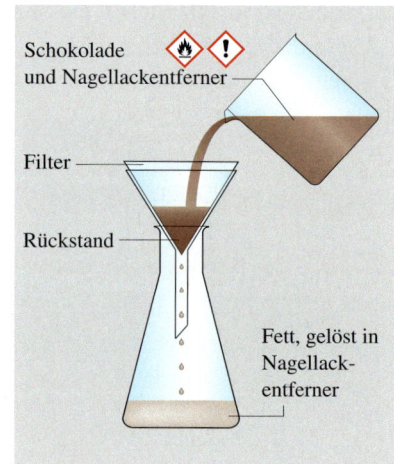

3

Ihr könnt die Farbstofflösung aus dem Smartie weiter untersuchen. Um das Verfahren kennenzulernen, verwenden wir Farbstoffe von Filzstiften.

4 Dem Täter auf der Spur Jemand hat eurem Freund mit Filzstift ins Tagebuch gekritzelt. Mit der *Chromatografie* („Farbenschreiben") könnt ihr herausfinden, mit welcher Sorte Filzstift der Täter geschrieben hat.
Ihr braucht: 2 farbige Filzstifte unterschiedlicher Hersteller, 3 runde Filterpapiere (Rundfilter), 2 flache Gefäße, Wasser, Spiritus.

a Malt mit dem einen Filzstift einen dicken Punkt auf einen Rundfilter. Mit dem anderen Stift malt ihr den Punkt auf einen zweiten Filter. ▶4
Schneidet den dritten Rundfilter in der Mitte durch. Rollt die beiden Hälften zu je einem „Docht" auf. Steckt diese „Dochte" durch die farbigen Punkte hindurch in die Rundfilter. ▶5
Legt die Rundfilter mit den „Dochten" auf die Gefäße mit Wasser. Die „Dochte" sollen ins Wasser eintauchen, die Filter nicht. ▶6 Beschreibt eure Beobachtung.

b Wiederholt den Versuch mit Spiritus *(leicht entzündlich!)* als Fließmittel. Vergleicht das Ergebnis mit den Beobachtungen bei Wasser als Fließmittel.

5*Farbstoffe untersuchen Untersucht die Farbstofflösung von Lebensmittelfarben mit dem Verfahren von Versuch 4.

6*Blattgrün untersuchen Grüne Gummibärchen enthalten den Farbstoff Blattgrün, abgekürzt „E 140". Enthalten auch Pflanzenblätter diesen Farbstoff? Oder färbt vielleicht ein Gemisch aus blauen und gelben Farbstoffen die Blätter grün?
Haltet euch bei eurer Untersuchung genau an die dargestellten Schritte. ▶7 Verfasst eine Versuchsbeschreibung.

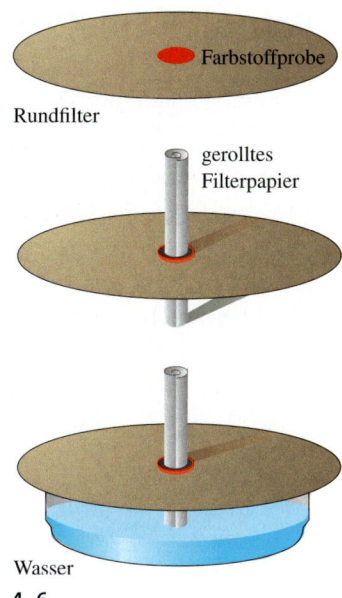

Rundfilter · Farbstoffprobe

gerolltes Filterpapier

Wasser

4–6

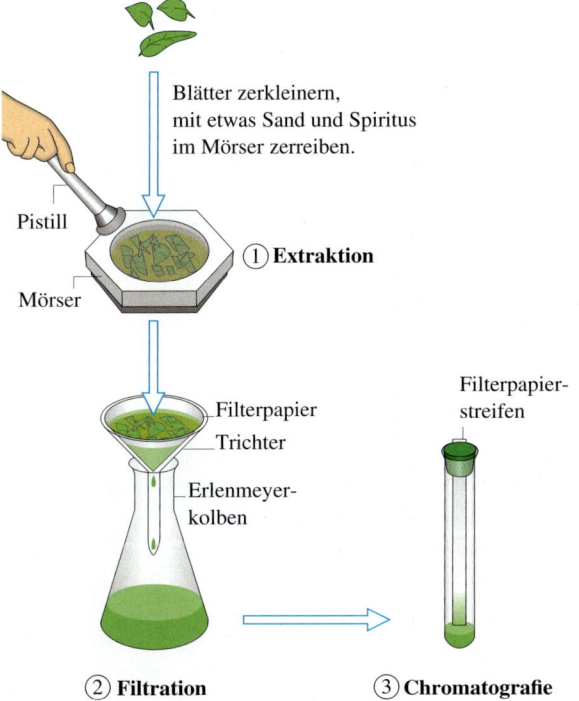

Blätter zerkleinern, mit etwas Sand und Spiritus im Mörser zerreiben.

Pistill

Mörser

① **Extraktion**

Filterpapier
Trichter
Erlenmeyer-kolben

Filterpapier-streifen

② **Filtration**   ③ **Chromatografie**

7 *Farbstoffuntersuchung in drei Schritten*

Aus Rohsalz wird Kochsalz

▷ Rohsalz enthält Sand und Steine. Wie lässt sich daraus reines Kochsalz gewinnen?

▷ Stellt aus Rohsalz reines Salz her. Ihr müsst dabei mehrere Trennverfahren benutzen. Notiert die Versuche, die ihr durchführt. Schreibt eure Beobachtungen auf.

1 *In der Abbaukammer eines Salzbergwerks*

2 *Roh- oder Steinsalz*

Aus Umwelt und Technik / Rohsalz in Salzlagern

An manchen Stellen findet man in der Erde Rohsalz. Diese Salzlager haben sich im Lauf der Zeit gebildet. Das Rohsalz wird auch *Steinsalz* genannt, weil es ein Gemisch aus Steinen und Salz ist. Bei uns gewinnt man Salz durch zwei unterschiedliche Verfahren:

Bergmännischer Abbau In Salzbergwerken wird Steinsalz „unter Tage" abgebaut. Das Steinsalz wird nach oben transportiert und dort in Wasser gelöst. Die Salzlösung heißt *Sole*. Das Trennen durch Herauslösen ist das *Extrahieren*.
Die Sole wird von Steinen und anderen Stoffen befreit. Anschließend dampft man sie ein. Früher wurde die Sole in großen Pfannen gekocht. So erklärt sich der Begriff „Kochsalz". Heute verdampft man sie in geschlossenen Gefäßen. Der übrig gebliebene „Salzbrei" wird getrocknet.

Herauslösen mit Wasser In tiefe Bohrungen lässt man Wasser fließen. Dadurch wird das Salz bereits unter der Erde gelöst. Anschließend pumpt man die Sole nach oben, wo sie eingedampft wird. ▶3

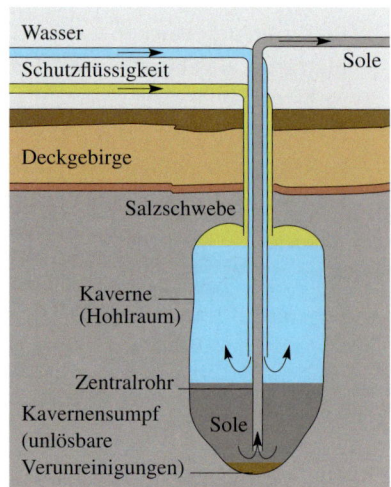

Wasser
Schutzflüssigkeit
Sole
Deckgebirge
Salzschwebe
Kaverne (Hohlraum)
Zentralrohr
Kavernensumpf (unlösbare Verunreinigungen)
Sole

3 *Herauslösen mit Wasser*

Aus Umwelt und Technik / Salz gewinnen aus Meerwasser

Meerwasser schmeckt salzig. Alle Meere enthalten nämlich gelöste Salze. Wo die Sonne sehr stark scheint, wird Salz durch Verdunstung aus dem Meerwasser gewonnen. Man lässt Meerwasser in flache Becken einströmen und hindert es am Rückfluss. In diesen „Salzgärten" verdunstet das Wasser und das Meersalz scheidet sich ab. Arbeiter häufeln das Salz mit Schaufeln und Rechen zu kleinen Bergen auf. ▶4 Oft werden dabei auch Maschinen eingesetzt.
Etwa zwei Drittel der Weltproduktion an Salz stammen aus dem Meerwasser. Bei uns spielen Salzgärten kaum eine Rolle, weil wir Steinsalzvorkommen haben.

4 *Das Salz wird aufgehäufelt.*

Mischen und Trennen im Teilchenmodell

5 *Die Stoffe Zucker und Wasser*

6 *Zuckerwasser*

7 *Eine Woche später*

Erweiterung Gemische und Reinstoffe

Wenn man Salz und Wasser oder Mehl und Zucker mischt, erhält man ein *Stoffgemisch*. In manchen Stoffgemischen sind die Bestandteile deutlich erkennbar, z. B. in Granit. In anderen Gemischen sind sie nicht mehr zu erkennen (z. B. in Salzwasser).

> **Im Gemisch behalten die Stoffe ihre Eigenschaften, daher kann man die Stoffe wieder trennen.**

Reine Stoffe sind nur aus einem Stoff aufgebaut. Man spricht von *Reinstoffen*. Sie kommen in der Natur nur selten vor.
Im Teilchenmodell stellen wir uns vor, dass unterschiedliche Reinstoffe aus unterschiedlichen Teilchen aufgebaut sind. Wir nehmen an, dass die Teilchen unterschiedlich groß sein können.

> **Reinstoffe bestehen aus einer Teilchensorte, Gemische aus mehreren.**

Beim Lösen von Zucker in Wasser schieben sich Wasserteilchen zwischen die Zuckerteilchen. Die Zuckerteilchen werden von Wasserteilchen umgeben und verteilen sich. ▶**8**

Aufgaben

1 *Ordne die folgenden Stoffe in Gemische und Reinstoffe: Limonade, Essig, Salatsoße, Apfelsaft, Wasser, Salz.

2 *Erkläre im Teilchenmodell, wie aus Salzwasser Salz wird. ▶**9**

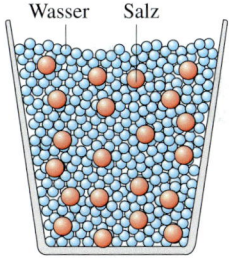

9 *Salzwasser im Teilchenmodell*

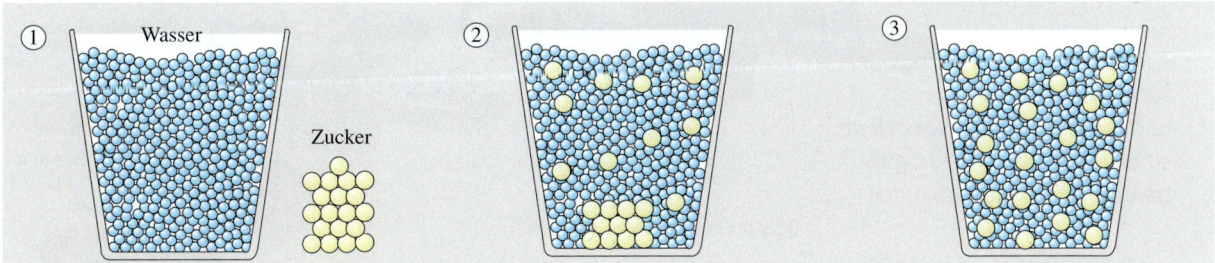

8 *Auflösen eines Zuckerkristalls (Teilchenvorstellung)*

Wohin mit dem Müll?

1

Untersuchen

1 Müll sortieren – aber richtig

a Schreibt zu allen Müllsorten mehrere Beispiele auf.

b Viele Bestandteile des Mülls werden wiederverwertet. Beschreibt die verschiedenen Möglichkeiten. ▸2

c Erkundigt euch bei euren Eltern, wie viel ihr für die Entsorgung des Mülls im Jahr bezahlt.

d Malt Plakate für die Klasse (Schule, Küche): Was kommt in welche Tonne? Informiert euch dazu bei eurer Stadt- oder Gemeindeverwaltung.

2 Maschinelle Mülltrennung
Sowohl beim Verpackungsmüll als auch beim Restmüll trennen Maschinen den Müll. ▸3
Stellt „Müll" in einem großen Becherglas zusammen: Papierschnitzel, Bonbonpapier, Styroporreste, Kies, Büroklammern und Nägel. Plant einen Modellversuch zur Mülltrennung und führt ihn durch.

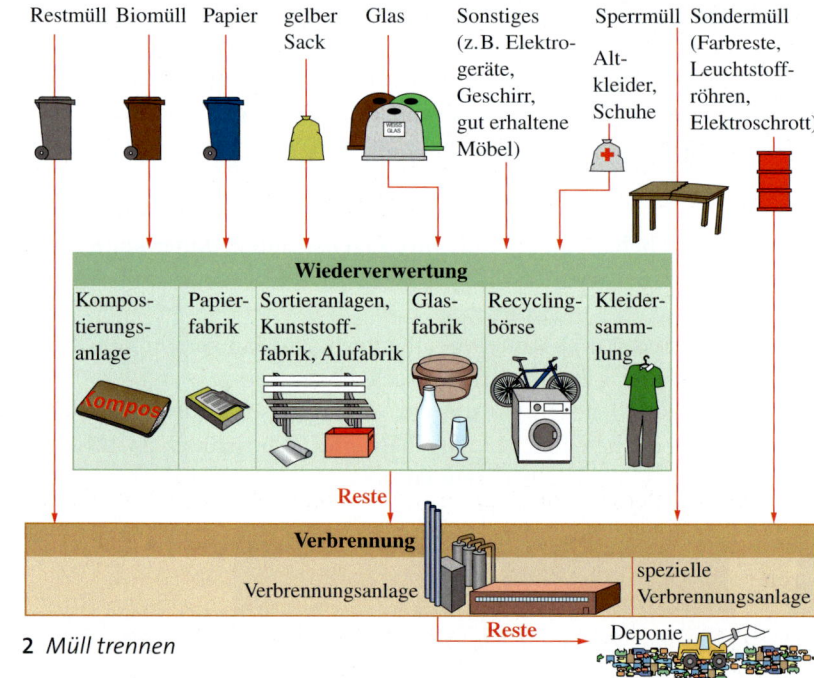

2 *Müll trennen*

Trennen mit Magneten

Sieben
kleine
Bestandteile

Eisen

leichte Bestandteile

Trennen mit Gebläse

3 *Maschinelle Trennverfahren*

↻ 148–1 Übung Ab(fall) in die richtige Tonne

Die Müllverbrennungsanlage

Früher wurde der meiste Müll auf Deponien gefahren. Das ist heute nicht mehr erlaubt. Was nicht wiederverwertet wird, muss „vorbehandelt" werden: Von 100 kg Müll werden etwa 80 kg verbrannt. ▶4 Nur „vorbehandelter" Müll darf auf Deponien gelagert werden. Dazu gehören auch die Rückstände aus der Müllverbrennung.

4 *So hat sich der Zeichner eine Müllverbrennungsanlage vorgestellt.*

Aufgaben

1 Das Bild stellt natürlich keine moderne Müllverbrennungsanlage dar. ▶4
Es zeigt aber die wichtigsten Stationen. Versuche sie zu benennen.

2 An den einzelnen Stationen findest du Ziffern. ▶4
Die fetten Buchstaben haben mit Teil b der Aufgabe zu tun.

a Bringe die Ziffern und die Begriffe in die richtige Reihenfolge. Schreibe so:
Nr. 1: Müllbunker; Nr. 2: ...
Beschreibung der Stationen:
*M*üllbunker: Der M**ü**ll wird gesammelt.
*Rauchwaschanla**g**e*: Der Rauch wird hier mit Kalk und Wasser von schädlichen Abgasen gereinigt.
Kran: Er befördert den Mü**l**l in den Brennraum.
*D**ynamo (Generator)*: Er erzeugt elektrische Energie.
*Kess**e**l*: Hier wird heißer Dampf für die Turbine erzeugt.
*Blas**e**balg*: Er vers**o**rgt das Feuer mit der notwendigen Luft.
Brennraum: Hier **v**erbrennt der Müll bei ungefähr 1000 °C.
*Dampfturb**i**ne*: Antrieb des Dynamos
Schlackenwagen: In ih**m** werden die Verbrennungsrückstände gesammelt.
*Schor**n**stein*: Hier entweichen die Abgase, überwiegend Wasserdampf und Kohlenstoffdioxid.

b Schreibe zu den geordneten Begriffen die fett gedruckten Buchstaben auf.
Wenn du sie hintereinander liest, entstehen zwei Wörter. Sie sagen dir, was besser ist als „Müll verbrennen".

Müll vermeiden oder verwerten

1 *Wer verhält sich umweltgerecht?*

Flaschen aus Altglas

Bei der Herstellung von Getränkeflaschen verwendet man Altglas. Das ist gut so, denn das viele Altglas belastet die Müllberge. Deshalb stehen fast überall die farbigen Sammelbehälter. Das dort gesammelte Glas wird zerkleinert und von Papier und Metallrückständen getrennt. ▶**2** Das Glas wird dann zusammen mit anderen Stoffen in einem Schmelzofen erhitzt. Aus der Glasmasse werden neue Flaschen geformt. Eine grüne Flasche besteht zu 9 von 10 Teilen aus Altglas.

Auf diese Weise wird der Stoff Glas wiederverwertet. Es fällt weniger Müll an und man spart Energie und Rohstoffe.

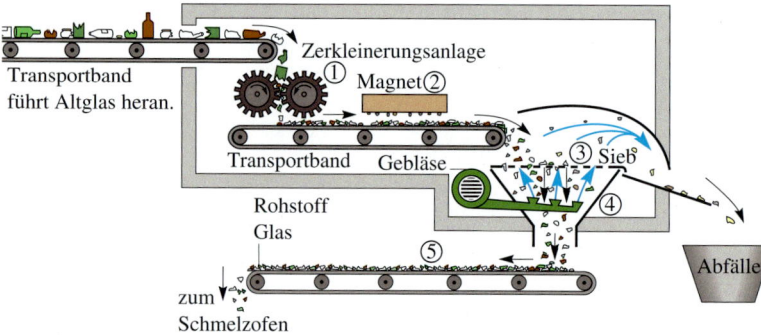

2 *Altglas als Rohstoff bei der Flaschenherstellung*

Aufgaben

1 Beschreibe, wie die Anlage zur Glaswiederverwertung arbeitet. ▶**2**

2 Bei Glas gibt es einen Stoffkreislauf. ▶**3** Übertrage das Bild ins Heft und ergänze es. *Tipp:* Ein Abzweig fehlt.

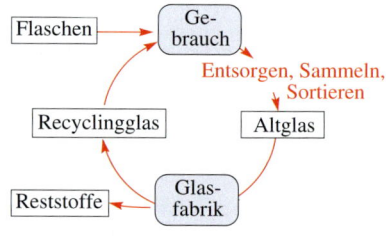

3

3 Müll muss nicht sein!

a Suche Beispiele für überflüssigen Müll. Nenne bessere Lösungen.

Überflüssiger Müll	Bessere Lösung
Dosen für Getränke	?

b Fertigt ein Plakat zur Müllvermeidung an.

Untersuchen Experimentieren

1*Papiermachen aus Altpapier *Ihr braucht:* Messbecher, Topf, Mixer, große Kunststoffschüssel, Papiersieb oder Holzrahmen mit engmaschigem Gewebe (Gardinenstoff oder Fliegennetz, Maschen nicht größer als 1 mm), 2 saugfähige Pappen (Filzpappe, etwa im DIN-A3-Format), saugfähiges Tuch (Küchentuch), Teigrolle, 2 Wäscheklammern, Zeitungspapier.
Drei Hinweise:
– Das Papiersieb muss in die Kunststoffschüssel passen!
– Materialien für die Papierherstellung kann man kaufen. Mit gekauften Sieben erzielt man bessere Ergebnisse als mit selbst gefertigten.
– Vorteilhaft ist ein Spritzschutz für den Mixer. ▶4–5

So wird ein Papiersieb hergestellt:
Auf dem verleimten, genagelten Holzrahmen ▶6 befestigt ihr mit Heftzwecken ein möglichst engmaschiges Gewebe. Am besten bastelt ihr einen zweiten, gleich großen Rahmen ohne Bespannung. Er wird beim Eintauchen in die Papiermasse auf das Sieb gedrückt. Dadurch verhindert ihr, dass der Brei beim Herausnehmen wegfließt.

Das Papiermachen:
a Zerkleinert eine Zeitungsdoppelseite. Füllt die Schnipsel in den Topf und fügt 750 Milliliter Wasser hinzu. Das Ganze kocht ihr 10 Minuten lang.
b Mit einem Mixer rührt ihr den Brei 3 bis 5 Minuten lang gut durch.
c Jetzt schüttet ihr den Papierbrei in die große Kunststoffschüssel und gebt 3 bis 5 Liter Wasser hinzu. Je mehr Wasser ihr nehmt, desto dünner wird das Papier.
d Rührt den Brei durch und taucht das Sieb ein. Hebt das Sieb vorsichtig waagerecht aus dem dünnen Brei heraus. Lasst es abtropfen. Ein Helfer wischt mit einem saugfähigen Tuch so lange unten über das Sieb, bis kein Wasser mehr herausläuft. ▶7
e Das Sieb wird jetzt über der Filzpappe umgedreht und auf die Pappe gedrückt. ▶8 Damit sich die Papiermasse vom Sieb löst, streicht ihr vorsichtig mit dem Daumen über das Gewebe.
f Hebt das Sieb vorsichtig an. Eine Schicht Papierbrei bleibt auf der Pappe zurück.
g Das „Papier" muss getrocknet und gepresst werden. Legt die zweite Filzpappe und einige Blatt Zeitungspapier darauf. Das Ganze presst ihr mit einer Teigrolle.
h Löst die Ecken des Papierblatts. Zieht es von der Filzpappe ab. ▶9 Auf glatter Unterlage könnt ihr das Papier noch glätten. Dann hängt ihr es zum Trocknen auf.

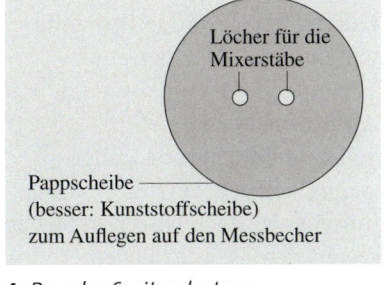

4 *Bau des Spritzschutzes*

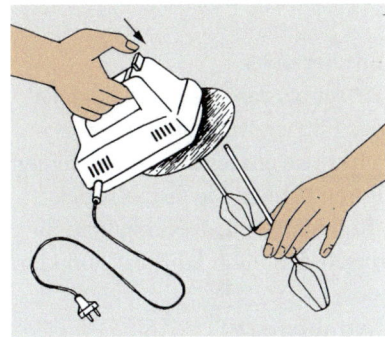

5 *Spritzschutz anbringen.*

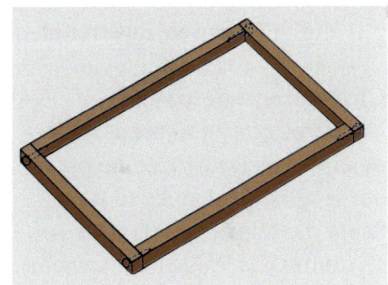

6 *Rahmen für das Papiersieb*

7 *Das Sieb wird unten abgewischt.*

8 *Umdrehen des Siebes*

9 *Abziehen von der Filzpappe*

Überblick

Sieben ►1
Durch Sieben werden Feststoffe
wie Sand und Kies getrennt.

Absetzen lassen ►2
Soll eine Bodenprobe „aufge-
trennt" werden, verrührt man sie
mit Wasser. Nach längerem Stehen
setzen sich die unlöslichen
Bestandteile unten ab. Die klare
Lösung wird abgegossen.

Filtrieren ►3
Besser als das Absetzenlassen ist
das Filtrieren. Ein Filterpapier
wirkt wie ein feines Sieb. In seinen
Poren bleiben die festen Bröck-
chen hängen. Die Flüssigkeit, die
durch den Filter läuft, ist nun klar.

Extrahieren ►4
Ein Stoff wird aus einem Gemisch
herausgelöst und anschließend
z. B. durch Filtrieren abgetrennt.

Chromatografieren ►5
Um Farbstoffe zu trennen, reicht
es, eine winzige Menge davon auf
ein saugfähiges Papier zu tupfen.
Saugt das Papier nun Wasser auf,
so nimmt das Wasser auf seinem
Weg die verschiedenen Farbstoffe
unterschiedlich weit mit.

Eindampfen ►6
Wenn ein fester Stoff in Wasser gelöst ist, lässt er sich nicht durch
Filtrieren abtrennen. Man kann jedoch durch Erhitzen das Wasser
verdampfen. Zurück bleibt der feste Stoff, oft in Form von kleinen
Kristallen.

Destillieren
Erhitzt man Meerwasser, verdampft nur das Wasser. Das Salz
bleibt zurück. Der Wasserdampf
wird aufgefangen und abgekühlt –
man erhält reines Wasser.

1 *Sieben*

2 *Absetzenlassen*

3 *Filtrieren*

4 *Extrahieren*

5 *Chromatografieren*

6 *Eindampfen*

Alles klar?

1 Zähle Gemische auf, die es in der Küche gibt. Nenne die Stoffe, aus denen sie bestehen.

2 Für Nudeln verwendet man ein großes Sieb, für Kaffee einen Filter. Begründe den Unterschied.

3 Rohsalz enthält außer Kochsalz noch andere Stoffe, z. B. Sand. Mit welchem Trennverfahren würdest du reines Kochsalz gewinnen? Beschreibe es.

4 Beschreibe den Unterschied zwischen Eindampfen und Destillieren.

5 Nenne Möglichkeiten, wie man Meerwasser entsalzen kann.

6* Oft läuft beim Filtrieren die Flüssigkeit erst schnell, dann immer lang-samer durch den Filter. Erkläre den Unterschied.

Teste dich!

▷ Die Lösungen findest du im Anhang.

1 Dein Fahrrad besteht aus unterschiedlichen Stoffen. ▶7
a Zähle möglichst viele auf.
b Warum sind die einzelnen Teile deines Fahrrads nicht aus anderen Stoffen gemacht? Begründe es an mehreren Beispielen.
c Beschreibe die Vorteile eines Fahrradrahmens aus Aluminium.
d Welche Stoffeigenschaften sollte der ideale Fahrradrahmen haben?

2 Du findest im Fachraum zwei unbeschriftete Gläser mit farblosen Flüssigkeiten. Die beiden Etiketten „destilliertes Wasser" und „Alkohol" sind leider abgefallen und liegen daneben.
a Zur Unterscheidung darfst du keinesfalls deinen Geschmackssinn nutzen. Begründe diese Vorsichtsmaßnahme.
b Plane zwei Versuche zur Unterscheidung der beiden Stoffe.
c Nenne die Stoffeigenschaften, die zur Unterscheidung verwendet werden.

3 Auf einem Abflussreiniger steht ein Symbol. ▶8
a Nenne die Gefahren, auf die es hinweist.
b Was bedeutet das für den Umgang mit diesem Reiniger? Beschreibe es.

4 Ein spitzer, harter, glänzender Gegenstand – eine farblose und geruchlose Flüssigkeit – ein unsichtbares Gas
a Könnte damit ein und derselbe Stoff gemeint sein? Begründe deine Antwort.
b Welcher Stoff könnte es sein?
c Beschreibe Versuche, mit denen du deine Vermutung überprüfen könntest.
d Erkläre die unterschiedlichen Zustandsformen (Aggregatzustände) mit dem Teilchenmodell.

5 Hänge einen Beutel mit schwarzem Tee in heißes Wasser.
a Beschreibe die Beobachtungen.
b Beim Entstehen des fertigen Getränks sind zwei Trennverfahren wichtig. Beschreibe sie.

6 Aus Salzwasser kann man reines Wasser gewinnen.
a Nenne zwei Trennverfahren, mit denen die Gewinnung von reinem Wasser gelingen kann.
b Durch Eindampfen kann man kein reines Wasser gewinnen. Erkläre diese Beobachtung.
c* Beschreibe das Eindampfen mit dem Teilchenmodell.

7

8

Wie entzündet man ein Lagerfeuer?

Wieso brennt Kohle mit Blasebalg besser?

Wie kann man ein Feuer ersticken?

Was bleibt vom Brennstoff übrig?

James Krüss · Das Feuer

Hörst du, wie die Flammen flüstern,
Knicken, knacken, krachen, knistern,
Wie das Feuer rauscht und saust,
Brodelt, brutzelt, brennt und braust?

Siehst du, wie die Flammen lecken,
Züngeln und die Zunge blecken,
Wie das Feuer tanzt und zuckt,
Trockne Hölzer schlingt und schluckt?

Riechst du, wie die Flammen rauchen,
Brenzlig, brutzlig, brandig schmauchen,
Wie das Feuer, rot und schwarz,
Duftet, schmeckt nach Pech und Harz?

Fühlst du, wie die Flammen schwärmen,
Glut aushauchen, wohlig wärmen,
Wie das Feuer, flackrig-wild,
Dich in warme Wellen hüllt?

Hörst du, wie es leiser knackt?
Siehst du, wie es matter flackt?
Riechst du, wie der Rauch verzieht?
Fühlst du, wie die Wärme flieht?

Kleiner wird der Feuersbraus:
Ein letztes Knistern,
Ein feines Flüstern,
Ein schwaches Züngeln,
Ein dünnes Ringeln –
Aus.

Warum verbrennt der Docht nicht?

Wie löscht die Feuerwehr einen Brand?

Feuer und Verbrennung

▷ Der Gebrauch des Feuers unterscheidet den Menschen von den Tieren. Das Feuer ist nicht nur zum Wärmen geeignet ...

▷ Manchmal wirkt Feuer zerstörerisch. Dann muss die Feuerwehr den Brand löschen.

▷ Sprecht über die Bilder auf diesen beiden Seiten.

▷ Was habt ihr zum Thema Feuer erlebt? Fertigt eine Mindmap an: „Erwünschte und unerwünschte Verbrennungen".

▷ Erstellt eine Fragenwand zum Thema „Feuer und Verbrennungen".

Wir machen Feuer

▷ Für ein Lager- oder Kaminfeuer braucht man außer Brennmaterial auch Erfahrung – denn so leicht ist es nicht, ein Feuer zu entfachen.

1 *Lagerfeuer*

2 *Kaminfeuer*

Achtung: Die folgenden Versuche dürfen nur unter Anleitung und Aufsicht der Lehrkraft und unter Beachtung der Sicherheitsbestimmungen durchgeführt werden!

1 Feuer machen mit Streichhölzern Seht euch das Streichholz (Zündholz) und die Schachtel genau an. Notiert, was ihr erkennt.
Entzündet das Streichholz an der Reibefläche. Beschreibt das Anzünden.

2 Massive Holzblöcke entzünden? Ihr sollt ein dickes Stück Holz entzünden. Nur ein einziges Streichholz steht zur Verfügung!
Ihr habt außerdem zerknülltes Papier und dünne Stücke trockenes Holz. Besprecht im Team eure Vorgehensweise.
Verwendet ein Stahlblech als Unterlage.

3 Was geht leichter zu entzünden – Holzspäne oder Sägemehl? Zwei dünne Blechplatten werden auf Dreifüße gelegt. Auf eine Blechplatte wird ein Häufchen feines Sägemehl geschüttet. Auf die andere Platte kommen gröbere Holzspäne.
Erhitzt beide Platten gleichzeitig von unten mit einer Brennerflamme und beobachtet. ▶3

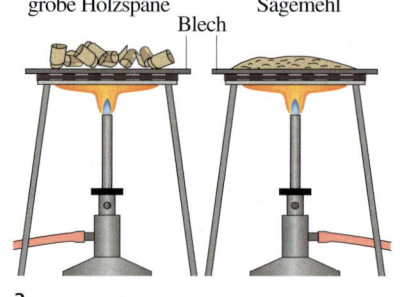

3

4*Kann eine Kerze ohne Docht brennen? Plant im Team ein Experiment, das euch eine Antwort auf diese Frage geben kann.
Zur Verfügung stehen ein Teelicht ohne Docht und Streichhölzer.
Wenn ihr weitere Materialien braucht, fragt eure Lehrkraft.
Achtet auf die Sicherheit beim Experimentieren.

5*Wie funktioniert ein Feuerzeug? Ihr braucht ein Feuerzeug mit durchsichtigem Gastank.
Drückt den Verschlusshebel des Feuerzeugs herunter. Im Tank verdampft Flüssigkeit und Gas strömt aus.
Erkundigt euch danach, welches Gas ausströmt.
Beschreibt, wodurch es entzündet wird.

6 Das Lagerfeuer Überlegt euch, wie ihr am besten ein Lagerfeuer errichten könntet:
Was braucht ihr dafür?
Welche Schutzvorrichtungen sind sinnvoll?
Was wäre eine geeignete Stelle dafür?
Wie schafft man es mit möglichst wenig Streichhölzern?
Was muss man tun, damit das Lagerfeuer möglichst lange brennt?

7 Was brennt in einer Kerzenflamme? Entzündet den Docht einer Kerze. Wartet, bis das Kerzenwachs rund um den Docht geschmolzen ist. Wenn ihr die Flamme nun ausblast, steigt vom Docht weißer Dampf nach oben. Was könnte das sein?

↻ 157–1 Animation
Vorgänge in der brennenden Kerze

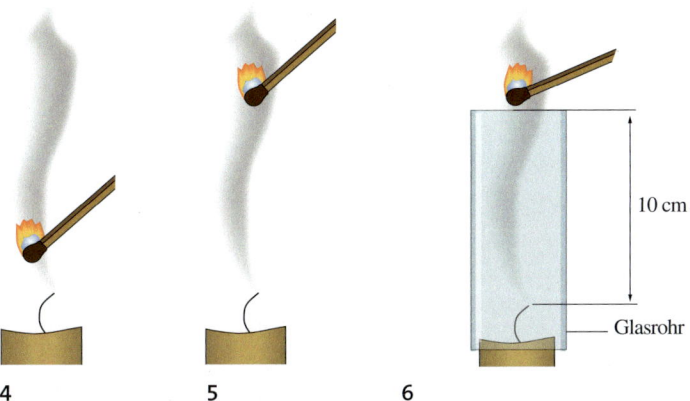

4   5   6

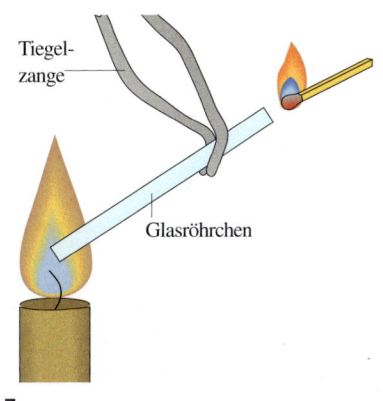

7

a Haltet ein brennendes Streichholz in den Dampf, einmal 2 cm und einmal 5 cm über dem Docht. ▸4–5

b Zündet die Kerze noch einmal an und stülpt ein Glasrohr darüber. Blast die Kerze anschließend aus. Haltet die Streichholzflamme am oberen Glasrand in den Dampf. ▸6

c Haltet mit einer Tiegelzange das Ende eines 10 cm langen Glasröhrchens in die Mitte einer Flamme. Bringt nun ein brennendes Streichholz in die Nähe der Öffnung. ▸7

d Schreibt zu jedem Versuchsteil auf, was ihr beobachtet habt.

e Wisst ihr jetzt, um welchen Stoff es sich bei dem weißen Dampf handelt? Welchen Aggregatzustand hat er?

8*Unter welchen Bedingungen entzündet sich ein Stoff? Erhitzt Kerzenwachs in einem Porzellantiegel, bis eine Flamme entsteht. ▸8

a Nehmt den Brenner weg und schließt den Tiegel mit dem Deckel. ▸9 Nach einigen Sekunden hebt ihr den Deckel mit der Tiegelzange ab. Beschreibt, was ihr seht.

b Das Öffnen und Schließen des Tiegels könnt ihr mehrere Male wiederholen – immer mit gleichem Ergebnis. Versucht diese Beobachtung zu erklären.

9*Feuermachen wie früher Versucht ein Feuer ohne Feuerzeug oder Streichhölzer zu entzünden.

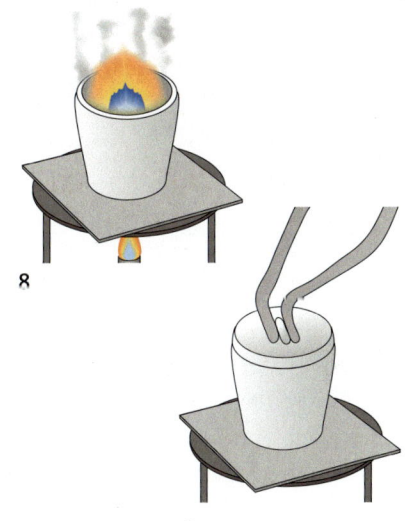

8

9

Methode / Fragen erwünscht

Fragen ist wichtig. Wer fragt, hat mehr vom Lernen!

Zu einem neuen Thema habt ihr sicherlich viele Fragen. Sammelt eure Fragen auf einer „Fragenwand". Wer im Unterricht eine Frage hat, notiert sie und heftet sie an die Wand. ▶1

Auf der Suche nach den Antworten werdet ihr tiefer und tiefer in das Thema einsteigen. Ihr könnt immer wieder vergleichen, wie weit ihr bei der Bearbeitung eurer Fragen gekommen seid. Wenn ihr am Ende einer Stunde eine Frage beantworten könnt, wird eine Antwortkarte an die Fragenwand geheftet. Wahrscheinlich tauchen aber bei der Arbeit noch weitere Fragen auf.

Am Schluss werden die meisten Fragen beantwortet sein – und ihr seht, was ihr dazugelernt habt.

Wenn eine Frage offen ist, kann ein Schüler oder eine Schülerin den Auftrag bekommen, bis zur nächsten Stunde Informationen zu sammeln und dann zu berichten. Oder ihr stellt die offenen Fragen später noch einmal.

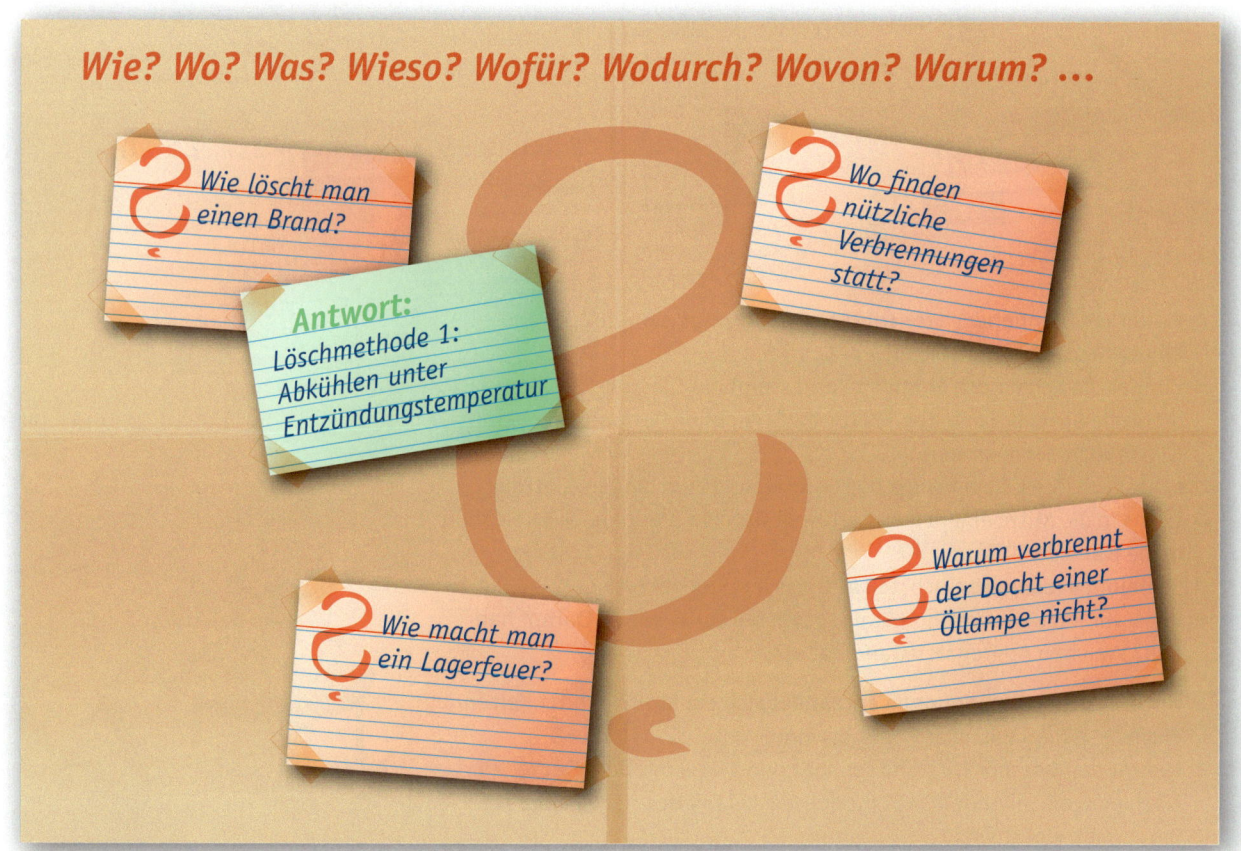

1 *Fragenwand*

Aufgaben

1 Angenommen, du sollst einen Bericht über das Thema Feuer für eine
Schülerzeitschrift schreiben. Überlege dir Fragen, auf die du in deinem
Bericht eingehen willst.
Viele Fragen kannst du mit einem Fragewort beginnen, das mit „W"
anfängt.

2 Die Fragenwand ist durcheinandergeraten. ▸**2** Ordne den Buchstaben
auf den Fragekarten die Zahlen auf der passenden Antwortkarte zu.
Am Ende gibt es neun Frage-Antwort-Paare.

2 *Fragekarten und Antwortkarten*

Feuer und Luft

▷ Der schwedische Apotheker *Carl Wilhelm Scheele* (1742–1786) wollte herausfinden, woraus Luft besteht. Er erkannte, dass es einen engen Zusammenhang zwischen Luft und Feuer gibt: „Wenn man das Feuer erforschen will, braucht man Kenntnisse über die Luft. Und wenn man die Luft untersuchen will, muss man das Feuer kennen."

1

2

Untersuchen Experimentieren

1 Brenndauer und Luftvorrat
a Weist nach, dass eine Flamme Luft braucht.
   Wie „rettet" ihr die Flamme, wenn sie am Verlöschen ist?
b Wie lange brennt eine Kerze in verschieden großen Gläsern? Am besten arbeitet ihr im Team: Legt eine Tabelle für eure Versuchsergebnisse an. Zündet zwei oder drei Teelichter an und stülpt unterschiedlich große Bechergläser darüber. Stellt vorher Vermutungen an, welche Kerze am längsten brennt. Stoppt für jedes Teelicht die Brenndauer.
   Stimmen eure Vermutungen?

Becherglas	Brenndauer	
	vermutet	gemessen
250 ml	?	?

2 Luftzufuhr Über eine brennende Kerze wird ein 20 cm langes Glasrohr gestülpt, und zwar in unterschiedlichen Anordnungen. Beobachtet jeweils zwei Minuten lang und beschreibt.
a Zuerst steht das Glasrohr direkt auf dem Tisch. ▶3
b Dann liegen drei Holzklötzchen unter dem Rohr. ▶4
c Das Rohr ist oben mit einer Glasplatte verschlossen. ▶5

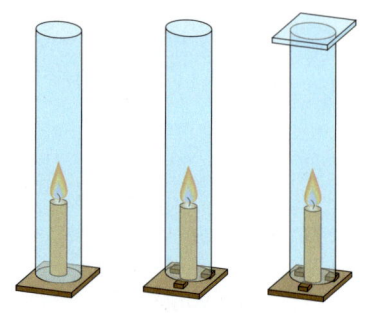

3   4   5

3 Erstickende Luft Eine Kerze wird mit etwas Wachs auf einer Glasplatte befestigt.
Über die brennende Kerze stülpt ihr ein Becherglas. ▶6
Nachdem die Flamme erloschen ist, dreht ihr das Becherglas zusammen mit der Glasplatte um. Dann wird eine brennende Kerze in das Glas eingeführt.
Beobachtet und erklärt.

4 Brennbar oder nicht brennbar? Lassen sich folgende Stoffe entzünden oder lassen sie sich nicht entzünden?
Stein, Papier, Öl, Wasser, Pappe, Blumenerde, Sand, Watte, Kupferblech, Benzin …
Was vermutet ihr? Plant Versuche, mit denen eure Vermutungen überprüft werden können. Die Durchführung darf nur zusammen mit der Lehrkraft erfolgen.

5*Rauf oder runter? – Ein rätselhafter Versuch** Füllt eine kleine Glaswanne zur Hälfte mit gefärbtem Wasser. Entzündet das Teelicht und setzt es auf das Wasser. Stülpt nun ein Becherglas über das Teelicht. ▶7
Die Flamme darf dabei nicht verlöschen. Notiert eure Beobachtungen.
Versucht das Versuchsergebnis mit eurem bisherigen Wissen zu erklären.

6*Feuer in verschiedenen Gasen** Füllt eine Glaswanne zur Hälfte mit Wasser. Legt einen Standzylinder so in die Wanne, dass er sich ganz mit Wasser füllt.
Füllt nun den Zylinder mit Sauerstoff, dem Gas aus der blauen Gasflasche. Euer Lehrer oder eure Lehrerin hilft euch dabei. ▶8
Wenn der Zylinder voll Gas ist, verschließt ihr ihn mit einer kleinen Glasscheibe oder einem Deckel. Stellt den Zylinder aufrecht auf einen Tisch. Daneben stellt ihr einen Zylinder, der Luft enthält.
Entzündet nun zwei Kerzen, die an Metalldrähten befestigt sind.
Haltet beide Kerzen gleichzeitig in die beiden Zylinder. Was beobachtet ihr? ▶9

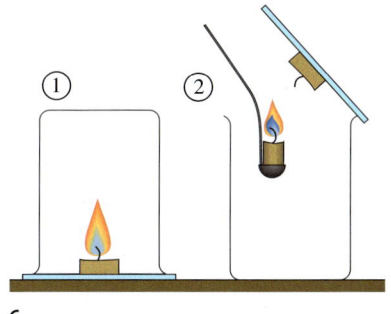

6

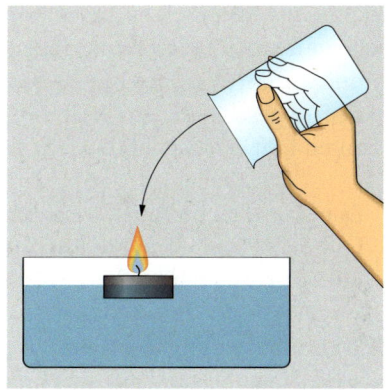

7

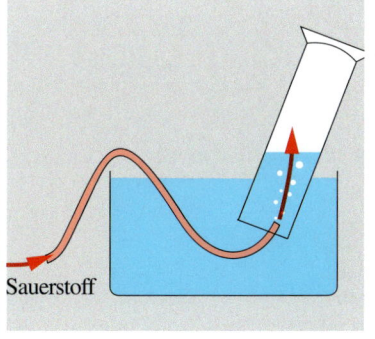

8

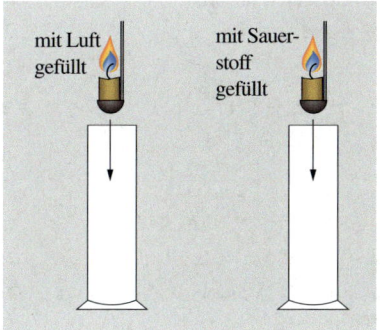

mit Luft gefüllt   mit Sauerstoff gefüllt

9

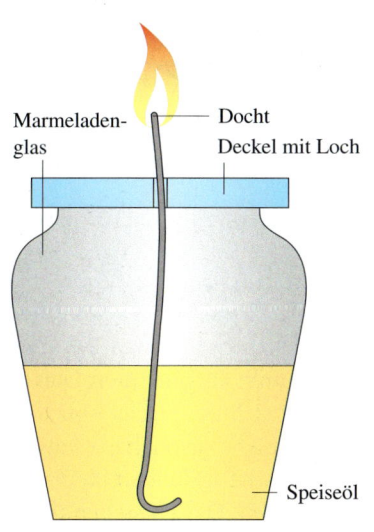

Marmeladenglas   Docht
Deckel mit Loch

Speiseöl

10

7*Eine Lampe – selbst gemacht** Baut eine Öllampe. ▶10   ↻ 161–1
Dazu braucht ihr ein Glas mit Deckel, einen Docht, etwas Speiseöl, außerdem Hammer und Nagel.
Plant, wie ihr vorgehen wollt. Wann brennt die Lampe am besten?
Gibt es einen Unterschied, wenn ihr unterschiedliche Öle verwendet?

Grundlagen — Voraussetzungen für die Verbrennung

Entzündungstemperatur und andere Voraussetzungen Damit ein Feuer brennen kann, reicht es nicht, dass ein brennbarer Stoff vorhanden ist. Der Brennstoff entzündet sich nur, wenn eine bestimmte Temperatur erreicht ist. Diese *Entzündungstemperatur* der Stoffe ist sehr verschieden. Bei einem Streichholzkopf reichen bereits 60 °C, bei Holz braucht man 300 °C und bei Kohle sogar 600 °C. ▶1
Es spielt auch eine Rolle, wie fein der brennbare Stoff „*zerteilt*" ist: Kleine Holzspäne lassen sich leichter entzünden als große Holzstücke.
Die meisten Stoffe entwickeln Dämpfe, bevor sie sich entzünden. Die Flammen, die wir dann sehen können, sind brennende Gase. Holzkohlen auf dem Grill verbrennen aber ohne sichtbare Flamme.
Ohne Zufuhr von Frischluft gibt es kein Feuer. Lässt man ein Feuer in einem abgeschlossenen Gefäß brennen, wird nur ein kleiner Teil der gesamten Luft verbraucht. Danach geht das Feuer aus.

> **Es beginnt zu brennen, wenn ein Brennstoff vorhanden ist, wenn Luft da ist und wenn die Entzündungstemperatur des Brennstoffs überschritten wird. ▶2**

Zusammensetzung der Luft Luft ist ein Gemisch aus verschiedenen Gasen. Hauptbestandteile sind *Sauerstoff* und *Stickstoff*. ▶3
Sauerstoff ist nötig, damit ein Stoff brennt. Mit einem glimmenden Holzspan kann man reinen Sauerstoff nachweisen: ▶4 Der Span flammt in Sauerstoff hell auf – in Luft glüht er nur *(Glimmspanprobe)*.
Stickstoff „erstickt" Flammen. Ohne Stickstoff in der Luft würden schon kleinste Funken zu verheerenden Bränden führen.

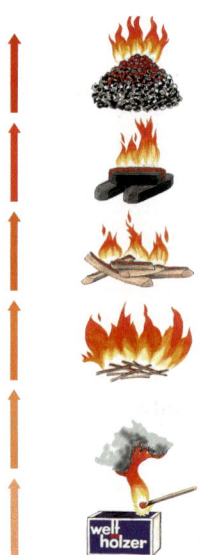

1 *Stufenzündung*

2

↻ 162–1 Infotext Gase in der Luft
Video Glimmspanprobe

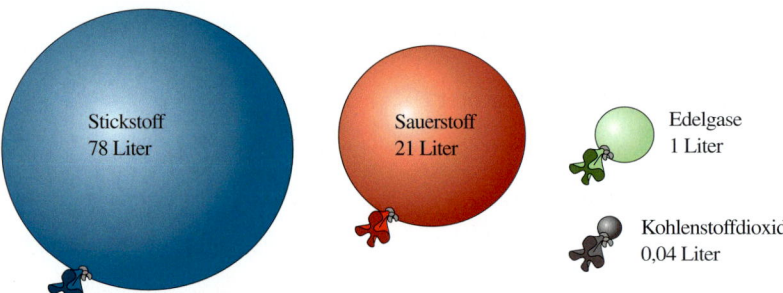

3 *Das „steckt" in 100 Litern Luft.*

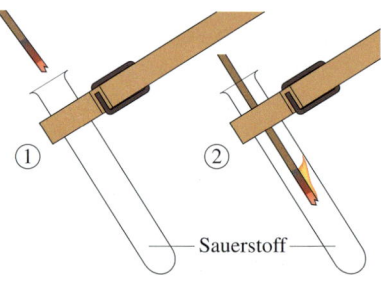

4 *Sauerstoffnachweis*

Erweiterung — Streichhölzer

Für Streichhölzer verwendet man meist das Holz von Pappeln. Der Streichholzkopf besteht aus einer Mischung mehrerer Stoffe. Er entzündet sich nur, wenn man ihn über die Reibfläche der Schachtel streicht. Sie ist durch aufgeleimten Glasstaub schön rau, beim Darüberstreichen erwärmt sich der Streichholzkopf. Zum Entzünden würde die Temperatur aber nicht ausreichen. Außerdem enthält die Reibfläche etwas roten Phosphor. Beim Reiben bleiben davon winzige Mengen am Streichholzkopf hängen. Das entstehende Gemisch ist leicht entzündlich. Seine Entzündungstemperatur wird beim Reiben überschritten.

Aufgabe

1* Möchtest du mehr über Streichhölzer wissen? Dann recherchiere im Internet, wie und wo sie hergestellt werden.

Aufgaben

2 Nenne die Voraussetzungen für die Entstehung eines Feuers.

3 Keine Frage, was schneller brennen würde. ▶5 Begründe deine Antwort.

4 Einen Berg Kohlen kann man mit einem Streichholz nicht so einfach entzünden. Beschreibe, wie man vorgeht. Begründe das Vorgehen.

5 Ist Sauerstoff brennbar, also ein Brennstoff? Begründe deine Antwort.

6 Das Kreisdiagramm zeigt die Zusammensetzung der Luft. ▶6 Vergleiche das Diagramm mit Bild ▶3. Beschreibe die Unterschiede.

7* Ein Stück Holzkohle kann glühen oder auch brennen. Beschreibe den Unterschied. Benutze den Begriff „Entzündungstemperatur".

8 Beim Gasfeuerzeug genügt der Funke des Gasanzünders, um das Gas zu entzünden. Bei einer Kerze reicht der Funke nicht. Gib dafür eine Erklärung.

5

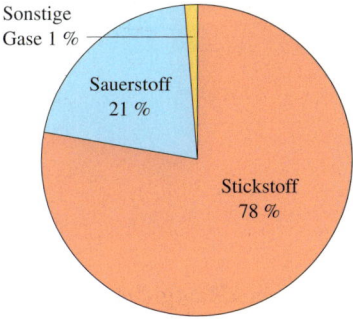

Sonstige Gase 1 %

Sauerstoff 21 %

Stickstoff 78 %

6 *Zusammensetzung der Luft*

Aus Umwelt und Technik **Staubexplosion und Grillbrand**

Zu *Staubexplosionen* kann es vor allem dann kommen, wenn sich feiner Staub (Mehl, feiner Ruß) mit Luft vermischt. ▶7 Jedes Staubteilchen ist dann von Luftteilchen umgeben. Je kleiner und feiner verteilt die Teilchen in der Luft sind, desto größer ist die Explosionsgefahr. Schon ein kleiner Funke (z. B. beim Ziehen eines Steckers aus der Steckdose) oder ein heißes Metallteil kann dazu führen, dass der Stoff ganz schnell verbrennt. Es kommt zu einer Explosion.

Die Gefahr von Staubexplosionen besteht in allen Industriezweigen, in denen brennbare Stäube vorkommen: in der Nahrungsmittel-, der Holz- und der Metallindustrie.

Grillbrände entstehen immer wieder durch unsachgemäßen Umgang mit dem Grill und beim Anzünden der Grillkohle.

Der Grill muss einen festen Stand haben. Er darf nicht in der Nähe brennbarer Materialien stehen.

Zum Anzünden sollten Grillanzünder aus festen Stoffen (z. B. Grillpaste oder Zündwürfel) verwendet werden.

Auf keinen Fall darf man brennbare Flüssigkeiten wie Spiritus und Benzin einsetzen! Das könnte zu Stichflammen oder zu einer explosionsartigen Entzündung brennbarer Dämpfe führen. ▶8

7 *Staubexplosion im Getreidesilo*

8 *Demonstration eines Grillbrands*

Was wird aus dem Brennstoff?

▷ Beim Verbrennen von Holzkohle bleibt nicht viel übrig – nur ein paar Gramm Asche. Oder gibt es noch weitere „Überreste"?

1 *Vorher ...*

2 *... nachher*

Untersuchen Experimentieren

1 **Ändert sich das Gewicht (die Masse) beim Verbrennen?** In einem schwer schmelzbaren Reagenzglas liegen mehrere Streichhölzer. Verschließt das Glas mit einem Luftballon. Stellt mit einer empfindlichen Waage fest, wie viel diese Apparatur wiegt.
Um die Streichhölzer zu entzünden, erhitzt ihr das Reagenzglas mit der Brennerflamme. ▶3
Nach dem Abkühlen des Gases wiegt ihr die Apparatur erneut. Vergleicht!

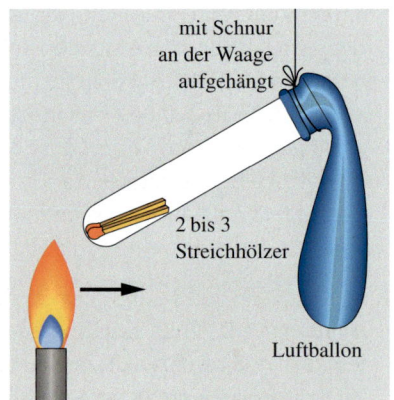

3

2 **Enthalten Brennstoffe Kohlenstoff?**
a Zündet eine Kerze an und wartet, bis die Flamme möglichst groß ist. Haltet dann eine Glasplatte oder einen Porzellanteller schräg in die Flamme. ▶4
Welche Beobachtung macht ihr nach kurzer Zeit?
b Wiederholt den Versuch mit einem Feuerzeug und der leuchtenden Flamme des Gasbrenners.

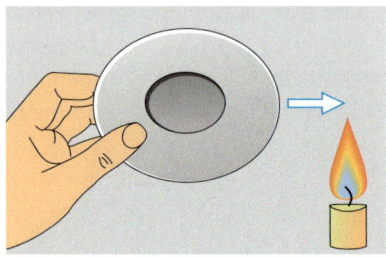

4

3*Holzstückchen werden erhitzt Beschreibt, was ihr an den Stellen 1, 2
und 3 beobachtet. ▸5 Haltet nach kurzer Zeit eine Streichholzflamme
an die Öffnung des kleinen Glasröhrchens. Was wird aus dem Holz?

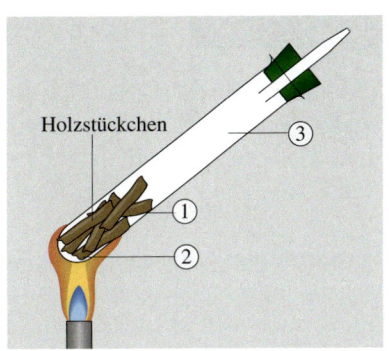

5

4 Kohlenstoffdioxid nachweisen Das Gas Kohlenstoffdioxid ist ein
Bestandteil der Luft. Ihr kennt es von kohlensäurehaltigen Getränken.
Kohlenstoffdioxid wird mit Kalkwasser nachgewiesen.
Vorsicht: Kalkwasser reizt die Augen und die Haut! Es darf also nicht in
die Augen oder auf die Haut gelangen. Schutzbrille tragen!
Füllt für die folgenden Versuche vier Waschflaschen oder Reagenzgläser
mit etwas frischem Kalkwasser.

a Leitet mit einem Gummigebläse frische Luft durch die erste vorbereite-
te Flasche. Schließt eine leere Flasche an (Rückflusssicherung). ▸6

b Blast Ausatemluft durch die zweite Flasche. Beobachtet!

c Leitet Kohlenstoffdioxid aus der Gasflasche durch die dritte Flasche.
Eure Lehrerin oder euer Lehrer hilft dir dabei.

d Lasst zur Kontrolle ein anderes Gas aus einer Gasflasche durch die vierte
Flasche strömen.

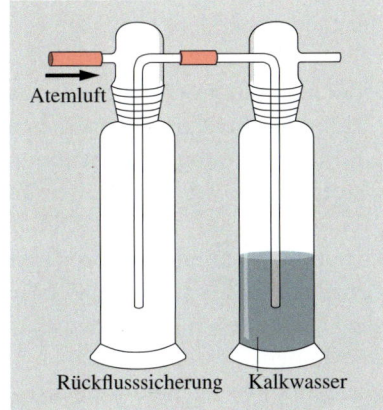

6

5 Was wird bei der Verbrennung aus der Kohle? Ein Stückchen Holzkohle
(z. B. Zeichenkohle) wird in einer Brennerflamme bis zum Glühen erhitzt
und dann mit einer Pinzette in das Verbrennungsrohr eingeführt. ▸7

a Überlegt: Kann die rechts entweichende Luft noch dieselbe sein wie die
links hineingepumpte?

b Prüft das entweichende Gas mit Kalkwasser.

c Vergleicht die Ausgangsstoffe der Verbrennung mit den Endprodukten.

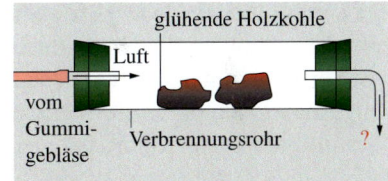

7

6*Enthalten Stoffe unserer Umgebung Kohlenstoff?

a Füllt ein trockenes Reagenzglas 2 cm hoch mit Zucker. Dann wird es erhitzt. Das entstehende Gas wird entzündet. ▸8 (1)
Ein Becherglas wird mit Kalkwasser ausgespült. Dann wird es umgekehrt über die Flamme gehalten. ▸8 (2)
Beschreibt und erklärt eure Beobachtung.

b Genauso könnt ihr weitere Stoffe prüfen: Papier, Puderzucker, Kartoffeln,
Sand ...

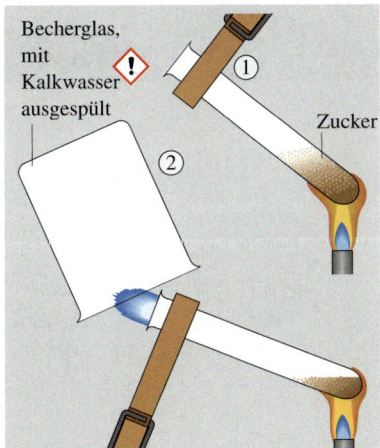

8

Grundlagen / Bei der Verbrennung verändern sich Stoffe

Kohlenstoffdioxid Viele Brennstoffe enthalten Kohlenstoff. Wenn Kohlenstoff verbrennt, entsteht ein Gas. Es heißt Kohlenstoffdioxid. Leitet man dieses Gas durch Kalkwasser, so trübt sich das Kalkwasser. Mit Kalkwasser kann man daher Kohlenstoffdioxid nachweisen.

Verbrennung – eine chemische Reaktion Wenn Kohlenstoff verbrennt, verschwindet er. Gleichzeitig entsteht Kohlenstoffdioxid.
Im Versuch lässt sich das gasförmige Kohlenstoffdioxid „einfangen". ▶1
Es zeigt sich, dass das entstandene Kohlenstoffdioxid mehr wiegt als der Kohlenstoff vor der Verbrennung. Es muss also etwas hinzugekommen sein. Daraus folgert man: Der Kohlenstoff hat sich mit dem Sauerstoff der Luft verbunden. Man sagt: Er hat mit dem Sauerstoff *reagiert*.

> **Bei hoher Temperatur reagieren Kohlenstoff und Sauerstoff miteinander. Bei dieser chemischen Reaktion entsteht ein neuer Stoff: Kohlenstoffdioxid. Er hat andere Eigenschaften als die Ausgangsstoffe Kohlenstoff und Sauerstoff.**

Vor- und Nachteile von Verbrennungen Alle Verbrennungen haben den Vorteil, dass sie Energie liefern. Diese Energie kann man zum Heizen, Fortbewegen und Beleuchten nutzen oder in elektrische Energie umwandeln.
Verbrennungen haben auch Nachteile: Es gelangt zusätzliches Kohlenstoffdioxid in die Atmosphäre. Man vermutet, dass dadurch weltweit das Klima verändert wird („Treibhauseffekt").
Manche Brennstoffe, z. B. Kohle, enthalten etwas Schwefel. Bei der Verbrennung entsteht Schwefeldioxid, ein giftiges Gas. Es ist vermutlich eine Ursache für Schäden an unseren Wäldern („Waldsterben"). Bei vielen Verbrennungen entsteht auch feiner Ruß, z. B. in den Dieselmotoren von Autos oder durch das Heizen mit Holz. Ruß ist schädlich für die Gesundheit: Wenn Menschen zu viel davon einatmen, kann dies zu Allergien oder gar Lungenkrebs führen.

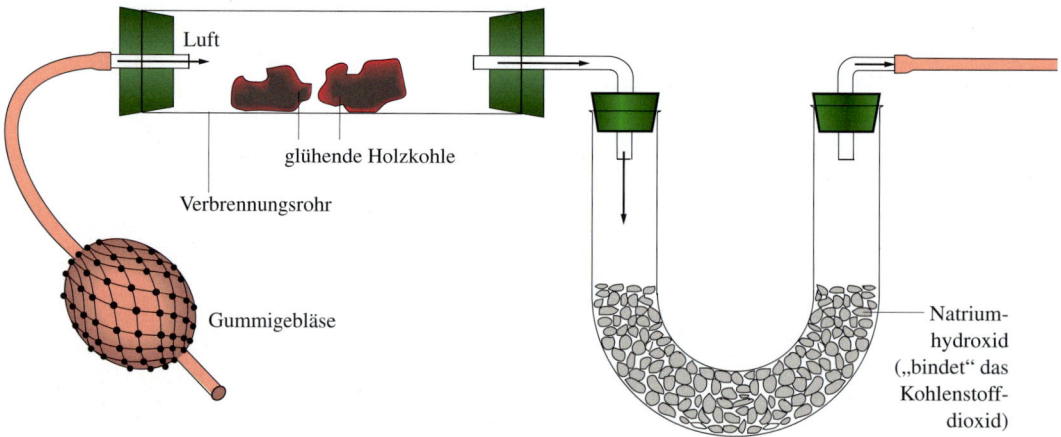

1 *Verbrennung und „Einfangen" der Verbrennungsgase*

Aufgaben

1 Wenn reiner Kohlenstoff verbrennt, ist kein Verbrennungsprodukt zu sehen.
a Erkläre die Beobachtung.
b Wie könntest du nachweisen, dass ein neuer Stoff entstanden ist?
c Nenne den Namen des neuen Stoffs.

2 In einem Versuch werden Verbrennungsgase einer Kerze durch Kalkwasser geleitet. ▶2 Welches Ergebnis erwartest du? Begründe deine Antwort.

3 In manchen Maschinen und Geräten werden Brennstoffe verbrannt. Dabei wird Wärme oder Bewegung erzeugt. Nenne Beispiele.

4* Die Entstehung von Kohlenstoffdioxid ist eine chemische Reaktion. Erläutere diesen Satz mit eigenen Worten.

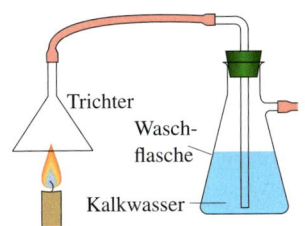

2

Erweiterung   Modellvorstellungen zur Verbrennung

Vor etwa 200 Jahren wurde das Kohlenstoffdioxid entdeckt. Forscher stellten fest, dass bei Verbrennungen ein neues Gas entsteht. Sie konnten aber nicht erklären, weshalb sich schwarze Kohle in ein farbloses Gas verwandelt. Es half auch nichts, die Verbrennung mit dem Mikroskop zu untersuchen. Man konnte nicht sehen, was geschieht. Auch heute kann man es selbst mit den modernsten Mikroskopen nicht erkennen.

Mit dem Teilchenmodell kannst du dir eine Vorstellung davon machen, was bei der Verbrennung eigentlich geschieht: ▶3

Die kleinen Kohlenstoffteilchen sind in den Modellen schwarz gezeichnet, die Sauerstoffteilchen rot. Die Kohlenstoffteilchen können wie kleine Bausteine zusammenhalten. Viele Milliarden dieser Teilchen sieht man mit bloßem Auge als Kohlekrümel.

Auch je zwei Sauerstoffteilchen sind miteinander verbunden. Bei der Verbrennung fallen sie auseinander. Jeweils ein Kohlenstoffteilchen verbindet sich mit zwei Sauerstoffteilchen. Der Stoff, der dabei entsteht, heißt Kohlenstoffdioxid.

↻ 167-1 Animation Verbrennung von Holzkohle auf Teilchenebene

Modell 1			
Modell 2			
Kurz-schreibweise	C	O_2	CO_2
Fachsprache	Kohlenstoff	+ Sauerstoff	→ Kohlenstoffdioxid
			(reagieren zu)

3 *Modellvorstellungen zur Verbrennung*

Kraftwerke und Motoren

Seit Jahrtausenden verbrennt man Holz und Kohle, um die Energie zum Heizen und Kochen zu nutzen. ▶1

Große Kohlekraftwerke benötigen täglich 100 Güterwagen Kohle. Sie wird verbrannt, um Wasser in Wasserdampf umzuwandeln. Der Dampf treibt in der Turbine ein riesiges „Windrad" an und dreht so einen großen Dynamo. Auf diese Weise erhält man elektrische Energie. Das Kraftwerk setzt dabei in großen Mengen Abgase frei. ▶2

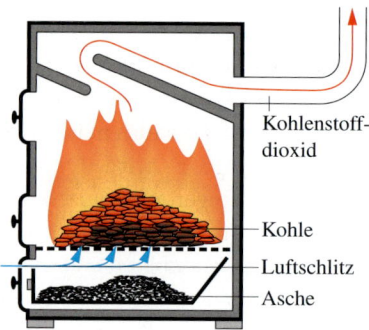

1 *Ofen*

2 *Kohlekraftwerk*

Schadstoffe und Abgase eines Kohlekraftwerks je Stunde		
	ohne Filter	mit Filter
Feinstaub	14 000 kg	100 kg
Schwefeldioxid	4 000 kg	800 kg
Stickstoffoxide	2 400 kg	400 kg
Kohlenstoffdioxid	550 000 kg	kein Filter

Verbrennungsvorgänge treiben auch Fahrzeuge an. Der Brennstoff (Benzin oder Diesel) wird mit Luft vermischt. In der Brennkammer wird das Gemisch gezündet und verbrennt explosionsartig. Die Verbrennungsgase treiben den Kolben an. Die Bewegung des Kolbens wird zum Antrieb des Wagens genutzt. ▶3

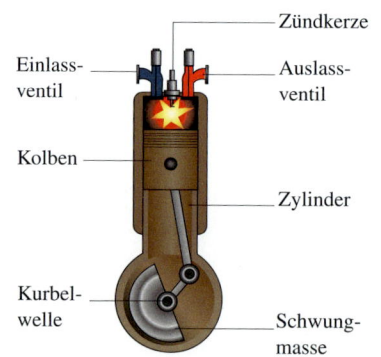

3 *Zylinder eines Verbrennungsmotors*

Aufgabe

1 In Kohlekraftwerken und in Autos werden verschiedene Brennstoffe verbrannt.
a Nenne sie.
b Beschreibe die einzelnen Schritte von der Verbrennung der Kohle bis hin zur Gewinnung von elektrischer Energie:
„Kohle wird verbrannt. → Wasser ..."

Verbrennung im Menschen

Unsere Nahrungsmittel enthalten Nährstoffe, die wir zum Leben benötigen. Nährstoffe sind z. B. Zucker, Stärke, Eiweißstoffe und Fett. Ein wichtiger Bestandteil dieser Nährstoffe ist Kohlenstoff.
Bei der Verdauung werden die Nährstoffe zerlegt, sodass der Kohlenstoff leichter „verfügbar" wird. Die entstehenden Stoffe können die Darmwand durchdringen und gelangen ins Blut. Mit dem Blut werden sie im ganzen Körper verteilt. Das Blut befördert gleichzeitig Sauerstoff, den wir beim Atmen aus der Luft aufnehmen.
Im Körper laufen ähnliche Vorgänge ab wie bei einer Verbrennung. Kohlenstoff und Sauerstoff verbinden sich zu Kohlenstoffdioxid. Dabei wird Energie freigesetzt. Die Energie benötigen wir vor allem bei körperlicher Betätigung. ▶4 Sie ist erforderlich, um unseren Körper warm zu halten. Außerdem wird sie von Muskeln und anderen Organen benötigt. Das Kohlenstoffdioxid atmen wir wieder aus.

„Dicke Luft" Frische Luft enthält nur ganz wenig Kohlenstoffdioxid. In 1 Kubikmeter Luft sind nur 0,4 Liter enthalten. Wenn sich viele Menschen in einem geschlossenen Raum aufhalten, reichert sich das Kohlenstoffdioxid in der Luft schnell an. 5 Liter Kohlenstoffdioxid pro Kubikmeter genügen, um uns müde zu machen. Wir fangen an zu gähnen.
Wenn sich noch mehr Kohlenstoffdioxid in der Luft befindet, können Übelkeit, Kopfschmerzen, Herzklopfen und Schwindelgefühl auftreten. Deshalb ist es wichtig, auf frische Luft zu achten. In geschlossenen Räumen sollte nicht mehr als 1 Liter Kohlenstoffdioxid pro Kubikmeter Luft enthalten sein. Klassenräume in der Schule müssen demnach regelmäßig gelüftet werden!

4 *Bewegung benötigt Energie.*

Aufgaben

2* „Im menschlichen Körper laufen Verbrennungsvorgänge ab." Erläutere diese Aussage.

3* Stell dir vor, du fängst im Zimmer an zu gähnen. Was könnte der Grund dafür sein?

4* Hast du schon eine Mindmap „Erwünschte und unerwünschte Verbrennungen" (siehe Seite 155) angelegt? Dann ergänze sie um neu gewonnene Informationen.

5* Ein Mensch atmet beim Sitzen stündlich etwa 20 Liter Kohlenstoffdioxid aus. Rechne aus, wie viel Kohlenstoffdioxid in eurer Klasse innerhalb einer Unterrichtsstunde erzeugt wird.

6* In einem Klassenraum wird eine „Disko" mit 40 Teilnehmern veranstaltet. Damit der Lärm nicht nach außen dringt, wurden Fenster und Türen des Klassenraums geschlossen. Die heiße Musik reißt alle mit. Dadurch steigt der Sauerstoffverbrauch an – und in jeder Minute atmet jede Person 2 Liter Kohlenstoffdioxid aus. Der Klassenraum fasst 300 m³.
a Wie viel Kohlenstoffdioxid ist nach 30 Minuten in 1 m³ Luft enthalten?
b Erkläre, warum es nicht so weit kommen darf.

Was tun, wenn's brennt?

1 *Wohnungsbrand*

2 *Waldbrand*

Untersuchen

Achtung: Brandgefahr! Versuche dürfen nur unter Aufsicht der Lehrkraft durchgeführt werden!

1 **Brandbekämpfung und Brandschutz** Fertigt eine Mindmap zu dem Thema an.

2 **Was tun, wenn's brennt?**
Ihr kennt die Voraussetzungen für die Verbrennung. Daher wird es euch nicht schwerfallen, geeignete Löschmethoden zu finden.
Ihr sollt brennendes Küchenpapier in einer Porzellanschale löschen. Euch stehen zur Verfügung: Sand, Wasser in einer Spritzflasche und ein festes Tuch. ▶3
Überlegt euch sinnvolle Löschmethoden. Notiert die Vorschläge in einer Tabelle im Heft. Probiert die Löschmethoden dann aus.

3 *Löschmittel*

Löschmethode	Wie geht ihr vor?	Welche Bedingung für die Verbrennung entfällt?
?	?	?

3 **Eine Kerzenflamme löschen** Könnt ihr eine Kerzenflamme löschen, ohne sie auszublasen oder zu berühren? Begründet eure Meinung.

4* **Mit einem Gas löschen** Entzündet ein Teelicht und stellt es in Becherglas 1. ▶4 Lasst in Becherglas 2 einen Teelöffel Backpulver mit verdünnter Essigsäure (ätzend) reagieren.
Neigt dann Glas 2 über Glas 1, ohne dass etwas Flüssigkeit ausläuft. Beschreibt, was geschieht.

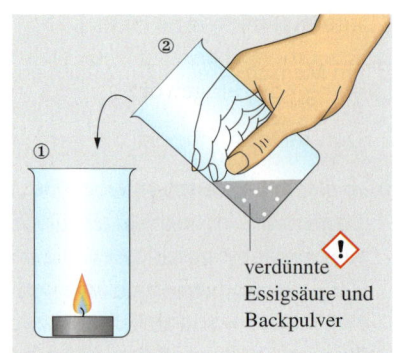

4 *Löschen mit einem Gas*

5* **Bau eines Schaumlöschers** Füllt ein Päckchen Backpulver
     in einen Erlenmeyerkolben (300 ml). Gebt mit einer Plastik-
     spritze 3 ml Spülmittel hinzu.
     Gießt dann 20 ml verdünnte Essigsäure (ätzend) in den
     Kolben. Verschließt ihn mit einem durchbohrten Stopfen,
     in dem ein gebogenes Glasrohr steckt. ▶5
     Stellt die brennende Kerze in eine große Petrischale. Haltet
     die Öffnung des Glasrohrs über die Flamme. Bewegt – falls
     nötig – das Gefäß leicht hin und her.

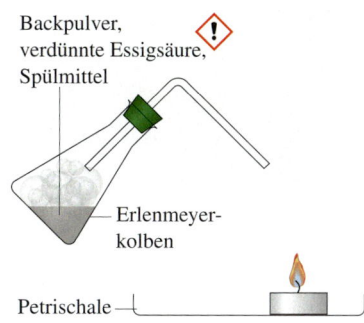

5 *Modell eines Feuerlöschers*

6* **Projekt Feuerwehr** Das Thema „Feuerwehr" lässt sich
     in verschiedene Teilthemen gliedern. *Beispiele:*
     – Ausrüstung und Aufgaben der Feuerwehr
     – Einsätze im letzten Halbjahr und ihre Gründe
     – Jugendfeuerwehr – Ausbildung und Einsatz
     – Brandexperten und ihre Arbeit
     – Verhalten bei einem Brand
     Sucht euch ein Thema aus und bearbeitet es im Team.
     Präsentiert die Ergebnisse als Wandzeitung. ▶6

Arbeitsplan *Gruppe: Paul, Julia, Marco*

Thema:
Standorte und Ausrüstung der Feuerwehr in
Braunschweig – Erstellen einer Wandzeitung

Aufgaben:
1. *Recherchieren der Feuerwachen und*
   möglichen Websites Paul
2. *Allgemeine Informationen zur* Marco
   Ausrüstung von Feuerwehren
3. *Interview-Anfrage bei Feuerwache* Julia
4. *Fragen für Interview zusammenstellen*
                                      alle

Zeitplan:
Mo., 3.5. Recherchieren und Terminanfrage
Mi., 5.5. Vorbereitung des Interviews
…
Mo., 10.5.   Wandzeitung anfertigen

Informationsquellen:
Jugendbücherei, Internet, Interview

Material:
Digitalkamera, MP3-Player mit Mikrofon,
Tapetenrolle, Stifte, Fäden, Stadtplan

6

Methode Wie führt man ein Interview?

Wenn ihr ein Interview führen wollt, müsst ihr euch vorbereiten. Über-
legt euch, welche Fragen ihr stellen wollt. Informiert euch deshalb vor-
her über das Thema des Interviews (Bücher, Internet). Während des
Interviews werden die Antworten notiert oder aufgenommen.
Einige Tipps für Interviews:
– Fragt nicht so, dass die Antwort nur Ja oder Nein lauten kann.
  Verwendet Fragewörter wie „warum", „was", „wie", „wozu".
– Formuliert eure Fragen klar und verständlich auf einem Zettel.
– Geht nicht allein zum Interview.
– Fertigt während des Interviews Notizen an. Mit einem Handy könnt
  ihr auch Ton- oder Videoaufzeichnungen machen. ▶7
– Vielleicht redet euer Gesprächspartner zu lange hintereinander. Dann
  unterbrecht ihn höflich mit einer Zwischenfrage.
– Fragt nach, wenn ihr eine Antwort nicht verstanden habt.
– Bedankt euch am Schluss des Interviews für das Gespräch.
– Fasst die Ergebnisse eurer Befragung schriftlich zusammen.

7

Erweiterung   Brände löschen

Zum Brand kann es nur unter diesen Voraussetzungen kommen:
– Ein brennbarer Stoff ist vorhanden.
– Die Entzündungstemperatur ist überschritten.
– Luft (Sauerstoff) steht zur Verfügung.
Um einem Brand vorzubeugen oder ihn zu löschen, muss mindestens eine der drei Voraussetzungen beseitigt werden. Die Feuerwehr versucht meistens alle gleichzeitig zu beseitigen.

Löschmethode 1: Die brennenden Stoffe werden unter ihre Entzündungstemperatur abgekühlt.
Zur Abkühlung wird meist Wasser in die Flammen gespritzt. ▶1 Bei brennendem Fett und brennenden Flüssigkeiten ist Wasser aber ungeeignet. Auch Brände an elektrischen Anlagen darf man nicht mit Wasser löschen. Es könnte Stromschläge und Kurzschlüsse geben.

1 *Abkühlen mit Wasser*

Löschmethode 2: Ohne Sauerstoff „erstickt" die Flamme.
Oft werden Schaumlöscher eingesetzt. ▶2 Der Schaum deckt dann den Brandherd luftdicht ab. Ein kleiner Brand kann auch mit Decken, Sand oder Erde erstickt werden. ▶3–4 Personen mit brennender Kleidung werden in eine Löschdecke gehüllt.

↻ 172–1 Brandbekämpfung

2 *Ersticken der Flammen mit Schaum*   3 *Ersticken mit Sand und Feuerpatsche*   4 *Ersticken mit einer Löschdecke*

Löschmethode 3: Dem Feuer wird die Nahrung entzogen.
Man entfernt brennbares Material so weit wie möglich vom Brandherd: Brennende Balken zieht man mit Haken aus dem Feuer heraus und bei einem Waldbrand schlägt man Schneisen. ▶5

5 *Hier entsteht eine Schneise gegen einen Waldbrand.*

Aus Umwelt und Technik **Brennendes Fett**

Bratfett in der Pfanne kann sich bei zu hoher Temperatur entzünden.
Einen solchen Brand darf man auf keinen Fall mit Wasser löschen.
Die Folgen wären verheerend! ▶6

6 *Hier wird ein Fettbrand mit einem Glas Wasser „gelöscht" …*

↻ 173–1 Video Wachsbrand

Die Flamme in der Pfanne erstickt man
am einfachsten mit einem Deckel. ▶7

7 *Ein Fettbrand in der Bratpfanne –
gelöscht mit einem Deckel*

Aufgaben

1* Es gibt Vorschriften über das Verhalten bei Bränden in der Schule. Nenne
die wichtigsten und begründe sie.

2* Welche Voraussetzungen für das Brennen will man in den Bildern beseitigen? ▶1–5, 7

3* Inwiefern ist Wasser ein wichtiges Löschmittel? In welchen Fällen ist
Wasser zum Löschen ungeeignet?

4* Auf Spraydosen steht: „Nicht gegen Flamme oder glühenden Gegenstand
sprühen!" ▶8 Gib eine Begründung für diesen Hinweis.

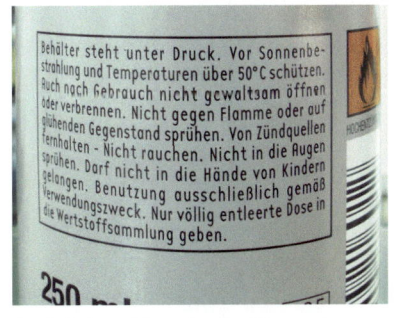

8 *Gefahrenhinweise auf Spraydose*

Aus Umwelt und Technik / Unfälle mit Gefahrgut

Vorsicht: Gefahrguttransport! Ein Fahrzeug mit Chemikalien ist verunglückt. ▶1 Die Feuerwehr ist schnell zur Stelle und muss zunächst wichtige Fragen klären:
– Besteht Explosionsgefahr?
– Können giftige oder ätzende Flüssigkeiten auslaufen?
– Wie reagieren die Chemikalien im Brandfall auf Wasser?
Wenn Tankwagen und Lastwagen Gefahrgut transportieren, sind an ihnen orangefarbene Schilder angebracht. Die Ziffern auf dem Schild geben Auskunft über den transportierten Stoff und seine Gefährlichkeit. Jede Chemikalie, die mit der Bahn oder auf der Straße transportiert werden kann, hat nämlich eine Nummer. All diese Nummern sind in einem kleinen Buch zusammengestellt. Man bezeichnet es als *Gefahrgutschlüssel*. Einen Auszug daraus siehst du unten. ▶2
Die Feuerwehrleute schauen im Gefahrgutschlüssel nach und finden Hinweise, welche Maßnahmen zu treffen sind.

1 *Unfall eines Gefahrguttransporters*

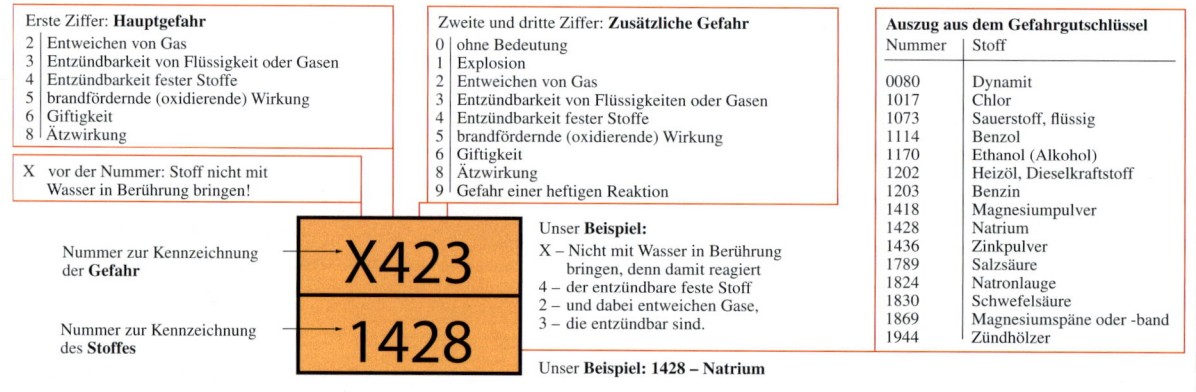

Erste Ziffer: **Hauptgefahr**

2	Entweichen von Gas
3	Entzündbarkeit von Flüssigkeit oder Gasen
4	Entzündbarkeit fester Stoffe
5	brandfördernde (oxidierende) Wirkung
6	Giftigkeit
8	Ätzwirkung

X	vor der Nummer: Stoff nicht mit Wasser in Berührung bringen!

Nummer zur Kennzeichnung der **Gefahr**

X423

Nummer zur Kennzeichnung des **Stoffes**

1428

Zweite und dritte Ziffer: **Zusätzliche Gefahr**

0	ohne Bedeutung
1	Explosion
2	Entweichen von Gas
3	Entzündbarkeit von Flüssigkeiten oder Gasen
4	Entzündbarkeit fester Stoffe
5	brandfördernde (oxidierende) Wirkung
6	Giftigkeit
8	Ätzwirkung
9	Gefahr einer heftigen Reaktion

Unser **Beispiel:**
X – Nicht mit Wasser in Berührung bringen, denn damit reagiert
4 – der entzündbare feste Stoff
2 – und dabei entweichen Gase,
3 – die entzündbar sind.

Unser **Beispiel: 1428 – Natrium**

Auszug aus dem Gefahrgutschlüssel	
Nummer	Stoff
0080	Dynamit
1017	Chlor
1073	Sauerstoff, flüssig
1114	Benzol
1170	Ethanol (Alkohol)
1202	Heizöl, Dieselkraftstoff
1203	Benzin
1418	Magnesiumpulver
1428	Natrium
1436	Zinkpulver
1789	Salzsäure
1824	Natronlauge
1830	Schwefelsäure
1869	Magnesiumspäne oder -band
1944	Zündhölzer

2 *Auszug aus dem Gefahrgutschlüssel*

Aufgaben

1 Erläutere, warum die im Text genannten drei Fragen für die Feuerwehr so wichtig sind.

2 Probiere einmal, den Gefahrgutschlüssel für einen Tankwagen mit Benzin zusammenzustellen. Überprüfe ihn dann im Internet.

3 In jedem Fachraum befindet sich ein Feuerlöscher. ▶3–4
a Welches Löschmittel enthält er?
b Welche Brandklassen sind auf dem Feuerlöscher angegeben und was bedeuten sie?
c Welche Brände können mit dem Feuerlöscher im Fachraum gelöscht werden?
d Überall im Schulgebäude befinden sich Feuerlöscher. Enthalten sie alle das gleiche Löschmittel?

Welchen Brand womit löschen?

Manchmal werden Brände erst durch ein falsches Löschmittel zur Katastrophe. Um das zu verhindern, hat man Brände in Brandklassen eingeteilt. ▶3
Auf Feuerlöschern stehen die Brandklassen, bei denen die Löscher eingesetzt werden können. ▶4

Brennbare Stoffe	Brandklasse	Löschmittel	Hinweise
Feste Stoffe (außer Metalle): Möbel, Gardinen, Teppiche, Holz … (keine elektrischen Leitungen in der Nähe)	A	Wasser, Feuerlöscher (ABC), Löschdecke, Sand, Erde, Löschschaum	Wasser kühlt die brennenden Stoffe und „verdünnt" den Sauerstoff der Luft. Beim Verdampfen entstehen aus 1 Liter Wasser ca. 1700 Liter Wasserdampf, der sich mit der Luft vermischt.
Flüssige und flüssig werdende Stoffe: Benzin, Öle, Fette, Lacke, Spiritus, Teer, Alkohol, Kunststoffe …	B	Löschdecke, Feuerlöscher (ABC), Löschschaum, Sand, Kohlenstoffdioxid	Flüssigkeiten nie mit Wasser löschen! Sie schwimmen auf dem Wasser und brennen weiter.
Gase: Erdgas, Methan, Propan, Wasserstoff …	C	Feuerlöscher (ABC), Sand	Gase nie mit Wasser, Schaum oder Kohlenstoffdioxid löschen! Die Gase durchdringen diese Löschmittel und bekommen Kontakt zur Luft.
Metalle: Aluminium, Magnesium, Natrium …	D	Feuerlöscher (D)	Kein Wasser verwenden!
Speiseöle und -fette in Küchengeräten	F	Feuerlöscher (F)	Kein Wasser verwenden! Brennendes Fett wird durch verdampfendes Wasser in einem Feuerball auseinandergerissen.
Elektrische Leitungen und Anlagen		Kohlenstoffdioxid, Löschdecke, Feuerlöscher (ABC)	Kein Wasser verwenden! Wasser leitet. Feuerlöscher nur bei Anlagen bis 1000 Volt einsetzen (Mindestabstand 1 Meter).

3 *Brandklassen*

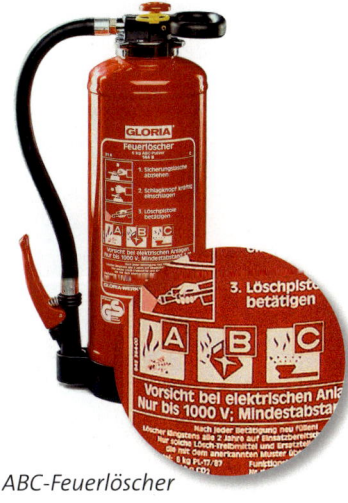

4 *ABC-Feuerlöscher*

5 *Löschgruppenfahrzeug mit eingebauter Feuerlöschpumpe (1600 Liter pro Minute) und Löschwasserbehälter (1200 Liter)*

Methode / Eine Wandzeitung erstellen

Eine Wandzeitung soll schön aussehen und den Betrachter anregen. ▶1
Ein solches Plakat kann ein Einzelner kaum erstellen.

1 *Wandzeitung*

1 Planen
   Schreibt auf, welches Thema ihr bearbeiten wollt.
   Legt einen Zeitplan für die Arbeiten fest. Verteilt die Arbeiten auf die
   Gruppenmitglieder.

2 Informationen beschaffen
   Zunächst müsst ihr Informationen sammeln. Manches findet ihr in
   diesem Buch. Anderes steht im Lexikon, in Büchern, in Broschüren,
   Zeitungen oder im Internet. ▶2–3
   Vielleicht habt ihr auch die Möglichkeit, eine Feuerwache zu besu-
   chen und Feuerwehrleute zu interviewen.
   Wer Bilder zu einem anderen Thema hat, bietet sie denjenigen an, die
   es bearbeiten.

2 *Suche im Internet*

3 Wandzeitung herstellen
   Besorgt euch Packpapier, ein Papiertischtuch oder Tapeten, Stifte,
   Scheren, Klebstoff und farbiges Band. Gemeinsam entscheidet ihr:
   – Welches Material soll auf dem Plakat veröffentlicht werden? In
     welcher Form soll das geschehen?
   – Wie werden die Materialien übersichtlich angeordnet? Prüft nach,
     ob die Zeitung aus der Nähe und auch aus der Ferne wirkt.
   Denkt an die Beschriftung der Bilder: Achtet auf Größe und Lesbar-
   keit der Schrift.

4 Ergebnisse präsentieren
   Nach Fertigstellung erläutert jede Gruppe vor der Klasse den eigenen
   Teil der Arbeit.

3 *„Das wäre gut für dein Thema."*

Überblick

Voraussetzungen für die Verbrennung

Drei Voraussetzungen sind für ein Feuer nötig: ▶4

– ein brennbarer Stoff

– Sauerstoff

– eine ausreichend hohe Temperatur

4

Was brennt in einer Flamme?

Wenn ein brennbarer Stoff erhitzt wird, bildet er Dämpfe. Er beginnt zu brennen, wenn seine Entzündungstemperatur erreicht und Sauerstoff vorhanden ist. ▶5

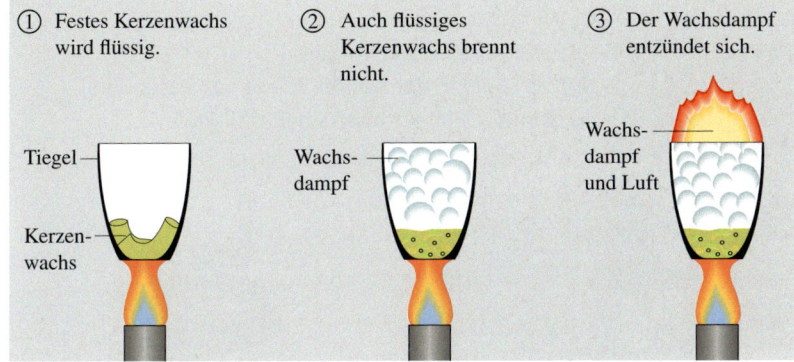

① Festes Kerzenwachs wird flüssig.

② Auch flüssiges Kerzenwachs brennt nicht.

③ Der Wachsdampf entzündet sich.

Tiegel

Kerzenwachs

Wachsdampf

Wachsdampf und Luft

5

Die Verbrennung – eine chemische Reaktion

Die Ausgangsstoffe der Verbrennung sind Kohlenstoff und Sauerstoff der Luft. Der Sauerstoff verbindet sich mit dem Kohlenstoff. Es entsteht ein neuer Stoff: das Gas Kohlenstoffdioxid.

Einen Vorgang, bei dem aus Ausgangsstoffen ein neuer Stoff entsteht, nennt man *chemische Reaktion*.

Woraus besteht die Luft?

Die Luft ist ein farbloses und geschmackloses Gasgemisch. Sie besteht vor allem aus den Gasen Stickstoff und Sauerstoff. ▶6

Sauerstoff weist man mit einem glimmenden Holzspan nach: Das Holz glüht auf, wenn Sauerstoff vorhanden ist.

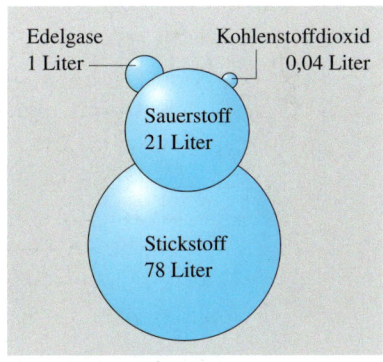

Edelgase 1 Liter

Kohlenstoffdioxid 0,04 Liter

Sauerstoff 21 Liter

Stickstoff 78 Liter

6 *In 100 Litern Luft sind enthalten …*

Vom Löschen eines Brandes

Beim Löschen muss mindestens eine der drei Brandvoraussetzungen beseitigt werden. Man kann:

– die brennenden Stoffe unter die Entzündungstemperatur abkühlen

– die Flammen durch Sauerstoffentzug „ersticken"

– brennbare Stoffe so weit wie möglich entfernen

Alles klar?

1 Sauerstoff und Holz sind vorhanden. Warum entsteht noch lange kein Brand?

2 Was brennt in einer Kerzenflamme:
Sauerstoff – Docht – Wachsdampf?

3 Berichte, was du über das Gas Kohlenstoffdioxid weißt.

4 Was kannst du über die Farben der einzelnen Gase in der Luft aussagen?

5 Ein Lagerfeuer brennt.
a Beim Abbrennen des Lagerfeuers handelt es sich um eine chemische Reaktion. Beschreibe, woran du das erkennen kannst.
b Nenne die Ausgangsstoffe dieser Reaktion.
c Neben Asche und Ruß entstehen auch Gase. Eines davon trübt Kalkwasser. Nenne es.

d Wie kannst du das Lagerfeuer löschen? Gib mindestens zwei Möglichkeiten an.

6* Es kann passieren, dass sich Fett oder Öl in der Pfanne beim Braten entzündet.
a Wie ist das möglich, wo doch keine Flamme in der Nähe ist? Beschreibe es.
b Beim Versuch, einen Fettbrand mit Wasser zu löschen, entsteht explosionsartig eine Stichflamme. Erkläre, wie es zu diesem Unfall kommt.

7* Bei Familie Chaos geht's ziemlich gefährlich zu. ▶1
a Suche die Gefahrenquellen.
b Erkläre jeweils, worin die Gefahr besteht.
c Wie sollte man die Gefahren beseitigen? Beschreibe es jeweils kurz.
d Das Zündeln des kleinen Jungen ist besonders gefährlich (links unten im Bild). Erkläre!

Teste dich!

▷ Die Lösungen findest du im Anhang.

2

3

1 Nenne die drei Voraussetzungen für die Verbrennung.

2 Ein Trinkglas wird über eine Kerze gestülpt. ►2
a Beschreibe und erkläre, was danach geschieht.
b Gib an, wie die Luft zu Beginn und am Ende des Versuchs zusammengesetzt ist.

3 Ein Becherglas wird mit einer klaren Flüssigkeit befeuchtet und dann über eine brennende Kerze gehalten. Daraufhin werden die Flüssigkeitstropfen trübe. Um welche Flüssigkeit handelt es sich bei den Tropfen? Begründe deine Antwort.

4 Eine Löschdecke kann helfen, wenn die Kleidung einer Person Feuer gefangen hat. ►3 Beschreibe und erkläre, wie die Decke wirkt.

5 Ein Benzinfeuerzeug hat einen Feuerstein. Damit lässt sich ein Funke erzeugen, der das Benzin entzündet. Kann man einen Holzstapel durch solch einen Funken entzünden? Begründe deine Antwort.

6 Beim Umgang mit brennbaren Flüssigkeiten ist besondere Vorsicht geboten. Erkläre!

7 Die Luft ist ein gasförmiges Stoffgemisch.
a Gib an, welches Gas den größten Anteil im Gemisch hat.
   Kohlenstoffdioxid
   Stickstoff
   Sauerstoff
   Edelgase
b Ordne den Bestandteilen der Luft die folgenden Prozentzahlen zu: 21 %; 78 %; 0,96 %; 0,04 %.
c Stelle in einem Kreisdiagramm dar, aus welchen Bestandteilen sich die Luft zusammensetzt. Fasse dabei die beiden Gase mit den kleinsten Anteilen zu einem Kreissegment zusammen.

8* Der Forscher *C. W. Scheele* hat geschrieben: „Wenn man das Feuer erforschen will, braucht man Kenntnisse der Luft." Erläutere diese Aussage.

9 Sieh dir noch einmal Bild ►1 an. Wie müsste man jeweils löschen, wenn es an den einzelnen Gefahrenquellen tatsächlich zu einem Brand kommt?

10* Begründe folgende Maßnahmen zum Brandschutz oder Löschen von Bränden:
a Türen und Fenster von brennenden Räumen schließen!
b In Garagen, in Autowerkstätten und an Tankstellen sind das Rauchen und der Gebrauch von offenem Feuer streng verboten.
c Benutze niemals brennbare Flüssigkeiten als Feueranzünder! ►4
d Im Chemieraum soll außer einem Feuerlöscher auch ein Kasten mit Sand und eine Löschdecke bereitstehen!
e Keine heiße Asche in Mülltonnen aus Kunststoff werfen!

4

Naturwissenschaften verstehen mit Basiskonzepten

In den Naturwissenschaften wird versucht, ganz unterschiedliche Vorgänge in Natur und Technik zu verstehen. Dazu sucht man nach Gemeinsamkeiten und Zusammenhängen zwischen den Vorgängen und verwendet zur Beschreibung dieselben Begriffe. Diese Basiskonzepte können als Wegweiser bei der Suche nach Erklärungen dienen.

Entwicklung

Alle Lebewesen entwickeln sich mit der Zeit.
Die Entwicklung vom Kind zum Erwachsenen ist mit vielen Veränderungen verbunden

System

Jedes Lebewesen ist ein biologisches System, in dem mehrere Organe zusammenwirken: Bei Bewegungen sind unter anderem Muskeln, Knochen und Gelenke, aber auch Sinnesorgane und das Gehirn beteiligt.

Wenn das Rücklicht am Fahrrad nicht leuchtet, muss die Glühlampe nicht kaputt sein. Das Kabel am Dynamo könnte sich gelöst haben. An der Lampenhalterung könnte sich Rost gebildet haben oder ... Man muss also das gesamte System Stromkreis „im Blick" haben.

Struktur und Funktion

Der Bau (die Struktur) der Lebewesen und ihrer Organe hängt eng damit zusammen, welche Funktion sie erfüllen.
Der Körper der Stockente hat die Form eines Kahns. An den Füßen hat sie Schwimmhäute. Der Schnabel wirkt beim Fressen wie ein Sieb. Stockenten sind gut an das Leben im Wasser angepasst.

Energie

Beim Autofahren ist
der Tank irgendwann leer.
Auch die Batterie der Taschenlampe ist nach einiger Zeit
verbraucht.
In beiden Fällen braucht man Energie.
Elektrische Geräte bekommen ihre Energie
über das Stromnetz.
Brennstoffe wie Holz, Kohle oder Erdgas speichern
die Energie der Sonne. Wenn sie verbrennen, wird
Energie zum Erwärmen frei.

Wechselwirkung

Mit einem Magneten kann man eine Münze aus
einem Loch holen. Die Münze wird angezogen, weil
sie Eisen enthält. Aber nicht nur der Magnet zieht
das Eisen an, sondern auch das Eisen den Magneten.
Beide üben gegenseitig eine Wirkung aufeinander
aus.
Ein anderes Beispiel für solche Wechselwirkungen ist
die Wippe. Die Personen auf der Wippe üben
gegenseitig Wirkungen
aufeinander aus.

Struktur der Materie

Schneeflocken bestehen aus vielen Schneekristallen.
Wenn es zu warm wird, schmilzt die Flocke zu einem
winzigen Wassertropfen. Wenn die Sonne scheint,
verschwindet der Tropfen bald. Er wird zu Wasserdampf.
Diese Vorgänge kann man mit der Vorstellung
erklären, dass Wasser aus winzigen Teilchen
besteht.
Wir machen uns also ein Bild über den Aufbau
der Stoffe.

Chemische Reaktion

Beim Rosten verwandelt sich Eisen in einen anderen
Stoff. Aus dem festen, blanken Metall und dem
Sauerstoff der Luft wird krümeliger Rost. Auch beim
Verbrennen wird aus fester Kohle und Sauerstoff ein
neuer, gasförmiger Stoff, nämlich Kohlenstoffdioxid.
In unseren Muskelzellen werden die Bausteine der
Nährstoffe verbrannt. Es entstehen neue Stoffe
(Kohlenstoffdioxid und Wasser).
Solche Stoffumwandlungen bezeichnet man als
Reaktion.

Lösungen der Teste-dich-Aufgaben

Stromkreise und Magnetismus (S.45)

1 a Die Behauptung ist falsch. Mit elektrischer Energie kann man viele andere Geräte betreiben.
b Die Glühlampe wandelt die elektrische Energie zum Beleuchten (erwünscht) und zum Erwärmen (unerwünscht) um. Beim Elektromotor wird eine Bewegung hervorgerufen. Ein Durchlauferhitzer, eine Herdplatte oder ein Heizstrahler erwärmen die Umgebung.
c Beispiel Elektromotor: Zeichnung des Schaltkreises mit Batterie und Motor

2 a Ich baue einen Stromkreis mit einer Lampe und der Batterie auf. Dazu schließe ich mit den Kupfer-kabeln je einen Batteriepol mit einem Lampenkon-takt zusammen. Ich kann auch die Lampenkontakte direkt an die Batteriepole halten.
b Falls keine Lampe leuchtet, könnte auch die Batterie leer sein.
c Schaltplan:

3 a Solche Stromkreise können funktionieren.
b Beim Fahrrad gibt es oft solch einen Stromkreis. An den Scheinwerfer wird vom Dynamo nur ein Kabel geführt. Der Stromkreis wird über den leitenden Rahmen geschlossen.
c Von der Batterie führe ich ein Kabel zu einem Lampenkontakt. Den zweiten Lampenkontakt verbinde ich mit dem anderen Batteriepol durch einen leitenden Gegenstand, z. B. eine Schere oder Münze (Zeichnung des Aufbaus).
d Alle leitenden Gegenstände eignen sich, um einen Stromkreis zu schließen.

4 a Waschmaschine, Mikrowelle, Wäschetrockner
b Motor (oder Lampe), Batterie (oder Netzgerät), Schalter und Taster
c Schaltplan:

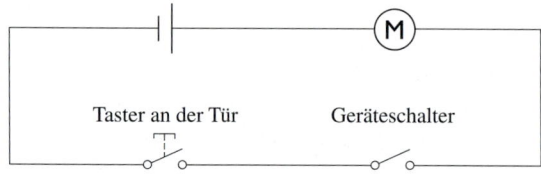

5 a Bild 9:

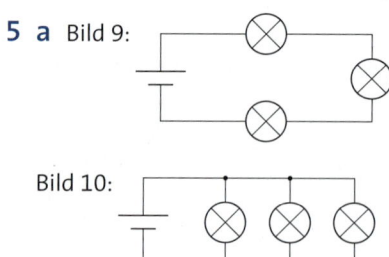

Bild 10:

b Bild 9: Drei Glühlampen sind in Reihe geschaltet.
Bild 10: Drei Glühlampen sind parallel geschaltet.
c Bei der Fahrradbeleuchtung sind beiden Lampen in Parallelschaltung an den Dynamo angeschlossen. Sie müssen unabhängig voneinander hell leuchten. Daher benötigt jede Lampe einen eigenen Strom-kreis.
d Die Lampen und die elektrischen Geräte in der Wohnung sind parallel geschaltet. Sie müssen unabhängig voneinander funktionieren. Daher benötigt jedes Gerät einen eigenen Stromkreis.

6 a Der Fahrraddynamo liefert erst elektrische Energie, wenn sich das Vorderrad dreht und den Dynamo antreibt. Dafür muss man etwas stärker in die Pedale treten. Dem Dynamo wird so Energie zugeführt.
b Auch einer Solarzelle wird durch das Sonnenlicht Energie zugeführt. Im Dunkeln funktioniert sie nicht.
c Energieschema:

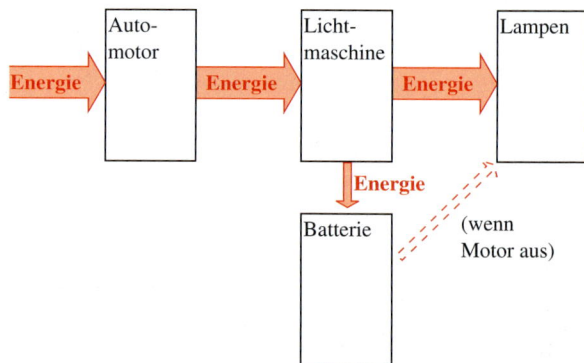

7 Die Münzen haben einen Kern aus einem Werkstoff, der vom Magneten angezogen wird, also aus Eisen, Stahl oder Nickel.

8 Ein Magnet würde die „Minimagnete" in der Schicht umordnen. Die winzigen magnetischen Bereiche würden verändert. Dadurch würden die gespeicher-ten Informationen gelöscht.

9 Die blaue Spitze der Kompassnadel wird vom magnetischen Südpol der Erde angezogen. Da sie vereinbarungsgemäß nach Norden zeigt, befindet sich der magnetische Südpol der Erde in der Nähe des geografischen Nordpols.

10 a Ein großer Magnet muss nicht unbedingt eine stärkere magnetische Wirkung haben.

b Man kann messen, auf welche Entfernung die Magnete einen Gegenstand aus Eisen anziehen. Man kann auch mit einem Kraftmesser bestimmen, wie groß die Anziehungskraft ist.

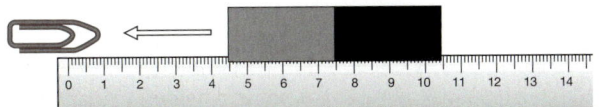

c Man bringt Magnete so zusammen, dass sich ihre Anziehungskraft verstärkt (gleiche Pole zusammen).

11 a Nein, denn jeder Magnet hat immer mindestens zwei Pole, einen Nord- und einen Südpol.

b Ich halte einen Eisennagel an einem Band über den Magneten. Der Nagel wird von einem Pol angezogen, weil hier die Anziehung am stärksten ist. Dann drehe ich den Magneten und suche weitere Pole.

c Wenn ich weiß, wo die Pole des Magneten sind, kann ich mit einer Kompassnadel Nord- und Südpol unterscheiden. Ich führe die Kompassnadel mit ihrem Nordpol (blaue Seite) an den Magnetpol. Richtet sie sich darauf aus, so habe ich einen Südpol gefunden. Dreht sie sich um, so handelt es sich um einen magnetischen Nordpol.

12 a Es handelt sich um einen Elektromagneten.

b Elektromagnete kann man ein- und ausschalten. Wenn man die Anschlüsse an der Batterie vertauscht, wird der Magnet umgepolt.

c Ich wickle dünnen, lackierten Kupferdraht in vielen Windungen um einen Eisennagel oder eine Schraube. Dann schließe ich beide Drahtenden an eine Batterie an.

Sehen (S. 109)

1 a Die Fußgänger verhalten sich richtig: Sie gehen neben der Fahrbahn dem Verkehr entgegen. Dadurch sehen sie mögliche Gefahren eher. Autofahrer sehen die Fußgänger hier früher, weil der rechte Scheinwerfer des Abblendlichts weiter leuchtet als der linke. Die beiden äußeren Fußgänger haben jeweils wenigstens ein helles Kleidungsstück an. Verbesserungsvorschläge: Nur helle Kleidung tragen, Reflektoren umhängen oder anstecken, Lampe mit blinkenden LEDs umhängen, hintereinander gehen.

b Lampen einschalten, Reflektoren am Rad sauber halten, helle Kleidung mit Leuchtstreifen tragen, am Sattel ein rotes Blinklicht befestigen …

c Man kann vielleicht selbst alles sehen. Aber viel wichtiger ist es für die Sicherheit, dass man von anderen gesehen wird. Deshalb ist es verboten, ohne Licht zu fahren.

2 a Wenn bei Dunkelheit Licht von einer Lichtquelle auf einen Gegenstand fällt, entsteht hinter dem Gegenstand ein Schatten.

b Zeichnung:

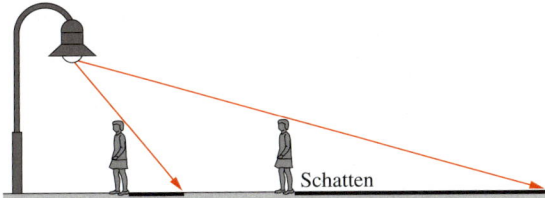

Zwei Schatten sieht man zwischen zwei Laternen.

3 a Eine Lochkamera besteht aus einem innen schwarzen Kasten, der an einer Seite ein winziges Loch hat. Gegenüber befindet sich eine Mattscheibe.

b Skizze:

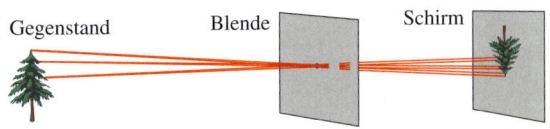

c Größere Bilder: Entweder geht man mit der Kamera näher an den Gegenstand heran oder man vergrößert den Abstand zwischen Loch und Schirm. Schärfere Bilder: Man nimmt ein kleineres Loch.

4 a Vorteil: Die Linsenkamera erzeugt helle und scharfe Bilder.
Nachteil: Nur in einem bestimmten Abstand hinter der Sammellinse entsteht das scharfe Bild.

b Satz 3 ist richtig. Begründung: Der Tropfen ist eine kugelige Sammellinse. Das Bild des Hauses müsste auf dem Kopf stehen.

5 a 1 Hornhaut, 2 Pupille, 3 Linse, 4 Netzhaut, 5 Sehnerv

b 1 Die Hornhaut ist lichtdurchlässig und schließt das Auge nach außen hin ab.

2 Die Pupille begrenzt den Lichteinfall.

3 Hornhaut und Linse sammeln das Licht.

4 Auf der Netzhaut entsteht das Bild. Die Netzhaut wird vom Licht gereizt.

5 Der Sehnerv leitet die Nervensignale aus der Netzhaut zum Gehirn.

6 a Bilder eines ebenen Spiegels sind nie seitenverkehrt. Blinkt das Auto im Rückspiegel „nach rechts", dann will der Fahrer auch in diese Richtung abbiegen. Ein Spiegel vertauscht aber vorne und hinten: Der Autofahrer blickt nach vorne in den Spiegel und sieht das Auto hinter sich.

b Rückspiegel müssen das Licht so reflektieren, dass es genau in die Augen der Fahrerin fällt. Weil Chris größer ist, muss sie alle Spiegel etwas nach oben kippen.

c Nur wenn man senkrecht vor dem Spiegel steht, fällt Licht vom eigenen Körper ins Auge.

d Ein Reflektor besteht aus vielen Spiegelecken (aus jeweils drei Spiegeln). Er wirft das Licht immer genau in die Richtung zurück, aus der es gekommen ist. Ein Autofahrer sieht also nachts im Reflektor eines Fahrrads das Licht seiner eigenen Scheinwerfer.

7 a Ist eine kugel- oder zylinderförmige Vase mit Wasser gefüllt, so wird das Sonnenlicht von ihr gebrochen. Solche Vasen können wie ein Brennglas wirken. Befindet sich ein brennbarer Stoff im Brennpunkt, kann er entzündet werden.

b Der Fisch befindet sich an der Stelle A.

Erklärung: Vom Fisch wird Sonnenlicht gestreut. Auf dem Weg zum Auge bekommt es beim Austritt aus dem Wasser einen Knick. Das Gehirn des Indianers nimmt den Fisch in der Richtung wahr, aus der das Licht sein Auge trifft. Der Fisch ist scheinbar angehoben.

8 a Die Spektralfarben sind Rot, Orange, Gelb, Grün, Blau und Violett.

b Der Monitor erzeugt weißes Licht aus den Spektralfarben Rot + Grün + Blau.

c (1) Es gibt kein schwarzes Licht.
(2) Die Aussage trifft auch auf ein durchsichtiges Hemd zu.
(3) Richtige Aussage: Die gestreuten Farben mischen sich zu weißem Licht – das Hemd sieht weiß aus.

Stoffe im Alltag (S. 153)

1 a Aluminium, Eisen, Kunststoff, Glas, Kupfer

b Ein Fahrradrahmen aus Glas würde leicht brechen, ein Sattel aus Holz wäre unbequem usw.: Die Stoffeigenschaften müssen passen.

c Aluminium ist ziemlich leicht (geringe Dichte) und rostet nicht.

d Der Stoff sollte nicht rosten, leicht und sehr fest, aber nicht spröde sein.

2 a Im Chemieraum darf grundsätzlich weder gegessen noch getrunken werden. Die Stoffe könnten gesundheitsschädlich oder verunreinigt sein.

b 1. Je eine kleine Probe wird im Reagenzglas stark erhitzt. Zucker verkohlt und wird schwarz, Salz nicht.
2. Jeweils eine kleine Probe wird in Wasser gelöst. Salzlösungen leiten den Strom, Zuckerlösungen nicht.

c Das Verhalten beim Erhitzen und die elektrische Leitfähigkeit

3 a Das Symbol warnt vor ätzenden Flüssigkeiten, z.B. vor sauren oder alkalischen Lösungen. Abflussreiniger ist stark alkalisch.

b Man darf diesen Reiniger nur sehr vorsichtig und in möglichst geringen Mengen verwenden. Man sollte möglichst Handschuhe oder Schutzbrille tragen. Den Reiniger nicht mit anderen Stoffen vermischen.

4 a Ja, da ein Stoff in verschiedenen Aggregatzuständen vorliegen kann.

b Es könnte Wasser sein. Es kann als hartes Eis, flüssiges Wasser oder als Wasserdampf vorliegen.

c Eis schmelzen, das Wasser verdampfen, anschließend kondensieren und wieder zu Eis erstarren lassen. Es ist der gleiche Stoff geblieben: Wasser.

d Im Eis sind die Wasserteilchen nahe beieinander. Beim Schmelzen bleiben es dieselben Teilchen, nur sind sie jetzt beweglich. Beim Wasserdampf nehmen Abstände und Beweglichkeit der Wasserteilchen noch mehr zu.

5 a Am Teebeutel bilden sich braune Schlieren, die zu Boden sinken. Nach längerer Zeit ist das Wasser gleichmäßig braun.

b Farb- und Aromastoffe werden zunächst aus den Teeblättern herausgelöst. Das „Teewasser" dringt nun durch die Poren des Teebeutels nach außen, während die Teeblätter innen zurückbleiben. Der Teebeutel wirkt als Filter.

6 a Destillieren von Wasser (verdampfen und kondensieren) b Beim Eindampfen verdampft das Wasser. Statt des gewünschten Wassers bleibt Salz zurück.

c Die Wasserteilchen werden durch das Erhitzen so schnell, dass sie entweichen können, während die Salzteilchen in der Salzlösung „kleben" bleiben.

Feuer und Verbrennung (S. 179)

1 Voraussetzungen für die Verbrennung: brennbarer Stoff, Sauerstoff, ausreichend hohe Temperatur

2 a Nach einiger Zeit geht die Flamme aus. Der Sauerstoff für die Verbrennung fehlt.

b Zu Beginn enthält 1 Liter Luft 0,2 Liter Sauerstoff und praktisch kein Kohlenstoffdioxid. Am Ende des Versuchs ist kein Sauerstoff mehr vorhanden, dafür ist Kohlenstoffdioxid entstanden.

3 Es handelt sich um Kalkwasser, das durch das Kohlenstoffdioxid der brennenden Kerze trübe wird.

4 Durch die Löschdecke wird dem Feuer der nötige Sauerstoff aus der Luft entzogen. Die Flamme wird erstickt.

5 Beim Feuerzeug mischt sich das gasförmige Benzin mit Luft und ist daher leicht entzündlich. Holz müsste eine Entzündungstemperatur von über 300 °C erreichen. Das ist mit einem Funken nicht möglich.

6 Brennbare Flüssigkeiten verdunsten schon bei niedrigen Temperaturen. Die Entzündungstemperatur ist niedrig.

7 a Stickstoff

b Kohlenstoffdioxid: 0,04 %; Stickstoff: 78 %; Sauerstoff: 21 %; Edelgase: 0,96 %

c

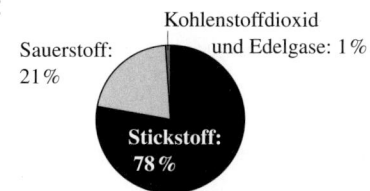

8 Das Feuer kann entzündet werden und brennt, wenn Sauerstoff vorhanden ist. Fehlt dieser Teil der Luft, so erlischt das Feuer.

9 Man könnte wie folgt löschen:

1 + 2: mit Wasser oder Sand

3: Wenn Kleider oder Haare brennen, die Person in eine Löschdecke oder eine Wolldecke einhüllen.

4 + 5: mit Wasser oder einer Decke

6: Strom abschalten, danach die brennende Gardine mit Wasser löschen.

7: Strom abschalten, danach den brennenden Stoff mit Wasser löschen.

8: mit Sand oder einer dichten, nicht brennbaren Decke

10 a Der Nachschub an Sauerstoff für das Feuer wird unterbunden.

b Benzin und andere leicht entzündliche Flüssigkeiten könnten sonst in Brand geraten.

c Die Flüssigkeit verbrennt schlagartig. Personen erleiden dabei schwere Verbrennungen.

d Sand und Löschdecke dienen zum Ersticken von Flammen.

e Die Entzündungstemperatur des Kunststoffs wird überschritten, wenn die Asche noch glühenden Brennstoff enthält.

Tabellen und Schaltzeichen

Schmelz- und Siedetemperaturen einiger Stoffe		
Stoff	**Schmelz-temperatur**	**Siede-temperatur**
Alkohol	−115 °C	78 °C
Aluminium	660 °C	2 467 °C
Benzol	5,5 °C	80 °C
Blei	327 °C	1 740 °C
Eisen	1 535 °C	3 070 °C
Ether	−116 °C	35 °C
Gold	1 063 °C	2 807 °C
Graphit	3 650 °C	4 827 °C
Iod	114 °C	184 °C
Kochsalz	801 °C	1 413 °C
Milch	−0,5 °C	100 °C
Paraffin	ca. 50 °C	230 °C
Petroleum	−70 °C	150 °C
Quecksilber	−39 °C	357 °C
Schwefel	119 °C	445 °C
Spiritus	−114 °C	78 °C
Wasser (destilliert)	0 °C	100 °C
Wolfram	3 410 °C	5 700 °C

Dichte von Stoffen			
Stoff (bei 20 °C)	**Dichte in $\frac{g}{cm^3}$**	**Stoff (bei 20 °C)**	**Dichte in $\frac{g}{cm^3}$**
Feste Stoffe		Glas	ca. 2,6
Styropor®	0,015	Aluminium	2,7
Balsaholz	0,1	Granit	ca. 2,7
Kork	0,2−0,4	Eisen, Stahl	7,8−7,9
Holz	0,4−0,8	Kupfer	8,96
Butter	0,86	Silber	10,5
Eis (0 °C)	0,9	Blei	11,3
Bernstein	1,0−1,1	Gold	19,3
Plexiglas®	1,2		
Kunststoff (PVC)	ca. 1,4	*Flüssigkeiten*	
		Benzin	ca. 0,7
Sand	ca. 1,5	Alkohol (Ethanol)	0,79
Ziegelstein	1,5−1,8	Terpentinöl	0,86
Beton	1,5−2,4	Wasser (4 °C)	1,00
Kohlenstoff		Salzwasser	1,03
Graphit	2,25	Glycerin	1,26
Diamant	3,52	Quecksilber	13,55
Porzellan	2,4		

Eigenschaften einiger Metalle						
Name	**Aussehen**	**Härte**	**Elektrischer Leiter**	**1 cm³ wiegt**	**Schmelz-temperatur**	**Siede-temperatur**
Aluminium	weiß glänzend	weich	ja	2,70 g	660 °C	2467 °C
Blei	bläulich weiß glänzend	sehr weich	ja	11,34 g	327 °C	1751 °C
Eisen	grauweiß glänzend	hart	ja	7,87 g	1535 °C	2750 °C
Gold	hellgelb glänzend	weich	ja	19,32 g	1063 °C	2807 °C
Kupfer	braunrot glänzend	weich, aber härter als Gold	ja	8,92 g	1083 °C	2567 °C
Magnesium	weiß glänzend	mittelhart	ja	1,74 g	649 °C	1107 °C
Quecksilber	weiß glänzend	flüssig	ja	13,55 g	−39 °C	357 °C
Zink	grauweiß glänzend	hart und spröde	ja	7,14 g	420 °C	907 °C
Zinn	weiß glänzend	sehr weich, aber härter als Blei	ja	7,29 g	232 °C	2260 °C

Eigenschaften einiger Nichtmetalle								
Name	Aussehen	Geruch	Löslich in Wasser	Löslich in Alkohol	Elektrischer Leiter	1 cm³ wiegt	Schmelztemperatur	Siedetemperatur
Kohlenstoff (Diamant)	farblos, durchsichtige Kristalle	–	nein	nein	nein	3,52 g	3550 °C	4827 °C
Kohlenstoff (Graphit)	grauschwarz; glänzende Schuppen	–	nein	nein	ja	2,24 g	4000 °C (ungefähr)	4827 °C
Schwefel	gelb, glänzende Kristalle	–	nein	etwas	nein	1,96 g	119 °C	445 °C
Iod	blauschwarze Kristalle	stechend	etwas	gut	nein	4,93 g	114 °C	184 °C
Phosphor (rot)	weinrotes Pulver	–	nein	nein	nein	2,20 g	590 °C	–

Eigenschaften einiger anderer Stoffe								
Name	Aussehen	Zustand bei 20 °C	Geruch	Löslich in Wasser	Löslich in Alkohol	Elektrischer Leiter	Schmelztemperatur	Siedetemperatur
Kerzenwachs (Stearin)	weiß, oft gefärbt; matt	fest	–	nein	nein	nein	ca. 50 °C	ca. 230 °C
Zucker	weiße Kristalle	fest	–	ja	sehr wenig	nein	ca.180 °C	–
Alkohol	farblos, klar	flüssig	herb, scharf	ja	–	nein	–115 °C	78 °C
Benzin	farblos, klar	flüssig	mild	nein	ja (in reinem Alkohol)	nein	–	60–95 °C
Glycerin	farblos, klar	flüssig	–	ja	ja	nein	18 °C	290 °C
Kochsalz	weiße Kristalle	fest	–	ja	etwas	nein	801 °C	1413 °C
Porzellan	meist weiß,	fest	–	nein	nein	nein	1670 °C	–
Wasser (destilliert)	farblos, klar	flüssig	–		ja	nein	0 °C	100 °C

Gebräuchliche Legierungen

Name	Bestandteile	Verwendung
Edelstahl	71 % Eisen, 20 % Chrom, Rest Nickel u.a.	harter Spezialstahl
Weißgold	ca. 70 % Gold, bis 20 % Silber, Rest Nickel	Schmuck, Münzen
Bronze	86–94 % Kupfer, Rest Zinn	Glocken, Münzen, Maschinenlager
Messing	63–72 % Kupfer, Rest Zink	Schrauben, Beschläge, Griffe, Maschinenteile
Konstantan	60 % Kupfer, 40 % Nickel	elektrische Widerstände
Münzmetall	ca. 55 % Kupfer, Rest Zinn	Münzen
Lötzinn	ca. 60 % Zinn, ca. 37 % Blei, Rest Antimon	Löten

Einige Schaltzeichen (Schaltsymbole)

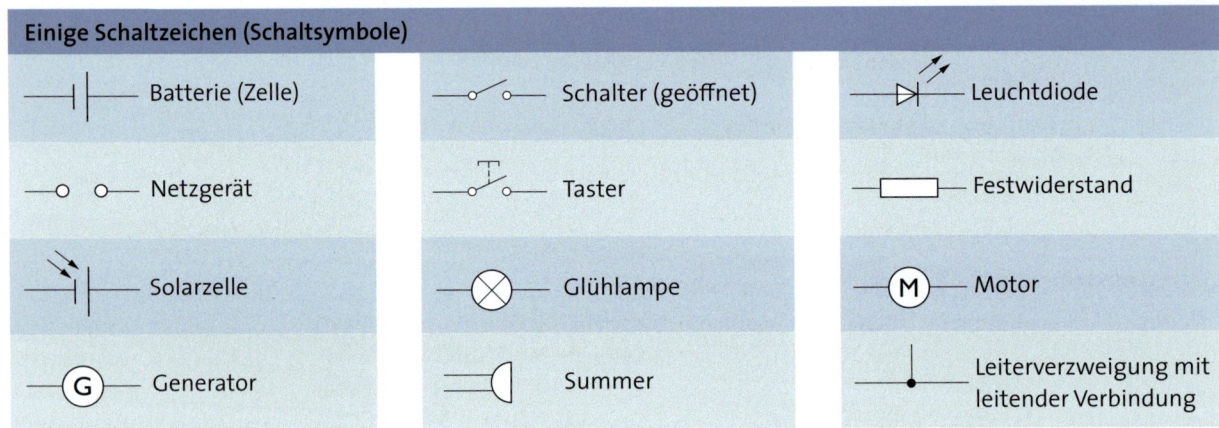

Batterie (Zelle) — Schalter (geöffnet) — Leuchtdiode

Netzgerät — Taster — Festwiderstand

Solarzelle — Glühlampe — Motor

Generator — Summer — Leiterverzweigung mit leitender Verbindung

Vielfache und Teile von Einheiten

Vorsatz	Vorsatzzeichen	Faktor	Vorsatz	Vorsatzzeichen	Faktor
Mega-	M	1 000 000	Dezi-	d	$\frac{1}{10}$
Kilo-	k	1000	Zenti-	c	$\frac{1}{100}$
Hekto-	h	100	Milli-	m	$\frac{1}{1000}$
Deka-	D	10	Mikro-	μ	$\frac{1}{1\,000\,000}$

Kennzeichnung von Gefahrstoffen

Gefahrenpiktogramm	Mit dem Gefahrenpiktogramm gekennzeichnete Stoffe und Gemische	Signalwort
	– können sich selbst zersetzen – können explodieren	Gefahr *oder* Achtung
	– sind entzündbar – können sich selbst erhitzen – entwickeln bei Berührung mit Wasser entzündbare Gase	Gefahr *oder* Achtung
	– haben eine brandfördernde Wirkung	Gefahr *oder* Achtung
	– stehen unter Druck (gilt für Gase)	Achtung
	– verursachen schwere Verätzungen der Haut – verursachen schwere Augenschäden – greifen Metalle an	Gefahr *oder* Achtung
	– sind giftig, bereits in geringen Mengen lebensgefährlich	Gefahr
	– sind gesundheitsschädlich – verursachen Haut- und/oder Augenreizungen – verursachen allergische Hautreaktionen – verursachen Reizungen der Atemwege – verursachen Schläfrigkeit und Benommenheit	Achtung
	– können bei Verschlucken und Eindringen in die Atemwege tödlich sein – können Organe schädigen – können Krebs erzeugen – können die Fruchtbarkeit beeinträchtigen – können das Kind im Mutterleib schädigen – können das Erbgut schädigen – können beim Einatmen Allergien, asthmaartige Symptome oder Atembeschwerden verursachen	Gefahr *oder* Achtung
	– sind giftig für Wasserorganismen	Achtung

Sach- und Namenverzeichnis

Absetzen lassen 152
Aderhaut 84
Aggregatzustand 134, 137
Akku 28 ff.
Altglas 150
Aluminium 125, 131, 186
Aufschlämmung 143
Augapfel 87
Auge 49, 84 ff., 93
–, Abbildung 85 f., 93
–, Entfernungseinstellung 86
Augenlinse 84 ff., 93

Basiskonzepte 180
Batterie 12 f., 26, 28 ff.
Bild, reelles 95 f.
–, virtuelles 95 f., 102
Bildpunkt 80, 93
Bildschirmfarben 107
Bildweite 81, 83
Bimetallschalter 23
blinder Fleck 84 f.
Brand, Löschmethoden 172, 177
–, Voraussetzungen 172, 177
Brandklassen 175
Brennerführerschein 115
Brennstoff 162
Brennweite 81, 83
Brieftaube 40
Brille 87
Bronze 125, 188

Camera obscura 73
Celsius, Anders 139
Celsius, Grad (°C) 139
Celsiusskala 139
Chamäleon 91
chemische Reaktion 166, 177, 181
Chip 86
Chromatografieren 145, 152
Columbus 40, 69

Destillieren 143, 152
destilliertes Wasser 143, 187
Diagramm anfertigen 133
Dichte 186

Digitalkamera 29, 86
Dynamo 28, 30

Edelgase 162
Eindampfen 143, 152
Einfallslot 96, 102
Einfallswinkel 96, 102
Eisen 125, 131, 186
Elektromagnet 42 ff.
Elektromotor 12
Elektrounfall 19, 30
Endoskop 101
Energie 27 f., 30, 181
Energieumwandlung 28
Energiewandler 28
Entwicklung 180
Entzündungstemperatur 162, 177
Erde 65 f., 70
Erstarren 134
Eule 48
Experimentieren, Sicherheit 112 ff.
Extrahieren 146, 152

Fahrradbeleuchtung 16 f.
Fahrradstromkreis 17, 30
Farbeindruck 107 f.
Farbmischung 107 f.
Farbsehtest 107
Fensterglas 127
fest 134
Fettbrand 173
Feuer 154 f.
Feuerlöscher 175
Filtrieren 143, 152
Fixpunkt 139
Fleck, blinder 84 f.
flüssig 134
Fragenwand 158 f.

Gasbrenner 114, 116
gasförmig 134
Gefahrgut 174
Gefahrgutschlüssel 174
Gefahrstoffe, Piktogramme 117, 189
Gegenstandspunkt 80, 93

Gehirn 56, 85, 89, 91, 93
Gemisch 141, 147
Gerät, elektrisches 8 ff., 30 f.
Glas 126 f., 130
Glasfaser 101
Glaskörper 85
Glimmspanprobe 162, 177
Globus 65
Gold 125, 131, 186
Grillbrand 163
Grottenolm 48

Haartrockner 22 f.
Halbmond 63 f., 70
Halbschatten 62, 70
Hornhaut 84 f., 87, 93

Interview 171
Iris 84 f.
Isolator 19

Kabel, elektrisches 19
Kalkwasser 165 f.
Kernschatten 62, 70
Kinofilm 92
Klingelschaltung 14 f.
Kochsalz 146, 187
Kohlenstoff 166, 169, 177, 187
Kohlenstoffdioxid 162, 166, 177
–, Nachweis 165 f.
Kompass 38 ff., 44
Kondensieren 134
Kontaktlinse 87
Körper 119, 130
Kraftwerk 168
Kunststoffe 128 f., 131
Kupfer 125, 131, 186
Kurzschluss 24 f., 30
Kurzsichtigkeit 87

Lampe 12 f., 28
Laserstrahl 51
Lederhaut 84
Legierung 125, 188
Leiter, elektrischer 18 f., 30
Leitungstester 18

Leuchtstreifen 54
Licht, Brechung 99 f., 102
–, Reflexion 96, 102
–, Streuung 53, 57
Lichtausbreitung 51, 57
Lichtbündel 51, 83
Lichtfleck 74 f., 83
Lichtleiter 101
Lichtquelle 49, 57
–, punktförmige 59, 70
– im Straßenverkehr 54
Lichtstrahl 51
Limonade 110
Lochblende 74, 80, 83
Lochkamera 72 ff.
–, Abbildung 74 f., 83
–, Foto 76
Löschdecke 172
Lösen 147
Lösung trennen 143, 147
Luft, Zusammensetzung 162 f., 169,
    177

Magnet 32 ff., 44
–, Aufbau 37, 44
–, Modellvorstellung 37, 44
Magnetpole 33, 35, 44
– der Erde 39, 44
Magnetsinn 40
Meeresschildkröte 40
Messkurve 133
Metalle 124 f., 131, 186
Mikrowellenherd 14 f.
Mischungsregeln 107
Missweisung 39
Mittelpunktstrahl 80
Mittelstrahl 51
Mond, abnehmender/zunehmender
    63 f., 70
Mondfinsternis 67 ff.
Mondphasen 63 f., 70
Müll 148 f.
Mülltrennung 148
Müllverbrennung 149

Nacht 66, 70
Nahpunkt 84
Nährstoffe 169
Netzhaut 84 ff., 93

Neumond 63 f., 70
Nichtleiter 19
Nordpol, geografischer 39, 44
–, magnetischer 35, 44

ODER-Schaltung 15
Orangensaft 141

Papier machen 151
Parallelschaltung 15, 30
PET 129
Polyethen 129
Polypropen 129
Polystyrol 129
Polyvinylchlorid (PVC) 129
Prisma 104 f.
Pupille 85

Randstrahl 51
Rauchmelder 55
Reaktion, chemische 166, 177, 181
reelles Bild 95 f.
Reflektor 54, 97
Reflexionsgesetz 96, 102
Reflexionswinkel 96, 102
Reihenschaltung 15, 30
Reinstoff 147
Ringmuskel 85 ff.
Rohsalz 146
Rückspiegel 97
Rückstrahler 97
Ruß 166

Salzgewinnung 146
Sammellinse 78 ff., 82 f., 87
–, Abbildung 80 f., 83
Sauerstoff 162, 177
–, Nachweis 162, 177
Schalter 11 f., 30
Schaltplan 12
Schaltung 12
Schaltzeichen 12, 188
Schatten 59, 70
Schattenbild 58 f., 70
Schattenraum 59, 70
Schaumlöscher 172
Scheele, Carl Wilhelm 160
Scheinbild 95 f., 99, 102
Schmelzen 134

Schmelzsicherung 25
Schmelztemperatur 130, 134, 186
Schnellseher 92
Schwefeldioxid 166
Seheindruck 85, 89, 93
Sehen 56 f., 89
–, Bedingungen 49, 53, 57
–, räumliches 91, 93
Sehnerv 84 f., 93
Sehweite, deutliche 84
Sicherheitsschaltung 15
Sicherung, elektrische 24 f., 30
Sieben 152
Siedetemperatur 130, 134, 186
Smartie 144
Solarzelle 28 ff.
Sole 146
Sonnenfinsternis 67 f., 70
Sonnenlicht 105
Sonnentaler 77
Spektralfarbe 105
Spektrum 105
Spiegelbild 95 f., 102
Spiegelecke 97
Spiegelung 94 f.
Staubexplosion 163
Steinsalz 146
Stickstoff 162, 177
Stoffe 119, 130
Stoffeigenschaften 121, 130
Stoffgemisch 141, 147
Stoffgruppe 130
Streichholz 162
Streulicht 53, 57
– im Straßenverkehr 54
Stromkreis, elektrischer 13, 30
Struktur 180 f.
Südpol, geografischer 39, 44
–, magnetischer 35, 44
System 180

Tag 66, 70
Taster 11 f., 30
Tauchsieder 115
Täuschung, optische 56, 88 f.
Teilchenmodell 136 f., 147
Thermometer 138 f.
Totalreflexion 100 ff.
toter Winkel 97

Treibhauseffekt 166
Trinkwassergewinnung 143
Tunnelbau 51
Türgong 43
Türöffner 43

Überlastung 25, 30
Umschalter 11, 23
UND-Schaltung 15

Verbrennung 166, 177
– im Menschen 169
–, Modellvorstellungen 167
–, Voraussetzungen 162, 177
Verbrennungsmotor 168
Verdampfen 134
Verdauung 169
Verdunsten 134
Versuchsprotokoll 20 f.
virtuelles Bild 95 f., 102
Vollmond 63 f., 70

Waldsterben 166
Wanderkarte 41
Wandzeitung 176
Wasser 132 f.
–, destilliertes 143, 187
Wasserkreislauf 135
Wechselwirkung 181
Weitsichtigkeit 87
Werbung 55
Windrose 39, 41
Winkel, toter 97
Winkelspiegel 97

Zerstreuungslinse 82, 87
Zinn 125, 186
Zustandsform 134

Zusammenspiel von Onlineangebot und Buch

www.cornelsen.de/interaktiv

Unter dieser Adresse befindet sich das multimediale Zusatzangebot zum Schülerbuch.

So kommt man zur gewünschten Seite:
1. Webseite www.cornelsen.de/interaktiv aufrufen.
2. Buchkennung PHNT014834 eingeben und bestätigen.

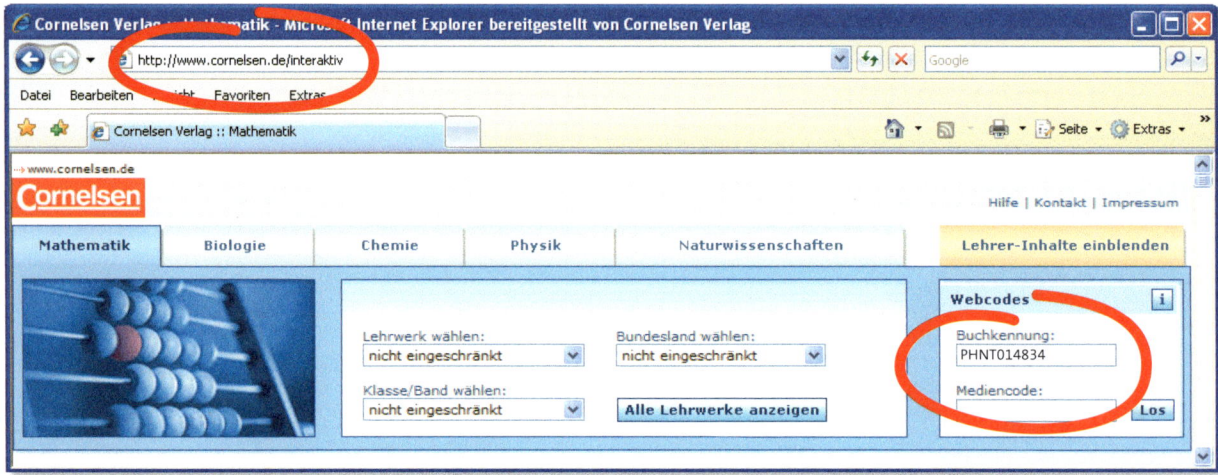

3. Zugangscode regenbogen eingeben und bestätigen.

Bei technischen Problemen hilft unser Support gern weiter.
Schreiben Sie bitte eine E-Mail an cornelsen-online@cornelsen.de
und beschreiben Sie Ihr Problem möglichst genau.